G.W. Lauth · P.F. Schlottke

Training mit aufmerksamkeitsgestörten Kindern

Diagnostik und Therapie

BELTZ
PsychologieVerlagsUnion

Anschrift der Autoren:

Prof. Dr. Gerhard W. Lauth
Universität Dortmund
FB 13, Psychologie der Entwicklungsgefährdung und Entwicklungsförderung
Postfach 50 05 00
4600 Dortmund 50

Prof. Dr. Peter F. Schlottke
Eberhard-Karls-Universität Tübingen
Psychologisches Institut, Abt. Klinische und Physiologische Psychologie
Gartenstr. 29
7400 Tübingen
und
Universität Stuttgart
Abt. Psychologie
Dillmannstr. 15
7000 Stuttgart 1

Anschriften der Herausgeber der Reihe „Materialien für die psychosoziale Praxis":

Prof. Dr. Martin Hautzinger
Psychologisches Institut der Universität Mainz, Saarstr., 6500 Mainz 1

Prof. Dr. Franz Petermann
Abtl. Klinische Psychologie der Universität Bremen, Grazer Str. 2, 2800 Bremen 33

Lektorat: Gerhard Tinger

Die Deutsche Bibliothek – CIP-Einheitsaufnahme

Lauth, Gerhard: Training mit aufmerksamkeitsgestörten Kindern :
Diagnostik und Therapie / G. W. Lauth ; P. F. Schlottke. – Weinheim: Psychologie-Verl.-
Union, 1993
(Materialien für die psychosoziale Praxis)
ISBN 3-621-27134-1
NE: Schlottke, Peter F.:

Printed in Germany
Umschlagentwurf: Dieter Vollendorf, München
Herstellung: Goldener Schnitt · R. Kusche, 7573 Sinzheim
Satz: Cicero Lasersatz GmbH, 8900 Augsburg
Druck und Bindung: Druckhaus „Thomas Müntzer" GmbH, O-5820 Bad Langensalza

ISBN 3-621-27134-1

Inhalt

Ein Materialset zu den Therapiebausteinen ist direkt über das

Lehrmittelhaus Riedel GmbH
Unter den Linden 15
7410 Reutlingen
Tel. 07121/310865
Fax 07121/370143
zu beziehen (Bestellkarte liegt bei).

Vorwort

Das vorliegende Manual ist aus der therapeutischen Arbeit mit etwa 300 lern- und aufmerksamkeitsgestörten Kindern sowie ihren Eltern und Lehrern entstanden. Diese Arbeit begann vor etwa 12 Jahren mit Kindern, die zunächst vergleichsweise „klassische" Lernprobleme aufwiesen (z. B. Wissens- und Strategiedefizite, mangelnde Motivation). Im Verlauf der Zeit wurden wir aber immer mehr mit Kindern konfrontiert, deren Lernschwierigkeiten nicht nur auf mangelndes Vorwissen und ungünstige Vorgehensweisen zurückzuführen waren, sondern deren allgemeine Lernhaltung und Aufmerksamkeitsfähigkeit beeinträchtigt war. Diese Kinder hatten nicht mehr nur Lernprobleme, vielmehr fiel es ihnen auch schwer, bei einer Sache zu bleiben und sich zielgerichtet mit bestimmten Anforderungen auseinanderzusetzen. Dieser veränderten Problematik folgend entstand das vorliegende Training für aufmerksamkeitsgestörte Kinder.

Aufmerksamkeitsstörungen stellen derzeit ein Problem mit weitreichenden individuellen sowie gesundheits- und schulpolitischen Auswirkungen dar: Die betroffenen Kinder und ihre Eltern leiden in hohem Maße; Lehrer und Schule sind oft genug hilflos-resigniert, und allzu oft entledigt man sich aufmerksamkeitsgestörter Kinder durch die Überweisung in Sondereinrichtungen (z. B. Psychiatrie, Sonderschulen).

Aufmerksamkeitsstörungen können die Entwicklung eines Kindes, seine Erziehung, seine Ausbildung, sein schulisches Lernen und sein Sozialverhalten nachdrücklich beeinträchtigen. Mithin gibt es zahlreiche und gute Gründe dafür, Aufmerksamkeitsstörungen frühzeitig zu erkennen und differenziert zu behandeln.

Hierfür bietet das vorliegende Trainingsprogramm ein klar strukturiertes Konzept an. Es vermittelt, wie die Störung diagnostiziert werden kann und stellt die Therapie detailliert und praxisrelevant dar. Dabei kommen auch die handlungsleitenden theoretischen Überlegungen zur Sprache.

Dem Anwender soll damit ein flexibel handhabbares Trainingsprogramm zur Verfügung gestellt werden, das sich direkt an die betroffenen Kinder sowie ihre Eltern und Lehrer wendet. Das Therapieziel besteht darin, die Entwicklung aufmerksamkeitsgestörter Kinder zu fördern. Dies bedeutet, daß die Therapie nicht primär darauf ausgerichtet ist, Störungen zu vermindern. Vielmehr soll die Fähigkeit der Kinder verbessert werden, entwicklungsrelevante Aufgaben zu bewältigen. Hierzu wird auch die Zusammenarbeit mit Eltern und Lehrern angestrebt.

Wir sind dem Verlag und Herrn Professor Petermann für die gute Zusammenarbeit zu Dank verpflichtet. Dank gebührt auch Herrn Uwe Tänzer für seine redaktionelle Mithilfe und seine Bereitschaft, mehrfache Manuskriptüberarbeitungen mit Sorgfalt und Engagement mitzutragen.

Die Zusammenarbeit der Autoren über die räumliche Entfernung hinweg erforderte einigen „kommunikativen Aufwand" sowie häufige Reisen. Hier danken wir unseren Familien für Verständnis, Unterstützung und die tatkräftige Entlastung.

Oldenburg, Tübingen und Stuttgart, im Oktober 1992

Gerhard W. Lauth · Peter F. Schlottke

1 Einführung, Thematisierung

Unaufmerksamkeit, erhöhte Ablenkbarkeit und motorische Überaktivität sind Eltern, Pädagogen und Ärzten bereits vor Beginn unseres Jahrhunderts ein Problem gewesen. Dies belegen vor allem die populär gewordenen „Fallbeschreibungen" des Frankfurter Nervenarztes Heinrich Hoffmann aus dem Jahre 1845. Seine Bildergeschichten vom „Zappelphilipp" und „Hans-guck-in-die-Luft" veranschaulichen die Schwierigkeiten der Kinder sowie ihrer Eltern.

1.1 Das Erscheinungsbild der Aufmerksamkeitsstörung

Aufmerksamkeitsstörungen äußern sich vor allen Dingen darin, daß Aufgaben (z. B. Diktatschreiben) nachlässig, fehlerhaft und unzureichend bewältigt werden sowie die Tätigkeiten selbst nur wenig planvoll gestaltet und oft kaum zu Ende gebracht werden. Die Kinder neigen dazu, ohne vorausgehende Überlegungen zu handeln und vorschnell „verkürzte" Problemlösungen zu suchen (z. B. im Unterricht dazwischenrufen, Lösungswege nicht einhalten, nicht abwarten können, nicht zuhören). Sie haben große Schwierigkeiten, bei einer Aktivität zu bleiben, wenden sich stattdessen schnell neuen, wechselnden Inhalten zu und können eine Handlungsabsicht nicht kontinuierlich verfolgen.

Aufmerksamkeitsgestörte Kinder erscheinen zum Teil „wie aufgezogen", ständig „auf dem Sprung"; ihre Schwierigkeit, eine zeitlang still zu sitzen, eskaliert oft in wachsender Bewegungsunruhe, was in vielfältiger Weise zu Konflikten führt.

Hauptmerkmale. Im Vergleich zum sonstigen Entwicklungsstand des Kindes tritt eine übermäßige Unaufmerksamkeit, Impulsivität und Hyperaktivität auf (Diagnostic und Statistical Manual of Mental Disorders – DSM-III-R; American Psychiatric Association 1987).

Der Begriff der *Unaufmerksamkeit* bringt vor allem die mangelnde Stetigkeit und Zielgerichtetheit des Verhaltens zum Ausdruck. Hierzu gehört es, daß die Kinder Schwierigkeiten haben, begonnene Aufgaben konsequent zu Ende zu führen; übertragene Arbeiten kaum planvoll und organisiert bewältigen; sich ablenken lassen; Spielaktivitäten schnell und abrupt wechseln; nicht zuhören und als unordentlich und nachlässig erscheinen.

Mit *Impulsivität* wird vor allem das vorschnelle und unbedachte Verhalten umschrieben. Es äußert sich beispielsweise in folgenden Verhaltensweisen: mit einer Antwort herausplatzen, bevor eine Frage vollständig gestellt wurde; Bemerkungen machen, ohne an der Reihe zu sein; bei Gruppenaufgaben nicht abwarten können; mit Aufgaben beginnen, ohne sich richtig mit den Anweisungen auseinanderzusetzen; in Phasen selbständigen Arbeitens andere Kinder unterbrechen; den Lehrer unterbrechen; dazwischen rufen; unbedachte und gefährliche Aktivitäten unternehmen.

Der Begriff der *Hyperaktivität* weist auf die Momente motorischer Unruhe hin. Hierzu gehört, daß die Kinder beispielsweise nicht ruhig sitzen können, übermäßig herumtollen, durchs Klassenzimmer rennen, herumzappeln, mit Gegenständen spielen und unruhig auf dem Sitz hin und her rutschen.

Situationen. Die typischen Probleme aufmerksamkeitsgestörter Kinder zeigen sich insbesondere dann, wenn längere Aufmerksamkeitsspannen sowie zielgerichtete Tätigkeiten verlangt werden (z. B. in der Schule, bei den Hausaufgaben, bei längeren Stillarbeiten, bei sozialen Anforderungen wie Essen und Besuchen).

In diesen Situationen ist eine längerfristige und zielgerichtete Beschäftigung mit oft nur mäßig interessierenden Inhalten erforderlich.

Daneben finden sich immer wieder Situationen, in de-

nen nur eine geringe oder gar keine Beeinträchtigung der Aufmerksamkeit festzustellen ist, z. B. wenn

- die Kinder auf neue und anregende Inhalte treffen (Anregungswechsel, Einführung neuer Inhalte);
- das Verhalten der Kinder sehr direkt durch einen Erwachsenen reguliert wird (z. B. wenn ein Kind mit einem Erwachsenen alleine zusammen ist).

Aufmerksamkeitsstörungen zeigen sich demzufolge vor allen Dingen *im schulischen Kontext.* Man kann geradezu sagen, daß sie wesentlich durch die Schule definiert werden. Dies führt auch oft dazu, daß die Schule eine Aufmerksamkeitsstörung sieht, während dies von den Eltern oder dem betroffenen Schüler selbst nicht so wahrgenommen wird.

Eine sehr anschauliche Schilderung aufmerksamkeitsgestörten Verhaltens aus der Sicht eines Lehrers findet sich im *Kasten* „Fallbeispiel Christoph".

Beurteilung durch Bezugspersonen. Das so auffällige Verhalten wird von den unmittelbaren Bezugspersonen dieser Kinder (Eltern, Geschwistern, Gleichaltrigen, Lehrern) zumeist nicht als Ausdruck einer Störung gesehen, sondern als „Ungezogenheit", „Disziplinlosigkeit", „fehlender guter Wille", „Rücksichtslosigkeit" und „im Mittelpunkt stehen wollen" interpretiert. Die Kinder werden als störend wahrgenommen und gelten als unreif und unangepaßt (z. B. nicht gruppenfähig, verspielt, verzögerte Entwicklung, eingeschränkte Lernfähigkeit). Aufgrund ihrer schulischen Minderleistungen werden ihnen auch oft Merkmale im Sinne des Stereotyps des „schlechten Schülers" zugeschrieben.

Erziehungsschwierigkeiten. Eltern klagen zumeist über allgemeine Erziehungsschwierigkeiten (z. B. Trotzverhalten, Ungehorsam, Wutausbrüche, Geschwisterrivalitäten) sowie über gefahrvolles und unbedachtes Verhalten (z. B. mit Feuer und gefährlichen Gegenständen spielen, auf hohe Bäume klettern, sich risikoreich im Straßenverkehr bewegen, gegenüber anderen Kindern aggressiv sein, mit ebenfalls schwierigen Kindern Cliquen bilden, gehäuft Unfälle haben). Offensichtlich erlernen aufmerksamkeitsgestörte Kinder das angemessene Verhalten langsamer und geben das problematische Verhalten nur verzögert wieder auf. Nach einer Annahme von Whalen und Henker (1985) verfolgen sie in sozialen Situationen eher atypische und ungünstige Ziele (z. B. Anregung suchen, Spannung erleben, sich konkurrierend auseinandersetzen).

Diese Ausgangslage führt dazu, daß

- das Verhalten des aufmerksamkeitsgestörten Kindes als aversiv erlebt wird und sich vermehrte *familiäre Konflikte* oder sogar Beziehungsschwierigkeiten mit einzelnen Elternteilen oder Geschwistern entwickeln.
- sich die Erziehungsverantwortung der Eltern zwar deutlich erhöht, sie dieser Verantwortung angesichts der eskalierenden Verhaltensschwierigkeiten aber immer weniger genügen können. Dabei spielt es auch eine große Rolle, daß aufmerksamkeitsgestörte Kinder oft von förderlichen Kontakten mit Gleichaltrigen ausgeschlossen sind (s. u.). Die kompensatorische Einflußnahme durch die Eltern wird deshalb umso wichtiger, weil kaum andere positive Entwicklungsanregungen im Umfeld des Kindes existieren.

Christoph (9 Jahre, 3. Klasse Grundschule) in der Schilderung des Klassenlehrers

Lernschwierigkeiten: „Christoph ist ein überaus zappeliger und nervöser Schüler. Er ist nur für eine begrenzte, sehr kurze Zeitspanne fähig, seine Aufmerksamkeit auf ein Ziel zu richten. Dauerhaftes, zielgerichtetes Lernen ist nur bedingt möglich. Mangelhafte Merkfähigkeit und Informationsverarbeitung sind Folge seiner ungenügenden Konzentration. Die Schrift ist unharmonisch, seine Zeichnungen lassen auf Unreife schließen.

Verhaltensschwierigkeiten: Christoph ist zwar bewegungsfreudig, fällt aber beim Spielen (in der Pause, beim Turnen) im allgemeinen dadurch auf, daß er sich nicht an Spielregeln halten kann bzw. will und deshalb schnell den Zorn der Mitschüler auf sich zieht. Er ist überaus eigensinnig, hat keine Freunde und bemüht sich auch nicht, welche zu finden.

Positive Seiten: Durchschnittlich intelligent, auch Pflichtbewußtsein vorhanden.

Zusammenfassendes Urteil: Irritierende Bewegungsunruhe; geringe Fähigkeit, Reaktionsbereitschaft und Wachsamkeit so zu regulieren, daß sie auf die Erfordernisse der Situation abgestimmt sind. Auffallend ist seine ungewöhnlich schwache Neigung, Anstrengungen zu mobilisieren und aufrecht zu erhalten. Seine Mutter umsorgt ihn sehr".

Umgang mit Gleichaltrigen. Andere Kinder erleben den Kontakt mit einem aufmerksamkeitsgestörten Kind als wenig verstärkend, so daß sie den Kontakt mit ihm meiden bzw. es (instrumentell) für Störungen „nutzen" (z. B. im Unterricht). Die Zurückweisung durch Gleichaltrige in soziometrischen Wahlen, aber auch im alltäglichen Verhalten ist häufig rigoros und durchgängig.

Aufmerksamkeitsgestörte Kinder sind deshalb oft isoliert. Sie neigen aufgrund dieser Schwierigkeiten zu unkontrolliert-expansiven Verhaltensweisen (z. B. Aggressivität, Disziplinschwierigkeiten, negativem Sozialverhalten, Verletzung sozialer Normen), die den Teufelskreis ihrer Problematik weiter verstärken. (Diese zusätzlichen Sozialprobleme gehen in die Definition der Aufmerksamkeitsstörung mit ein, s. Kapitel 4).

Schulleistungen. Aufmerksamkeitsgestörte Kinder weisen in wesentlichen Bereichen Minderleistungen gegenüber unauffälligen Schülern auf: Sie schneiden im Intelligenztest schlechter ab, erhalten schlechtere Schulnoten, lernen schwerer lesen, haben eher Schwierigkeiten beim Rechnen sowie beim Lösen von komplexeren Problemen und erreichen zumeist auch schlechtere Lern- und Ausbildungsergebnisse (Wagner 1976; Wiedl & Bethge 1981; Schlottke 1984; Lambert 1988).

Schul- und Lernschwierigkeiten sind bei aufmerksamkeitsgestörten Kindern eher üblich; nach McGee und Share (1988) weisen etwa 50 % dieser Kinder Lernstörungen auf (siehe auch DSM-III-R). Diese Lernschwierigkeiten sind einerseits auf eine ungünstigere Arbeitshaltung bzw. soziale Konflikte und andererseits auf unmittelbare Lernbeeinträchtigungen der Kinder zurückzuführen.

Selbstbild. Diese Erfahrungen mit sich selbst und den Reaktionen anderer Personen machen das aufmerksamkeitsgestörte Kind *unsicher* und schränken sein ohnehin nicht ausgeprägtes Selbstwertgefühl weiter ein. Die Folge hiervon ist ein eher negatives Selbstbild, was jedoch häufig durch expansive Verhaltensweisen kaschiert wird (z. B. betont offensives Verhalten, Aggressivität, großspuriges Auftreten). Ferner werden große Stimmungsschwankungen, eine niedrige Frustrationstoleranz (z. B. nicht verlieren können) oder Wutausbrüche angetroffen. Als Folge hiervon verschärfen sich die Verhaltensschwierigkeiten aufmerksamkeitsgestörter Kinder mit dem Fortbestehen der Störung. Längsschnittstudien zur Entwicklung aufmerksamkeitsgestörter Kinder belegen folglich zunehmend negativere Auswirkungen bis hin zur ernsthaften Beeinträchtigung der sozialen und schulischen Entwicklung (vgl. hierzu Kap. 2.2).

1.2 Definition der Aufmerksamkeitsstörung

Begriffsgeschichte. Der Begriff Aufmerksamkeitsstörung geht auf eine Definition der American Psychiatric Association (APA) zurück, die im Jahre 1980 ältere Klassifikationen durch den Begriff „Aufmerksamkeitsstörung" ersetzte. Anlaß hierfür waren neuere Erkenntnisse, wonach die typischen Schwierigkeiten dieser Kinder auf verminderte Aufmerksamkeitsprozesse zurückzuführen waren. Zusätzlich unterschied die APA noch zwischen *Aufmerksamkeitsstörungen mit Hyperaktivität* und *Aufmerksamkeitsstörungen ohne Hyperaktivität.* Sie wies die motorischen Auffälligkeiten (Hyperaktivität) damit als möglichen, jedoch keinesfalls als zwangsläufigen und schon gar nicht als dominierenden Bestandteil der Störung aus.

In der Revision des „Diagnostic and Statistical Manual" (DSM-III-R 1987) wird der heute gültige Begriff der *Aufmerksamkeits- und Hyperaktivitätsstörung* mit den unten angeführten Diagnosekriterien eingeführt.

Diese Begriffsgeschichte hat zur Folge, daß die Diagnose „Aufmerksamkeitsstörung" derzeit noch wenig bekannt ist; oft werden noch die Begriffe Hyperkinese, Hyperaktivität und zum Teil auch Minimale Cerebrale Dysfunktion bzw. Psychoorganisches Syndrom zur Umschreibung der Störung verwendet.

Der dargestellte Begriffswandel ist jedoch nicht beliebig, sondern Ausdruck einer veränderten und offeneren Sichtweise. Der Begriff Aufmerksamkeitsstörung erleichtert letztlich auch den therapeutischen Zugang und ermöglicht konstruktivere Interventionen: Interventionen, die

- weniger auf den *Abbau* von störend-negativem Verhalten (z. B. Regelverletzungen, Erziehungsschwierigkeiten, Hyperaktivität), ausgerichtet sind, sondern
- stärker den *Aufbau* von Verhaltensmöglichkeiten (z. B. Kompetenzen, Selbstreflexion, Selbststeuerung, Vorausplanung) und die Anregung von Entwicklungsprozessen zum Ziel haben.

Folglich begünstigt der Begriff Aufmerksamkeitsstörung positivere Zielsetzungen und differenziertere Therapieplanungen (z. B. Aufbau von Kompetenzen statt Selektion oder medikamentöser Therapie).

Verwandte Begriffe sind „Hyperkinetische Störungen" (F90, Internationale Klassifikation psychischer Störungen: ICD–10, Kapitel V(F), Weltgesundheitsorganisation 1991) und „Hyperkinetische Reaktion im Kindesalter" (Diagnostic and Statistical Manual of Mental Disorders – DSM II; American Psychiatric Association 1968).

Diagnosekriterien nach dem DSM-III-R (S. 81–82)

Beachte: Ein Kriterium gilt nur dann als erfüllt, wenn die Verhaltensweisen beträchtlich häufiger auftreten, als dies bei den meisten Personen mit gleichem Entwicklungsalter der Fall ist.

A) Eine mindestens sechs Monate andauernde Störung, bei der mindestens acht der folgenden Anzeichen auftreten:
Der Betroffene
(1) zappelt häufig mit Händen oder Füßen oder windet sich in seinem Sitz (bei Adoleszenten kann sich dies auf subjektive Empfindungen von Rastlosigkeit beschränken)
(2) kann nur schwer sitzen bleiben, wenn dies von ihm verlangt wird
(3) wird leicht durch externe Reize abgelenkt
(4) kann bei Spiel- oder Gruppensituationen nur schwer warten, bis er an der Reihe ist
(5) platzt oft mit der Antwort heraus, bevor die Fragen vollständig gestellt sind
(6) hat Schwierigkeiten, Aufträge anderer vollständig auszuführen (nicht bedingt durch oppositionelles Verhalten oder Verständnisschwierigkeiten), beendet beispielsweise die Hausaufgaben nicht
(7) hat Schwierigkeiten, bei Aufgaben oder Spielen länger aufmerksam zu sein
(8) wechselt häufig von einer nicht beendeten Aktivität zu einer anderen
(9) kann nur schwer ruhig spielen
(10) redet häufig übermäßig viel
(11) unterbricht oft andere oder drängt sich diesen auf, platzt z. B. ins Spiel anderer Kinder hinein
(12) scheint häufig nicht zuzuhören, wenn andere mit ihm sprechen
(13) verliert häufig Gegenstände, die er für Augaben und Aktivitäten in der Schule oder zu Hause benötigt (z. B. Spielzeug, Bleistifte, Bücher, Anweisungen)
(14) unternimmt oft ohne Rücksicht auf mögliche Folgen körperlich gefährliche Aktivitäten (nicht aus Abenteuerlust), rennt z. B. ohne zu schauen auf die Straße

Beachte: Die Reihenfolge der o. a. Punkte wurde so gewählt, daß der Grad der Differenzierbarkeit nach unten abnimmt. Die Reihenfolge basiert auf einem in den USA durchgeführten landesweiten Feldversuch mit Hilfe der DSM-III-R-Kriterien der Expansiven Verhaltensstörungen.

B) Beginn vor Vollendung des 7. Lebensjahres.

C) Die Kriterien einer tiefgreifenden Entwicklungsstörung sind nicht erfüllt.

Kriterien für den Schweregrad einer Aufmerksamkeits- und Hyperaktivitätsstörung:

Leicht: Zusätzlich zu den für die Diagnose der Störung geforderten Symptomen liegen nur wenige oder auch keine weiteren Symptome vor und die soziale Anpassung und die schulische Leistungsfähigkeit sind nur minimal oder gar nicht beeinträchtigt.
Mittel: Symptome oder funktionale Beeinträchtigungen zwischen „leicht" und „schwer".
Schwer: Neben den für die Diagnose der Störung geforderten Symptomen liegen viele weitere Symptome vor und die soziale Anpassung an die Familie und Gleichaltrige sowie die schulische Leistungsfähigkeit sind bedeutsam und schwerwiegend beeinträchtigt.

1.3 Diagnosekriterien

Mit Aufmerksamkeitsstörung wird eine im Vergleich zu dem sonstigen Entwicklungsstand eines Kindes übermäßige Unaufmerksamkeit, Impulsivität und Hyperaktivität bezeichnet.

Laut DSM-III-R gilt „Aufmerksamkeits- und Hyperaktivitätsstörung" als vollständige Begriffsumschreibung. Im folgenden verwenden wir stattdessen den Kurzbegriff „Aufmerksamkeitsstörung" (AS).

Die entsprechenden Diagnosekriterien werden in einer Liste von zuweisungsbedeutsamen Verhaltensweisen zusammengefaßt. Diese Kriterienliste nennt der Reihe nach die Verhaltensanzeichen, die am deutlichsten auf eine Aufmerksamkeitsstörung hinweisen. Sie führt Merkmale aus dem Bereich *Hyperaktivität* (zappeln, nicht sitzen bleiben können), Impulsivität (nicht abwarten können, herausplatzen) und *Unaufmerksamkeit* (sich leicht ablenken lassen, Aufträge unvollständig ausführen, nicht bei einer Aktivität bleiben) auf. Mithin unterscheidet aufmerksamkeitsgestörte und nicht aufmerksamkeitsgestörte Kinder die motorische Unruhe zwar am deutlichsten, dennoch beruht die Diagnose „Aufmerksamkeitsstörung" nicht ausschließlich auf dieser Dimension. Vielmehr können auch Kinder, die vor allem durch Unaufmerksamkeit und Impulsivität, jedoch kaum durch motorische Unruhe auffallen, als aufmerksamkeitsgestört erkannt werden. Motorische Unruhe (Hyperaktivität) ist also lediglich als eine *mögliche Verhaltensausprägung* im Rahmen der grundlegenden Beeinträchtigung zu sehen.

Dagegen ist das Vorliegen einer Aufmerksamkeitsstörung *auszuschließen* bei

- einer *Dauer* der Aufmerksamkeitsstörung von weniger als 6 Monaten;
- einem Beginn der Störung nach dem *7. Lebensjahr* und/oder
- Vorliegen tiefgreifender *Entwicklungsstörungen*.

(Das *diagnostische Vorgehen* wird im *Kapitel 4* ausführlich dargestellt).

Hinweise für den Leser

Je nach *Interessenschwerpunkt* kann der Leser sich entweder unmittelbar den *Diagnosekriterien* und *Interventionsmaßnahmen* zuwenden oder eine konzeptionelle Beschäftigung mit der Aufmerksamkeitsstörung im Kindesalter einbeziehen. Die in der nachfolgenden Graphik *grau* unterlegten Textteile markieren die erste Alternative; *weiß* belassene Kapitel kennzeichnen Informationen, die eine möglichst flexible und individuelle Umsetzung der Diagnostik sowie der Trainingsbausteine unterstützen. Die direkten Interventionsmaßnahmen selbst sind *schraffiert.*

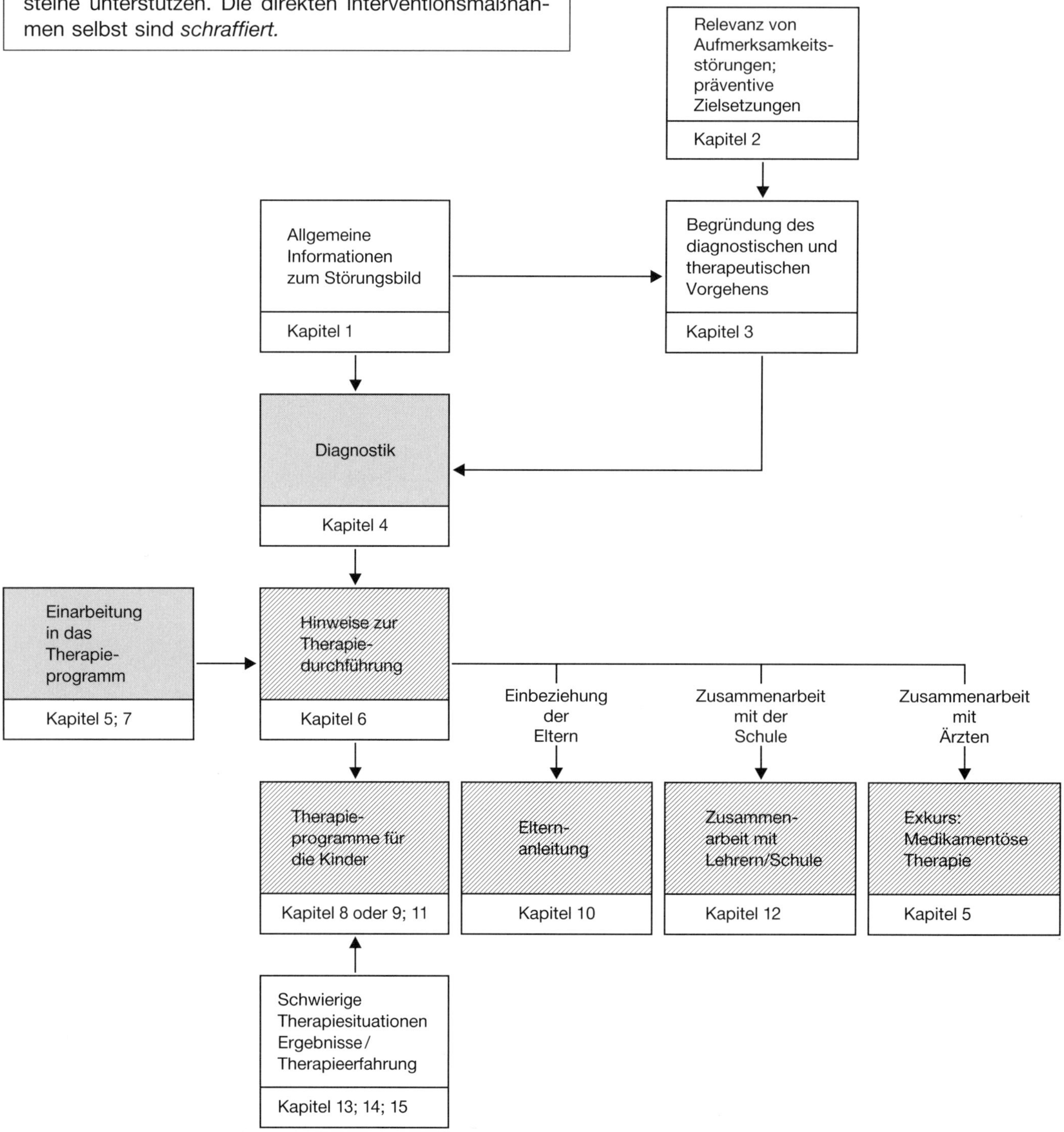

2 Therapeutische Relevanz

2.1 Epidemiologie

Häufigkeit. Aufmerksamkeitsstörungen sind die häufigste Verhaltensbeeinträchtigung im Kindesalter. Laut DSM-III-R wird der Anteil dieser Kinder bei unausgelesenen Populationen auf bis zu 3 % veranschlagt. Nach Schätzungen von Coles (1975) sollen etwa 3 % aller Grundschüler in den USA aufmerksamkeitsgestört sein. Barkley (1983) sowie Hartladge und Telzrow (1982) schätzen den Anteil aufmerksamkeitsgestörter Schulkinder auf 3 bis 5 % oder annähernd ein Kind in jeder Klasse.

Untersuchungen im deutschsprachigen Raum gelangen zu leicht höheren Angaben. So werden von den 2 bis 15 Jahre alten Kindern einer Durchschnittsstichprobe in der Bundesrepublik 4–10 % als hyperkinetisch bezeichnet (Brocke 1984), und eine Fragebogenerhebung an Münchner Schülern ermittelt durchschnittlich 9 % hyperkinetischer Kinder (Eichlseder 1977).

Bei Kindern im Grundschulalter gruppieren sich die Häufigkeitsangaben mithin um Nennungen zwischen 3 und 10 %. Allgemeine Aufmerksamkeitsschwierigkeiten („Konzentrationsstörungen") werden jedoch bei etwa 10 bis 40 % der Normalschulpopulation gefunden (Ministerium für Arbeit, Gesundheit und Soziales, NRW, 1988).

Aufmerksamkeitsstörungen in ausgewählten Kindergruppen. Bei verhaltensauffälligen Kindern und Kindern in *Sondereinrichtungen* treten Aufmerksamkeitsstörungen weit häufiger auf: Kinze, Barchmann, Ettrich und Handreg (1984) ermittelten bei 110 Kindern einer neuropsychiatrischen Krankenstation einen Anteil von 56 % als hyperkinetisch. Stewart, Cummings, Singer und DeBlois (1981) veranschlagen den Anteil aufmerksamkeitsgestörter Kinder bei bereits Verhaltensauffälligen mit mindestens 50 %. Barchmann (1988) schätzt diesen Anteil sogar auf 60–80 % und Henker und Whalen (1989) geben die Überschneidung zwischen Aufmerksamkeits- und Verhaltenstörungen mit größer als 50 % an.

In gleicher Richtung weisen die verfügbaren Zahlen über die Behandlung in Erziehungs- und Familienberatungsstellen. Hier stellt die Diagnose „Lernschwäche" und/oder „Aufmerksamkeitsstörung" mit 26 % den häufigsten Behandlungsanlaß dar (Petri 1979).

Beurteiler. Die Häufigkeitsangaben hängen damit zusammen, *wer* die Beurteilungen abgibt und *welche Kinder* betrachtet werden. Nach anglo-amerikanischen Beobachtungen (Stewart et al. 1981, Trites 1979, Trites, Blouin, Ferguson & Lynch 1981, Sandoval, Lambert & Sassone 1980, Sprague, Cohen & Eichlseder 1977) variieren die Häufigkeitsangaben deutlich mit den Beurteilern:

- Höhere Prozentangaben kommen dann vor, wenn Lehrerangaben zugrunde gelegt werden;
- Ärzte machen dagegen Angaben, die eher im unteren Rangbereich liegen.

Die zahlenmäßig höheren Angaben von Lehrern hängen wohl mit einer systematischen Urteilstendenz zusammen; sie zeigen aber auch, daß die Aufmerksamkeitsstörung eine Verhaltensbeeinträchtigung ist, die vor allem im schulischen Kontext auftritt und durch die Schule definiert wird.

Diese Neigung von Lehrern, Aufmerksamkeitsstörungen festzustellen, belegt eine Umfrage unter 83 Lehrern. Diese Lehrer wurden danach gefragt, wieviele der von ihnen als Klassenlehrer unterrichteten Kinder (N = 1712) sie als aufmerksamkeitsgestört ansehen. Die Lehrer schätzen – nach subjektiv-naiven Kriterien – insgesamt 31 % aller Schüler als aufmerksamkeitsgestört ein (Pöpken 1988), wobei vor allem Grund- und Hauptschülern Aufmerksamkeitsgestörungen zugeschrieben werden. 80 % der Lehrer geben zusätzlich an, daß sich die Aufmerksamkeitsstörungen in den letzten Jahren gehäuft hätten; 82 % meinen, die Schwere der Störung nehme zu (Aggressivität, motorische Unruhe).

Diese unterschiedlichen Beurteilungstendenzen haben eine wichtige praktische Folge. Denn es ist kaum zu erwarten, daß Eltern, Lehrer und Ärzte gleicher Meinung sind, wenn sie die Problematik bzw. die „Behandlungsbedürftigkeit" eines Kindes beurteilen. Dies ist – neben den unterschiedlichen Urteilstendenzen – auch auf die Tatsache zurückzuführen, daß sie jeweils unterschiedliche Ausschnitte des kindlichen Problemverhaltens wahrnehmen (s. auch Kapitel 1 – situative Bedingungen).

Geschlechterverteilung. Es ist international unstrittig, daß eine 3 : 1- bzw. 5 : 1-Relation zwischen Jungen und Mädchen besteht (z. B. Glow 1981). Das DSM-III-R gelangt sogar zu der Schlußfolgerung, daß Jungen in klinischen Gruppen 6–9 mal häufiger vertreten sind. Als Gründe hierfür gelten

- eine genetische Disposition (Cantwell 1972),
- eine höhere Toleranz gegenüber auffälligem Verhalten bei Mädchen (Pelham 1980)
- eine stärkere Beachtung von Jungen in der Forschung (Henker & Whalen 1980).

Weitere Erklärungen für die überzufällige Häufung von Aufmerksamkeitsstörungen bei Jungen werden auf biologisch-immunologische Gegebenheiten zurückgeführt (Gualteri & Hicks 1985).

2.2 Folgen von Aufmerksamkeitsstörungen

Verhaltensstörungen im Kindesalter stellen sich oft als vergleichsweise unerhebliche und vorübergehende Anpassungsschwierigkeiten dar (z. B. Daumenlutschen, Essensschwierigkeiten). Dagegen entfalten andere Verhaltensstörungen weiterreichende negative Folgen, weil sie die langfristige Entwicklung eines Kindes Zug um Zug beeinträchtigen. Letzteres gilt insbesondere für Aufmerksamkeitsstörungen, die geradezu als *Entwicklungsgefährdung* zu charakterisieren sind. Diese entwicklungsbeeinträchtigende Bedeutung ergibt sich vor allem daraus, daß aufmerksamkeitsgestörte Kinder

- wichtige normative Anforderungen nicht erfüllen und sogenannte Entwicklungsaufgaben oft nicht bewältigen (z. B. Lernleistungen erbringen, Schulabschlüsse erwerben).
- zentrale und entwicklungsrelevante Kompetenzen nicht erlernen (z. B. Lernkompetenzen, soziale Konfliktregelungen).
- eher von förderlichen Sozialkontakten ausgeschlossen sind (z. B. Gleichaltrigen-Kontakte).
- eher von Selektionsmaßnahmen betroffen sind (z. B. Wiederholen einer Klasse, Überweisung in Sondereinrichtungen).

Aufmerksamkeitssstörungen beeinträchtigen also die Entwicklungsvoraussetzungen eines Kindes und stehen dadurch oft am Beginn eines negativen Entwicklungsverlaufs. Deshalb kann man zumeist auch nicht davon ausgehen, daß sie im Zuge von Reifungs- und Entwicklungsprozessen verschwinden.

Längsschnittuntersuchungen. Die nachdrückliche Entwicklungsgefährdung, die mit einer Aufmerksamkeitsstörung verbunden sein kann, geht vor allem aus Studien zur späteren seelisch-sozialen Gesundheit von aufmerksamkeitsgestörten Kindern hervor. Diese Untersuchungen zeigen, daß aufmerksamkeitsgestörte Kinder auch als Jugendliche bzw. junge Erwachsene noch ausgeprägte Probleme haben: Hier herrschen vor allem chronisch zwischenmenschliche Konflikte, Ruhelosigkeit, abrupte Lebensentscheidungen, konfliktreiche Sozialbeziehungen, eine unstete Lebensführung und wenig konsistente Zielsetzungen vor; ferner haben sie auch deutlich weniger soziale Kontakte, die befriedigend sind (vgl. Henker & Whalen 1989, Mannuzza, Klein, Bonagura, Konig & Shenker 1988, Kasten „Folgen einer Aufmerksamkeitsstörung"), S. 22.

Folgen einer Aufmerksamkeitsstörung im frühen Erwachsenenalter

Herr Becker ist derzeit 28 Jahre alt; er besuchte zunächst 4 Jahre lang die Grundschule, wo er als ein leicht ablenkbares, unstetiges und unkonzentriertes Kind beschrieben wird. Trotzdem wechselt er zum Gymnasium, das er zwei Jahre lang besucht, bevor er auf die Realschule übergeht. Er verläßt die Realschule vorzeitig und ohne Abschluß. Daraufhin beginnt er eine Lehre als Edelsteinschleifer, die er jedoch nach sechs Monaten abbricht. Er nimmt Drogen und heiratet eine junge Frau, die er gerade 4 Monate kennt.
In der Folge geht Herr Becker rasch wechselnden Beschäftigungen nach; er gerät des öfteren mit dem Gesetz in Konflikt (riskantes Autofahren, Drogenkonsum, Körperverletzung, Bundeswehrentlassung, Gefängnisaufenthalt); trennt sich immer wieder von seiner Familie und zieht unstet umher. Seine soziale Situation ist durch ein großes Ausmaß an Disharmonie und Streitigkeiten geprägt. Große Gereiztheit, Neigung zu expansiven und aggressiven Verhaltensweisen, häufige Zielwechsel und abrupte Entscheidungen, die von einer Minute auf die andere gefällt und umgesetzt werden (z. B. Aufnahme einer erneuten Berufsbildung, Auswanderung) sind zu beobachten. Längerfristige soziale Beziehungen zur Familie, zu Angehörigen oder zu Freunden können nicht aufgebaut bzw. aufrechterhalten werden.
Sein unmittelbar beobachtetes Interaktionsverhalten belegt ein hohes Ausmaß an Strukturierungsmangel. Seine Handlungen sind durch Verhaltensweisen gekennzeichnet, die unbedacht, illusionär und gefahrenträchtig sind. Ferner ergeben sich immer wieder weitreichende Konflikte mit wichtigen Bezugspersonen (z. B. Nachbarn, Familienmitgliedern).

Andere Langzeitfolgen der Aufmerksamkeitsstörung bestehen zumeist in antisozialen Verhaltensweisen, Erziehungs- bzw. Umgangsschwierigkeiten und Drogenmißbrauch. Dies stellt auch Lambert (1988) in einer Studie zur Entwicklung aufmerksamkeitsgestörter Grundschüler fest. Sie verglich hierbei drei Gruppen von Jugendlichen (Alter 17–18 Jahre) hinsichtlich ihrer seelisch-sozialen Gesundheit:

- 166 Jugendliche, die im Kindesalter als *hyperaktiv diagnostiziert* und *medizinisch behandelt* worden waren;
- 74 Jugendliche, die als Kinder zwar Merkmale von Hyperaktivität aufwiesen, ohne daß jedoch eine Hyperaktivität diagnostiziert oder eine *(medizinische) Therapie* durchgeführt wurde;
- 127 Jugendliche, die als Kinder unauffällig geblieben waren und die gleichen Schulen besuchten *(Kontrollgruppe).*

Die seelisch-soziale Gesundheit wurde aus den Berichten von Eltern, Lehrern sowie der Betroffenen selbst erschlossen. Die Jugendlichen, die als Kinder hyperaktiv waren und entsprechend behandelt wurden, unterscheiden sich von der Kontrollgruppe (vormals unauffällige Kinder) vor allem

- in ihrer *schulischen Entwicklung* (häufigerer Besuch von Sonderschulen, Abbruch der Highschool, kein College-Besuch),
- im *Ausmaß der Erziehungsschwierigkeiten* (von zu Hause weglaufen, nicht bei den Eltern wohnen, Erziehungshilfe, Heimeinweisung, Anklagen wegen delinquenten Verhaltens),
- in ihrer *psychischen Gesundheit* (Aggressivität, Inanspruchnahme ambulanter und stationärer psychologischer Behandlung, Erziehungsschwierigkeiten).

Ähnliche Ergebnisse sind aber auch bei der zweiten Untersuchungsgruppe (Jugendliche, die vormals hyperaktiv waren, aber keine Diagnose und keine medizinische Therapie erhalten hatten) zu verzeichnen. Sie konsumieren als Jugendliche jedoch gehäuft harte Drogen.

Demnach erweist sich die Aufmerksamkeitsstörung als eine schwerwiegende Entwicklungsbeeinträchtigung, die auch durch die hier vorgenommene medizinische Behandlung nur wenig beeinflußt wird.

Zu ähnlichen Ergebnissen gelangen Satterfield, Hoppe und Schell (1982), die prospektiv 110 hyperaktive Kinder und 88 parallelisierte, unauffällige Jungen von der frühen Kindheit bis zum Erwachsenenalter beobachteten. Die ehemals aufmerksamkeitsgestörten Kinder befinden sich letztlich weit häufiger in Institutionen (19 mal häufiger) und neigen weit häufiger zu schweren, sich wiederholenden kriminellen Delikten (26–28 mal höhere Rate), als die vormals unauffälligen Kinder.

Einzelne Untersuchungen belegen aber auch, daß ein größerer Teil (bis zur Hälfte) der ehemals aufmerksamkeitsgestörten Kinder als Erwachsene problemlos ist (Gittelman, Mannuzza, Shenker & Bonagura 1985, Weiss & Hechtman 1986). Offensichtlich müssen also einzelne Untergruppen mit unterschiedlicher Entwicklungsprognostik unterschieden werden. Dabei spielt es offenbar eine große Rolle, ob die Aufmerksamkeitsstörungen zusammen mit sozialen Verhaltensbeeinträchtigungen auftreten: Kinder, die sowohl Aufmerksamkeitsstörungen zeigen, als auch sozial auffällig sind, nehmen eine weniger günstige Entwicklung, als Kinder, die „nur" aufmerksamkeitsgestört sind.

Bedeutung der Störung. Insgesamt sind Aufmerksamkeitsstörungen ein Problem mit weitreichenden individuellen, gesundheitspolitischen und gesellschaftlichen Auswirkungen. Sie stellen eine der häufigsten Formen kindlicher Verhaltensstörungen dar. Dennoch liegen mit Ausnahme der medikamentösen Behandlung noch keine systematisch erprobten Interventionsformen vor. Die Grenzen der medikamentösen Therapie sind allerdings offenkundig (s. Kapitel 5.4).

3 Erklärung von Aufmerksamkeitsstörungen

Aufmerksamkeit als Handlung. Um Aufmerksamkeitsstörungen verstehen zu können, ist eine Vorstellung über gelingende Aufmerksamkeitsprozesse notwendig. Was bezeichnen wir als Aufmerksamkeit? Wie kommen Aufmerksamkeitsleistungen zustande? Was tut jemand, der aufmerksam ist?

Ein einfaches Beispiel verdeutlicht sehr rasch, was als Aufmerksamkeit bezeichnet wird: Stellen wir uns einen Schüler vor, der der Aufforderung des Lehrers folgt und während einer Stillarbeit in der Klasse einen Sachbuchtext durcharbeitet, ohne sonstige Ziele zu verfolgen (z. B. mit dem Nachbarn reden, Männchen malen), und der letztlich wesentliche Textpassagen verstanden hat sowie diese in einem Unterrichtsgespräch wiedergeben kann. Dieses Verhalten würden wir zweifellos als aufmerksam bezeichnen und den Schüler umso aufmerksamer einschätzen, je mehr er „ablenkende" Störungen (z. B. Unruhe in der Klasse, Kontaktversuche seines Nachbarn) außer acht ließ. Mithin bezeichnet Aufmerksamkeit die Tatsache, daß jemand einer vereinbarten, komplexeren Tätigkeit zielbezogen und stetig nachgeht (sowie entsprechende Tätigkeitsergebnisse erreicht).

Wie kommt eine derartige Aufmerksamkeitsleistung zustande; was tut jemand, der aufmerksam ist? Diese Frage kann man am einfachsten durch die Beobachtung des eigenen Aufmerksamkeitsverhaltens beantworten. Wenn Sie beispielsweise die Aufgabe in Abbildung 1 zu lösen versuchen, werden Sie feststellen, daß diese Aufgabe eine bestimmte Anforderungsstruktur besitzt; das heißt, man muß gezielte Überlegungen anstellen und bestimmte, einzelne Verhaltensschritte ausführen, um zur Lösung zu gelangen. Jemand, der diese Aufgabe erfolgreich bearbeitet und mithin aufmerksam ist, muß beispielsweise

- zunächst die Aufgabenstellung verstehen und das Aufgabenziel („finde die mit dem Standardreiz übereinstimmende Figur") erreichen wollen,
- dieses Ziel während seiner Aufgabenbearbeitung beibehalten (und beispielsweise nicht die Figuren ausmalen oder die interessanteste Figur bestimmen),
- sodann den Standardreiz ausführlich mustern (im Blickverhalten abtasten – „scannen") und sich seine lösungsrelevanten Einzelheiten gegebenenfalls einprägen,

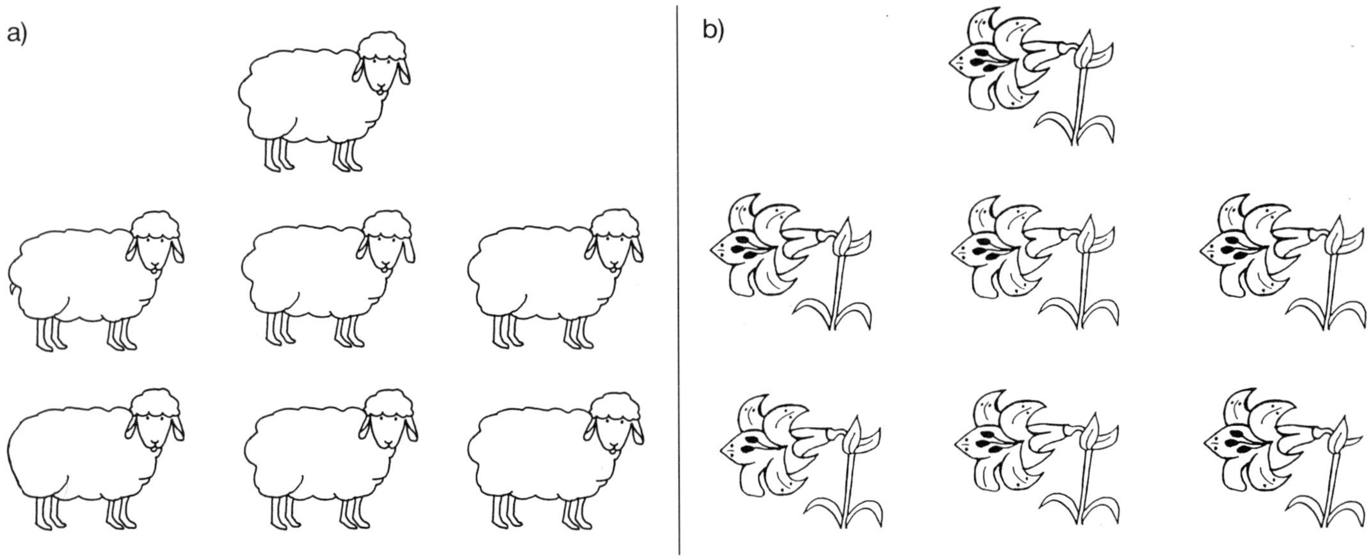

Abbildung 1: Beispiele aus dem Dortmunder Aufmerksamkeitstest.
(Die Aufgabe besteht darin, herauszufinden, welche der sechs Antwortmöglichkeiten dem oben stehenden Standardreiz genau entspricht.)

- die Lösungsmöglichkeiten systematisch mustern und die richtige Lösung systematisch einengen (z. B. durch Ausschluß von Figuren, die sofort als unzutreffend zu erkennen sind, oder durch den genauen Vergleich der Lösungsfigur mit dem Standardreiz),
- die favorisierte Lösung letztlich nochmals im direkten Abgleich mit dem Standardreiz überprüfen sowie
- das eigene Vorgehen handlungsbegleitend „überwachen" (z. B. sich fragen, wo man steht) und die eigene Lösungstätigkeit gegebenenfalls korrigieren.
- Darüberhinaus kann die Bewältigung innerer oder äußerer Störungen erforderlich sein (z. B. Ablenkung, Unlust; vgl. Selbstversuch Kapitel 10.4).

Dieses Beispiel weist Aufmerksamkeit als Ergebnis einer komplexen Handlung aus; Aufmerksamkeit ergibt sich letztlich daraus, daß jemand vergleichsweise einfache Überlegungen anstellt und vergleichsweise einfache Verhaltensschritte der Reihe nach – so wie es der Anforderungsstruktur entspricht – ausführt. Folglich ist Aufmerksamkeit keine abgeschlossene Fähigkeit, die man quasi „besitzt", sondern Ausdruck des aktuellen Handelns einer Person: Man *stellt* Aufmerksamkeit *aktuell* her. Voraussetzung hierfür ist, daß die handelnde Person

- *über die handlungsnotwendigen Operatoren* (Kompetenzen, Fertigkeiten, Wissen und Kenntnisse) verfügt,
- ihr Vorgehen in zielbezogener Weise *organisiert* (z. B. vorausschauend planen, strategisch vorgehen, Handlungsschritte zielbezogen anordnen, das eigene Vorgehen zielbezogen verändern) sowie
- ihre Handlungsausführung *steuert* (z. B. Vorkenntnisse aktivieren, unbedachte und fehlerhafte Reaktionen unterbrechen, das eigene Vorgehen überwachen, Handlungsergebnisse überprüfen).

3.1 Aufmerksamkeitsstörung als Handlungsbeeinträchtigung. Das Konzept

Die besondere Problematik aufmerksamkeitsgestörter Kinder äußert sich ganz konkret in der Art und Weise, wie sie mit bestimmten Anforderungen umgehen. Hierbei legen die Kinder oft ein wenig nützliches Vorgehen an den Tag, das sie deutlich von unauffälligen Gleichaltrigen unterscheidet. Aufmerksamkeitsgestörte Kinder, die die oben stehende Aufgabe (Abbildung 1) bearbeiten, suchen beispielsweise „verkürzte Problemlösungen" und nehmen sich dabei kaum die Zeit, eine Aufgabe zu verstehen bzw. eine Lösung systematisch abzuleiten und zu überprüfen (vgl. Kasten „Fallbeispiel zur hypothesengeleiteten Anwendung", Seite 37). Ihr Verhalten entspricht somit nicht den Aufgabenerfordernissen und trägt der Anforderungsstruktur des vorliegenden Problems kaum Rechnung (vgl. Wagner & Cimiotti 1975). Sei es, daß sie das angemessene Vorgehen entweder nicht ableiten oder „gekonnte" förderliche Vorgehensweisen nicht ausführen.

Erklärungswert. Eine Aufmerksamkeitsstörung stellt folglich eine Handlungsbeeinträchtigung dar, die in bestimmten Situationen bzw. bei bestimmten Anforderungen auftritt. Diese Handlungsbeeinträchtigung – und mithin auch die Aufmerksamkeitsstörung selbst – kann durch konkrete, verhaltensnahe Momente erklärt werden:

- die mangelnde Beherrschung von notwendigen *Grundfertigkeiten/Operatoren* (z. B. mangelnde visuelle Diskriminationsfähigkeit, relevante Informationen nicht entnehmen, visuelle Vergleiche nur unzureichend vornehmen können). Dies führt dazu, daß komplexe Handlungen bereits aufgrund von fehlenden Grundvoraussetzungen mißlingen.
- eine mangelnde *Steuerung der Handlungsausführung* (z. B. das Ziel aus den Augen verlieren, das eigene Vorgehen nicht überwachen, Rückmeldungen nicht einholen bzw. nicht verarbeiten, Handlungsergebnisse nicht mehr kontrollieren). Dies führt dazu, daß Handlungsvollzüge fehlerhaft werden.
- eine *mangelnde Handlungsplanung bzw. -organisation* (z. B. keine Vorüberlegungen anstellen, sondern darauf los arbeiten, übergeordnete Strategien nur unzureichend einsetzen, die Aufgabenstellung nicht näher analysieren, keine Reflexionsphase einhalten; vgl. auch Kasten „Handeln und Metakognition"). Dies führt dazu, daß Fertigkeiten, die das Kind prinzipiell beherrscht, nicht situationsangemessen eingesetzt werden.

Die Handlungssteuerung und die Handlungsorganisation werden in hohem Maße durch die Verfügbarkeit des problemrelevantem Wissens sowie sogenannter metakognitiver Denkakte beeinflußt (vgl. Kästen „Wissen und Aufmerksamkeit", S. 28 bzw. „Handeln und Metakognition", S. 30).

Wenn man – wie geschehen – Aufmerksamkeitsstörungen als spezifische Handlungsbeeinträchtigung interpretiert, kann man die Probleme dieser Kinder besser verstehen und direkter erfassen: Die spezifischen Probleme eines aufmerksamkeitsgestörten Kindes lassen sich dabei anhand von *drei Fragen* konkretisieren:

- Was sollte dieses Kind eigentlich tun? (Zielverhalten)
- Welche Überlegungen und Verhaltensschritte sind notwendig, um diese Handlung erfolgreich zu bewältigen? (Anforderungsstruktur)

- Warum hat das Kind Schwierigkeiten, das Zielverhalten zu erreichen? Welche Überlegungen stellt es nicht an, welche Verhaltensschritte führt es nicht aus oder beherrscht es nicht? (Entwicklungsstand)

Handeln und Metakognition

Die menschliche Handlungsfähigkeit ergibt sich wesentlich dadurch, daß jemand seine Tätigkeit vorausschauend plant und handlungsbegleitend steuert. Beide Sachverhalte werden in der psychologischen Forschung unter dem Stichwort „Metakognition" behandelt. Vereinfacht gesagt, ist Metakognition dadurch gekennzeichnet, daß der Handelnde

- sich gedanklich über den konkreten Handlungsverlauf „stellt",
- sich selbst gegenüber den Standpunkt eines „objektivierenden Dritten" einnimmt sowie
- sich quasi beim eigenen Handeln „über die Schulter" schaut.

Beispiele hierfür sind:

- Fragen zum eigenen Handeln (z. B. Bin ich noch auf dem Weg zum Ziel, das ich erreichen will?)
- Die Beachtung von Empfindungen während der Handlungsausführung (z. B. Das kommt mir komisch vor, was stimmt denn da nicht?)
- Die Charakterisierung des anstehenden Problems und die Überprüfung der eigenen Wissensbestände (z. B. Was ist meine Aufgabe? Was weiß ich schon und was sollte ich noch wissen?)
- Die Ableitung geeigneter Vorgehensweisen, Entscheidungen für einen Verhaltensplan (Wie soll ich vorgehen?)
- Die Überwachung, Überprüfung und abschließende Bewertung der Wirksamkeit eingesetzter Strategien (z. B. Komme ich mit dieser Vorgehensweise zurecht?)

(vgl. Kluwe 1980, Brown 1978, Flavell 1979, Fischer & Mandl 1983, Lauth 1987). Diese Denkakte wirken sich auf die Handlungsorganisation (Planung, Strategieableitung, Koordination von Teilprozessen) und die Handlungssteuerung (z. B. Überwachen des eigenen Handelns, Bewußtheit und willentliche Kontrolle der Tätigkeit) aus. Sie sind folglich wesentlich am Zustandekommen zielgerichtet-stetiger Tätigkeiten beteiligt.

Wissen und Aufmerksamkeit

Aufmerksames, zielgerichtetes und stetiges Handeln setzt Vorerfahrungen voraus, die mitentscheidend dafür sind,

- auf welche Aufgaben- und Situationsmerkmale die Aufmerksamkeit gerichtet wird,
- wie Probleme begrifflich eingeordnet,
- welche Lösungsmöglichkeiten verfolgt werden.

Aufmerksamkeit ist damit immer auch als *selektive Aufmerksamkeit* zu sehen; sie setzt geradezu einen „Entscheidungsprozeß" darüber voraus, was an einer Anforderung relevant und damit „beachtenswert" bzw. was irrelevant und damit vernachlässigbar ist (Wright & Vliestra 1986). Da die Aufmerksamkeit nicht von Reizmerkmalen gesteuert, sondern von der handelnden Person aktiv hergestellt wird (Neisser 1974; fokale Aufmerksamkeit), kommt dem Wissen eine handlungsorganisierende und handlungssteuernde Bedeutung zu. Mangelnde Vorerfahrungen und ungenügendes Wissen führen folglich u. a. dazu (vgl. Wellman 1983; Kluwe & Misiak 1984), daß

- sich die Aufmerksamkeit auf hervortretende aber *lösungsirrelevante* Problemaspekte richtet
- die Aufmerksamkeit eher *unsystematisch* zwischen verschiedenen Lösungsaspekten hin- und herschwankt,
- das Erlernen von *regelhaft-strategischen Vorgehensweisen* beeinträchtigt wird (z. B. ein Kind mit mangelnden Rechtschreibkenntnissen versucht, seine Fehler zu kaschieren bzw. zu raten)
- kaum förderliche Lösungswege abgeleitet werden (um zu wissen, wie man etwas tun muß, ist die Kenntnis, *was* dabei eine Rolle spielt, notwendig)

Als direkte Folge erhöhen sich folglich unaufmerksame sowie wenig zielgerichtete Verhaltensweisen (z. B. Versuch- und Irrtumverhalten, aus dem Felde gehen, orientierungsloses Vorgehen). Dies ist insbesondere bei komplexen und damit erfahrungsabhängigen Problemen der Fall.

Aus diesem Verständnis heraus können Therapiemöglichkeiten, die Lern- und Entwicklungsprozesse anregen, abgeleitet werden.

3.2 Der Beitrag biologisch-somatischer Faktoren

Kausalität wird im Grunde genommen immer dann postuliert, wenn der Untersucher zu fragen aufhört. Ist die dargestellte Handlungsbeeinträchtigung nicht auf zusätzliche, vorausgehende Faktoren zurückzuführen? Welche Faktoren kommen als „Ursachen“ der Handlungsbeeinträchtigung in Frage?

In den nachfolgenden beiden Abschnitten werden hierzu wesentliche Hypothesen dargestellt und in ihrem heutigen Erklärungswert erläutert. Zur übergreifenden Erklärung der Entstehung und Aufrechterhaltung von Aufmerksamkeitsstörungen ist jedoch ein mehrfaktorielles, integratives Modell notwendig.

• Hirnschädigung

Das Konzept. Im Zuge einer *Encephalitis-Epidemie* in England wurden vermehrt Fallberichte über Kinder vorgelegt, die sich vor der Encephalitis-Infektion normal entwickelt hatten, jedoch nach der Erkrankung als hyperaktiv, ablenkbar, irritierbar, anti-sozial, unruhig und schwer erziehbar beschrieben wurden (Still 1902). Viele Kliniker vermuteten deshalb einen ursächlichen Zusammenhang zwischen einer organischen Hirnschädigung und Aufmerksamkeitsstörungen/Hyperaktivität. Diese Annahme wurde trotz der Tatsache beibehalten, daß auch bei Kindern *ohne* nachweisbare Hirnschädigungen Aufmerksamkeitsstörungen auftraten (Still 1902). Statt „harter“ neuro-physiologischer Zeichen für das Vorliegen einer Hirnschädigung wurde dabei eine sehr leichte, zunächst unbemerkte Schädigung vermutet. Solche Überlegungen führten später zur Konzeption der minimalen Hirnschädigung bzw. der minimalen cerebralen Dysfunktion (Strauss & Lethinen 1947, Lempp 1978).

Nach neueren Analysen (Esser & Schmidt 1987) ist anzunehmen, daß sich eine Minimale Cerebrale Dysfunktion auf mehreren Ebenen äußern kann;

- *Neurophysiologisch* mit Auffälligkeiten im neurologischen und elektroenzephalographischen Bereich (z. B. mangelnde Reflexmuster, auffällige EEG-Muster);
- *Neuropsychologisch* mit visuomotorischen Koordinationsstörungen und einer mangelnden Reaktionskontrolle (z. B. mangelnde Blickkoordination, Hyperaktivität);
- *in spezifischen Teilleistungsstörungen* im Bereich der sprachlichen Wahrnehmung, der kognitiven Organisation und der visuellen Diskriminationsleistung bei anhaltender Beanspruchung

Diese Äußerungsformen führen zu veränderten Lernprozessen (z. B. verringerte Differenzierungsfähigkeit, eingeschränkte Fähigkeit zur Reizverknüpfung, verringerte Integrationsfähigkeit), die sich letztlich in umschriebenen Leistungsausfällen, allgemeinen Schulproblemen (Fritz & Funke 1988) und Verhaltensauffälligkeiten manifestieren.

Erklärungswert. Aufmerksamkeitsgestörte bzw. hyperaktive Kinder sind kaum durch *neuro- und psychophysiologische* Befunde alleine zu charakterisieren. So zeigt Martinius (1983), daß EEG-Befunde alleine nicht zwischen aufmerksamkeitsgestörten und unauffälligen Kindern differenzieren. Dies gelingt erst dann, wenn Indikatoren der psychomotorischen Entwicklung (Tapping: Roth, Gebelt & Gebelt 1983; Schlottke & Roth 1989) sowie Aufmerksamkeitsleistungen (Continuous Performance Test: Stamm, Birbaumer, Lutzenberger, Elbert, Rockstroh & Schlottke 1982) miteinbezogen werden.

Frühkindliche Hirnschädigungen und prä- bzw. perinatale Risiken können folglich die Manifestation von aufmerksamkeitsgestörtem Verhalten begünstigen (z. B. im Zusammenhang mit steigenden schulischen Anforderungen), jedoch wird der vergleichsweise allgemeine Anspruch der MCD-Konzeption, die Genese der Aufmerksamkeitsstörungen zu erklären, durch die vorliegenden empirischen Ergebnisse nicht bestätigt.

• Reizüberflutung und Übererregung

Das Konzept. In der Tradition der hirnorganisch begründeten Störungstheorien werden bei aufmerksamkeitsgestörten Kindern ausgeprägte Wahrnehmungsmängel vermutet. Sie sollen dazu führen, daß aufmerksamkeitsgestörte Kinder *aufgabenirrelevante* Störreize schlechter ausblenden und sich weniger gut ihrer Aufgabe widmen können. Die Kinder unterliegen also einer erhöhten Ablenkbarkeit; sie können ihre Aufmerksamkeit nicht auf die relevanten Situationsmerkmale richten, sondern registrieren eher auch die irrelevanten Reize. Damit – so die theoretischen Überlegungen – unterliegen sie folgender Dynamik:

- einer „Überstimulation“ mit z. T. handlungsirrelevanten Reizen;
- einer kognitiven Überlastung;
- einer verschlechterten Fähigkeit, die eingehenden handlungsrelevanten Informationen zu verarbeiten;
- einer im Sinne eines Teufelskreises weiter erhöhten Ablenkbarkeit.

Aufmerksamkeitsstörungen wären demnach auf eine Reizüberflutung und die mangelnde Fähigkeit, Störreize ausblenden zu können, zurückzuführen. Die aufmerksamkeitsgestörten Kinder selbst erscheinen danach als „stimulusgetrieben“, „überaktiviert“ oder „reizgebunden“.

Erklärungswert. Eine in diesem Sinn gestörte selektive Aufmerksamkeit wurde in zahlreichen Studien untersucht. Allerdings erbrachten Vergleiche zwischen aufmerksamkeitsgestörten und unauffälligen Kindern keine überzeugenden Belege für eine erhöhte Ablenkbarkeit (teilweise verbesserten sich die aufmerksamkeitsgestörten Kinder sogar unter den Ablenkungsbedingungen). Tatsächlich erbringen diese Untersuchungen differenzierende Ergebnisse und verweisen darauf, daß

- sich aufmerksamkeitsgestörte Kinder aus einer physiologischen Unteraktivierung sowie dem *Bedürfnis nach Stimulierung* heraus äußeren Reizen mehr zuwenden als unauffällige Kinder.
- aufmerksamkeitsgestörte Kinder vor allem Schwierigkeiten haben, ihre Aufmerksamkeit *aufrecht zu erhalten,* wenn eine Aufgabe ihren Neuheitswert eingebüßt hat (Stamm et al. 1982, Schlottke 1984). Dagegen zeigen sie bei kurzfristigen Beanspruchungen und Aufgaben, die eine geringere Wachheit erfordern (Lösungen ergeben sich eher auf den ersten Blick), kaum Aufmerksamkeitsminderungen (zusammenfassend: Douglas & Peters 1979, Douglas 1980).

Zusammenfassend kann die Übererregungshypothese zwar nicht völlig zurückgewiesen werden; jedoch finden sich für die spezifischen Schlußfolgerungen einer Reizüberflutung und Verhaltensdesorganisation aufgrund von Wahrnehmungsmängeln kaum experimentelle Belege. Psychophysiologische Befunde (und hier insbesondere electrocorticale Maße, vgl. z. B. Stamm et al. 1982, Roth & Schlottke 1991) stützen dagegen die Annahme, daß sich aufmerksamkeitsgestörte Kindern eher durch einen Aktivierungsmangel („underarousal" – s. u.) beziehungsweise eine *Modulationsschwäche* bei niedrigem Aktivierungsniveau auszeichnen (Roth, Schlottke & Klepel 1992).

• Aktivierungsmangel

Das Konzept. Vor allem Satterfield (1978) macht geltend, daß aufmerksamkeitsgestörte Kinder unter einer chronischen corticalen Untererregung leiden. Ihr zentralnervöses Aktivierungsniveau sei für die eigene Handlungsfähigkeit sowie das eigene Wohlbefinden eher ungünstig, so daß sie durch vermehrte Reizsuche ein günstigeres Aktivierungniveau herzustellen versuchen. Demnach ist ihr Verhalten darauf ausgerichtet, Anregungen und Stimulierungen zu erhalten. Das aufmerksamkeitsgestörte Verhalten ist folglich als eine Art *Selbststimulierung* zu sehen. Gleichzeitig wird angenommen, daß die Unteraktivierung zu einer unzureichenden, zentralnervös bedingten Hemmungskontrolle („low arousal – low inhibitory level – model") führt und dadurch vorschnelle, unbedachte Reaktionen infolge eines reizsuchenden Verhaltens mit dem Ziel der Aktivierungssteigerung („seeking for stimulation") begünstigt werden.

Das *Bedürfnis nach Stimulierung* führt bei diesen Kindern dazu, daß sie bevorzugt auf die hervorstechenden (Reiz-) Merkmale innerhalb einer Aufgabe reagieren und die subtilen – jedoch lösungsrelevanten – Bestandteile einer Aufgabe vernachlässigen. Sie haben also die „Neigung", sich von markanten Merkmalen einer Situation oder einer Aufgabe übermäßig stark beeinflussen zu lassen. Dies führt *dann* zu Leistungsverschlechterungen, wenn diese hervorstechenden Aufgabenmerkmale nicht lösungsrelevant sind.

Erklärungswert. Diese Hypothese kann durch vielfältige elektrocortikale Befunde bestätigt werden; sie verbindet sich mit klinischen Beobachtungen zur Aufgabenbewältigung und Fehlertypik aufmerksamkeitsgestörter Kinder. Allerdings ist die Hypothese eines generellen Aktivierungsmangels aufgrund der unterschiedlichen Befundlage (vgl. Zahn 1986) kaum aufrecht zu erhalten, so daß die Annahme einer *gestörten Aktivierungsmodulation* angebracht erscheint. Aufmerksamkeitsstörungen sind damit nicht durch relativ stabile biochemische und/oder physiologische Zustandsänderungen (z. B. generelle Hirnschädigung, Unter- oder Überaktivierung, stabile Mängel in der Informationsverarbeitung) zu erklären, sondern eher durch das gestörte Zusammenwirken verschiedener funktioneller Systeme, was zu Anpassungsschwierigkeiten, zu Leistungsbeeinträchtigungen und zu offensichtlichen Verhaltensproblemen führt (Kinsbourne 1985).

• Gestörte Immunregulation

Das Konzept. Neuere Forschungsarbeiten stellen eine Koinzidenz zwischen Aufmerksamkeitsstörungen und allergischen Krankheitsbildern (z. B. atopische Dermatitis) fest; sie nehmen einen Zusammenhang zwischen zentralnervösen Auffälligkeiten (Unter- und Überaktivierung) und Abweichungen in der Immunregulation an.

Dabei bleibt vorerst offen, in welcher Weise diese Beeinflussung in Gang kommt („bottom – up" versus „top – down" – Effekt); neuere Ergebnisse aus der *Psychoneuroimmunologie* stützen die Annahme, daß sich allergische Reaktionen unmittelbar auf die zentralnervöse Aktivierungsregulation auswirken (Roth, Schlottke & Klepel 1992, Roth 1990). Diese Forschungsarbeiten lassen einen Zusammenhang zwischen Aufmerksamkeitsstörungen mit Hyperaktivität und allergischen Reaktionen auf Milcheiweiß, Pollen, Staub, Lösungsmittel sowie Farb- und Aromastoffe vermuten; sie legen auch einen wesentlich differenzierteren Zugang zur *diätetischen Behandlung* bei Hyperaktivität und/oder atopischen Erkrankungen nahe (Roth & Beyreiß 1991, Schlottke & Roth 1991).

Erklärungswert. Es läßt sich bestätigen, daß eine Teilgruppe aufmerksamkeitsgestörter Kinder positiv auf eine Diätbehandlung anspricht (z. B. Verringerung der motorischen Unruhe, Leistungsverbesserung). Derzeit ist jedoch noch ungeklärt, wie groß diese Teilgruppe letztlich ist und wovon ein Behandlungserfolg abhängt (Baerlocher & Hochreutener 1989, Hochreutener et al. 1991, Egger, Carter, Graham, Gumley & Southhill 1985).

Der sehr weitgehende und exklusive Erklärungsanspruch verschiedener „Ernährungshypothesen" kann in gut kontrollierten Studien allerdings nicht bestätigt werden (Conners 1980, Ross et al. 1987). Folglich läßt sich die auf Feingold (1973) zurückgehende Aussage, wonach Hyperaktivität durch eine „Unverträglichkeit" verschiedener Farbstoff- und Konservierungszusätze bei Nahrungsmitteln hervorgerufen wird, nicht verallgemeinern. Hier bleibt bereits die Frage offen, warum mögliche Allergene nur bei einem Teil der Kinder zu einer hyperaktiven Symptomatik führen, obwohl doch nahezu die gesamte Population mit Nahrungsfarbstoffen und Konservierungsmitteln konfrontiert ist (King 1984). Gleiches gilt auch für die Hypothese, wonach Aufmerksamkeitsstörungen auf phosphatreiche Nahrung zurückgeführt wird (Hafer 1986).

3.3 Psychosoziale Faktoren

Bei der Behandlung der Frage, inwieweit psychosoziale Gegebenheiten die Entstehung und die Aufrechterhaltung von Aufmerksamkeitsstörungen mitbeeinflussen, sind Kinder mit passageren Beeinträchtigungen, die in engem Zusammenhang mit kritischen Lebensereignissen stehen (z. B. Scheidung, Tod eines Angehörigen), entsprechend den Diagnosekriterien des DSM-III-R auszuschließen.

Die Konzepte. Die Bedeutung psychosozialer Faktoren wird in verstärkungstheoretischen, interaktionellen und milieureaktiven Theoriekonzepten umschrieben:

- *Verstärkungstheoretische Überlegungen* betonen vor allem das ungünstige Verhalten von Eltern, Lehrern, Gleichaltrigen und anderen wichtigen Bezugspersonen. Inkonsistente und überwiegend negative Verstärkungen werden hier als Bedingungen dafür angesehen, daß aufmerksames und sozial angemessenes Verhalten nur unzureichend erlernt wird.
- *Interaktionelle Theorien* betonen die (strukturellen) Beziehungen zwischen Bezugspersonen und aufmerksamkeitsgestörten Kindern. So sehen Barkley und Cunningham (1980) das Erziehungsverhalten der Mütter als kritisch für die Entstehung der Aufmerksamkeitsstörung an; sie stellen die Beobachtung heraus, daß die Mütter aufmerksamkeitsgestörter Kinder erwünschtes Verhalten weniger beachten und selbst oft aggressiv sind. Systemische Theorien interpretieren eine Aufmerksamkeitsstörung als ein Verhaltensmuster, das den vorhandenen sozialen Beziehungen entspricht („Systemleistung").
- *Milieureaktive Verursachungshypothesen* führen Aufmerksamkeitsstörungen auf insgesamt ungünstige Sozialisationsbedingungen (u. a. Arbeitslosigkeit, niedriger Bildungsstand, geringe Lernförderung, Alkoholmißbrauch) zurück. Die hierzu vorliegenden Befunde zeigen jedoch, daß diese Sozialisationsbedingungen eher unspezifische Risikofaktoren darstellen und das Entstehen von Aufmerksamkeitsstörungen mithin nicht weitreichend erklären können: Kinder aus Familien mit niedrigem sozio-ökonomischem Status entwickeln zwar eher sozial problematische Verhaltensmuster, jedoch **nicht** überzufällig häufig aufmerksamkeitsgestörtes Verhalten (Bosco & Robin 1980, Stewart, De Blois & Cummings 1980).

Erklärungswert. Insgesamt sind die psychosozialen Modellvorstellungen insoweit förderlich, als sie Anknüpfungspunkte für Interventionsmaßnahmen aufzeigen. Allerdings sind sie zu allgemein, um die Entstehung und Aufrechterhaltung einer Aufmerksamkeitsstörung erklären zu können.

Einigkeit besteht allerdings darüber, daß ungünstige psychosoziale Bedingungen die Manifestation der Aufmerksamkeitsstörung begünstigen (Loney, Kramer & Millich 1981). Jedoch ist hierbei eine Interaktion mit konstitutionellen Dispositionen des Kindes anzunehmen (Diathese-Streß-Modell: siehe unten).

3.4 Integratives Modell zur Entstehung und Aufrechterhaltung von Aufmerksamkeitsstörungen

• Grundannahmen

Die bisher beschriebene Auffassung zur Entstehung und Aufrechterhaltung von Aufmerksamkeitsstörungen läßt sich in einem Modell zusammenfassen, das Aufmerksamkeitsstörungen

- auf mehrere Entstehungsfaktoren zurückführt *(multifaktorielles Modell),*
- als Folge einer komplexen Entwicklung beschreibt *(Prozeßmodell),*
- auf verschiedenen Ebenen (psychophysiologische Grundlagen, Einschränkung der Verhaltensregulation, Einschränkung der Verhaltensorganisation, Umweltreaktionen, reaktive Verarbeitungen des Kindes) erklärt *(hierarchisches Modell).*

Abbildung 2: Modell zur Entstehung und Aufrechterhaltung von Aufmerksamkeitsstörungen (modifiziert nach Roth, Schlottke & Klepel 1992)

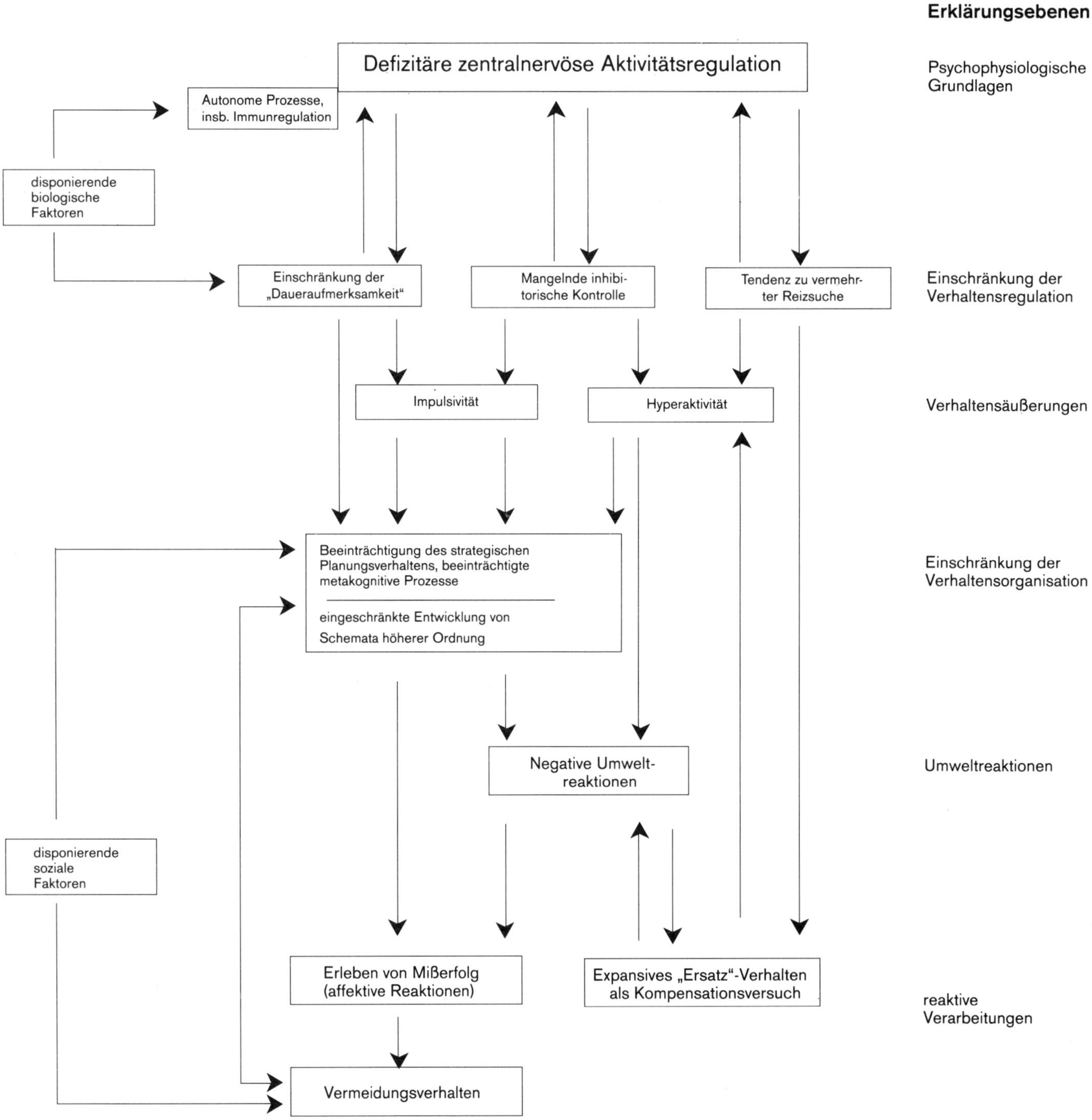

Diese Sichtweise hat den Vorteil, daß psychophysiologische, neuropsychologische und verhaltensbezogene Befunde miteinander in Beziehung gesetzt werden (*interaktives Modell*).

Soziale sowie biologisch-somatische Faktoren werden dabei nicht kausal, sondern als Momente gesehen, die im Sinne eines *Diathese-Streß-Modells* zur Aufmerksamkeitsstörung führen. Es wird angenommen, daß die biologisch-somatische Disposition einer Person zwar das Entstehen einer Aufmerksamkeitsstörung begünstigt, ohne sie jedoch zu „verursachen“. Vielmehr müssen weitere soziale Bedingungen und Lernerfahrungen des Kindes hinzutreten, bevor sich eine Aufmerksamkeitsstörung entwickelt. Weder die biologische, noch die soziale Disposition können alleine die Störungsgenese ausreichend erklären. Vielmehr muß dabei das Zusammenwirken beider Faktorengruppen angenommen werden.

• Das Modell

Aufmerksamkeitsgestörte Kinder unterscheiden sich im Störungsbild beträchtlich. Mit dem vorliegenden Modell werden diese Störungsschwerpunkte in

a) den psychophysiologischen Störungsgrundlagen,
b) einer eingeschränkten Verhaltensregulation,
c) einer Beeinträchtigung des Planungsverhaltens sowie des Inhalts- und Regelwissens (Einschränkung der Verhaltensorganisation) und
d) negativen Umweltreaktionen durch Eltern, Lehrer und Gleichaltrige sowie einer negativen Erlebnisverarbeitung des Kindes selbst

gesehen.

a) Psychophysiologische Grundlagen

Das Modell geht (ähnlich wie Douglas 1980) von einer *defizitären zentralnervösen Aktivitätsregulation* aus. Damit ist gemeint, daß aufmerksamkeitsgestörte Kinder ihre zentralnervöse Aktiviertheit („Wachheit") nicht auf die anstehenden Anforderungen ausrichten können, sondern entweder zu erregt oder zu wenig aktiviert sind (Über- bzw. Untererregung). Wichtig ist jedoch, daß sich für diese Kinder keine generelle Über- oder Untererregung nachweisen läßt; sie können ihre eigene kognitive Wachheit lediglich weniger gut an eine gerade anstehende Anforderung anpassen (z. B. durch Selbststimulierung, Aufmerksamkeitsfokussierung). Als Ursachen hierfür kommen disponierende biologische Faktoren (bzw. Beeinträchtigungen der Immunregulation) in Frage (s. oben).

b) Einschränkung der Verhaltensregulation

Als direkte Folge treten Einschränkungen der Verhaltensregulation auf, die als verringerte Selbststeuerungsfähigkeit der Kinder auffallen. Im einzelnen sind dabei folgende Beeinträchtigungen zu objektivieren:

– **Eine Einschränkung der Daueraufmerksamkeit:** Aufmerksamkeitsleistungen können nicht über einen längeren Zeitraum aufrechterhalten werden und verschlechtern sich mit der Zeit. Aufmerksamkeitsgestörte Kinder sind folglich vor allem dann in ihrer Aufmerksamkeit beeinträchtigt, wenn eine überdauernde „Wachheit" beibehalten werden muß (vgl. Parry 1973, Firestone & Douglas 1975).
– **Eine Einschränkung der „inhibitorischen Kontrolle":** Unbeabsichtigte und ungünstige Reaktionen können nur schwer unterdrückt werden, was sich insbesondere in der Fehlertypik der Kinder und ihrer großen Impulsivität (z. B. Antworten herausrufen, unbedacht handeln) äußert. Offensichtlich steht die mangelnde Inhibitionskontrolle mit Informationsverarbeitungsdefiziten von Teilen des Frontalhirns in Verbindung, die eine proaktive (vorausgehende) Hemmungsfunktion besitzen (z. B. Stamm, Birbaumer, Lutzenberger, Elbert, Rockstroh & Schlottke 1982, Lutzenberger, Rockstroh, Schlottke, Birbaumer, Elbert & Stamm 1986, Schlottke 1984).
– **Die Tendenz zu vermehrter „Reizsuche":** Die Kinder wenden sich eher neuen Reizsituationen zu (z. B. Aktivitäten wechseln, umherlaufen), um eine bestehende Unteraktivierung durch vermehrte Reizsuche auszugleichen, Anregungen zu erhalten und sich selbst zu aktivieren. Diese Reizsuche ist folglich als eine Art Selbststimulation zu bewerten; sie äußert sich ggf. als erhöhte Ablenkungsbereitschaft und motorische Unruhe.

Verhaltensäußerungen. Eine erste Folge dieser eingeschränkten Verhaltensregulation sind direkt beobachtbare Merkmale aufmerksamkeitsgestörten Verhaltens:

– **Impulsivität** zeichnet sich dadurch aus, daß ineffektive Reaktionsweisen nicht unterdrückt werden können und vorschnelle und gefahrvolle Reaktionen vorherrschen (z. B. nicht abwarten können, mit den Antworten herausplatzen, unbedachte und gefährliche Handlungen unternehmen).
  Bei der Bearbeitung von Aufgaben ist die Tendenz zu beobachten, „vorschnell" (und meist fehlerhaft) Lösungen „auszuwählen", ohne eine hinreichende Problemanalyse vorgenommen zu haben (Kagan, Moss & Siegel 1963, Wagner 1982). Zudem neigen die Kinder dazu, bevorzugt auf die hervorstechenden Merkmale einer Aufgabe zu reagieren und subtile Aufgabenbestandteile zu vernachlässigen (vgl. Aktivierungsmangel).
– **Hyperaktivität** äußert sich in motorischer Unruhe, die häufig eskalierend sein kann (z. B. nur unter Schwierigkeiten ruhig sitzen können, übermäßig umhertollen, durchs Klassenzimmer rennen, zappeln). Aufmerksamkeitsstörungen können sowohl mit, als auch ohne Hyperaktivitätsstörung auftreten (DSM-III-R). Es ist anzunehmen, daß für das Auftreten motorischer Auffälligkeiten Verstärkungsbedingungen im Umfeld des Kindes mitentscheidend sind (siehe unten: negative Umweltreaktionen).
– **„Trödelndes Verhalten"** besteht darin, daß ein Kind tagträumt, Handlungsabläufe verzögert bzw. begonnene Handlungsabläufe unterbricht, ohne eine weitere (offene) Aktivität zu unternehmen. Dieses Verhalten ist in Zusammenhang mit Aufmerksamkeitsstörungen zunehmend stärker zu beobachten und kann unterschiedliches bedeuten: Es stellt zunächst – ähnlich wie die Tendenz zur Reizsuche – einen Versuch zur Aktivierungsmodulation dar und ist mithin ein Verhalten, das auf einem Mangel an zentralnervöser Aktivitätsregulation beruht (Untererregung).

„Trödeln“ kann aber auch eine Reaktion auf eine Überforderung sein und auf Schwierigkeiten in der Verhaltensorganisation hinweisen.

c) Einschränkungen der Verhaltensorganisation

Als Folge der bisher dargestellten Schwierigkeiten dieser Kinder wird auch ihre Fähigkeit beeinträchtigt, geordnet und planvoll vorzugehen (Verhaltensorganisation). Dies wird in folgenden Verhaltensbereichen erkennbar:

- **Beeinträchtigung des strategischen Planungsverhaltens.** Die Kinder gehen mit Anforderungen, die ein regelhaft-strategisches Verhalten verlangen, wenig planvoll und eher „unorganisiert“ um. Sie bilden aufgrund ihres eher unsystematischen Erfahrungserwerbs keine strategischen Verhaltensweisen aus, die ihnen routinisierte Problemlösungen ermöglichen.
  Dies ist vor allem in der mangelnden Ausbildung und Anwendung geeigneter perzeptiver und logischer Suchstrategien (z. B. systematisch vorgehen, genau vergleichen, überprüfen) sowie der mangelnden Anwendung von Problemlösestrategien (z. B. eine Problem- oder Zielanalyse durchführen, einen Lösungsweg entwickeln, Lösungsalternativen analysieren) zu beobachten.
- **Beeinträchtigte metakognitive Prozesse.** Die Kinder organisieren und steuern ihr Handeln in geringem Umfang durch an sich selbst gerichtete Fragen oder verbale Selbstanweisungen (z. B. Analysen und handlungsbegleitende Prüfprozesse vornehmen, Vorerfahrungen aktivieren, Selbstabfragesysteme einsetzen – vgl. Hoy, Weiss, Minde & Cohen 1978, Douglas & Peters 1979, Copeland, Reiner & Irkovsky 1984, Prinz, Conner & Wilson 1981, Wiedl & Bethge 1983).
- **Eine eingeschränkte Entwicklung von Schemata höherer Ordnung.** Die Kinder erlernen übergeordnete Begriffs- und Regelsysteme nur unzureichend, was sich u. a. in direkten Wissensdefiziten, mangelnder Vorerfahrung mit einzelnen Anforderungen, geringem Instruktionsverständnis und mangelndem deklarativen Wissen äußert. Dadurch wird auch das Planungsverhalten dieser Kinder (vgl. Kasten „Wissen und Aufmerksamkeit“) sowie ihre weitere kognitive Entwicklung (z. B. Erwerb schulischen Wissens und übergeordneter Regelsysteme) beeinträchtigt.

d) Umweltreaktionen

Das bisher beschriebene Verhalten führt gehäuft zu negativen Umweltreaktionen, die vor allem durch zwei Momente ausgelöst werden:

- Aufmerksamkeitsgestörte Kinder zeigen nicht das Verhalten (z. B. Lösungsgüte, Schulleistung, Sozialverhalten, Tätigkeitsergebnisse), das für Kinder ihres Alters als angemessen gilt; sie sind folglich eher **abträglichen Zuschreibungen,** negativen Attribuierungen und Bestrafungen ausgesetzt;
- Aufmerksamkeitsgestörtes Verhalten stellt einen **Verhaltensexzeß** dar, der auf die Umwelt aversiv wirkt. Die Folge hiervon ist, daß diese Kinder zumeist negativ sanktioniert werden (z. B. Tadel, Anschreien, in die letzte Bank setzen, verstärkte soziale Kontrolle, Ausschluß von positiven sozialen Aktivitäten, Selektionsmaßnahmen).

Als Folge dieser Gesamtsituation neigt das betroffene Kind zu **ungünstigen reaktiven Verarbeitungen,** die seine Aufmerksamkeitsproblematik verschärfen und seine Entwicklungsmöglichkeiten weiter beeinträchtigen. Diese Verarbeitungen bestehen im einzelnen darin, daß

- aufgrund **persönlicher Mißerfolge** affektive Reaktionsmuster, wie niedriges Selbstwertgefühl, übermäßige Stimmungsschwankungen, niedrige Frustrationstoleranz, Wutausbrüche, Trotzverhalten und Aggressivität ausgebildet werden (vgl. Kapitel 1.1).
- **expansives „Ersatz“-Verhalten** als Kompensationsversuch unternommen wird (z. B. oppositionelles Trotzverhalten, Aggressivität, sozialer Rückzug, „Kaspern“, aggressiv-dominantes Verhalten, Großsprecherei, Abwertung anderer).
- bei schweren und langwierigen Aufmerksamkeitsstörungen **manifestes Vermeidungsverhalten** auftritt und beispielsweise schulische Anforderungen, familiäre Standardsituationen und kognitiv-intellektuelle Inhalte gemieden werden (z. B. durch direktes Ausweichen, Raten, Kaspern, Abwerten).

Disponierende soziale Faktoren (z. B. unstrukturiertes familiäres Umfeld, Fehlen von Entwicklungsanregungen, geringe Anregung von planvoll-reflexivem Verhalten) begünstigen Aufmerksamkeitsstörungen, indem sie an der Ausbildung von Impulsivität und Hyperaktivität sowie an Einschränkungen der Verhaltensorganisation (beeinträchtigtes Planungsverhalten, Regel- und Wissensdefizite) und einer ungünstigen reaktiven Verarbeitung der Aufmerksamkeitsstörung beteiligt sind. Damit werden familiäre und soziale Bedingungen als beeinflussende, nicht aber als quasi „verursachende“ Bedingungen einer Aufmerksamkeitsstörung ausgewiesen (vgl. Kapitel 3). Ferner können ein permanent überhöhter Leistungsanspruch und negative Reaktionen auf die vorgelegten Leistungsergebnisse eines aufmerksamkeitsgestörten Kindes problemverschärfende Verarbeitungen (Meidungsverhalten; expansive Kompensationsversuche) der Aufmerksamkeitsstörung verstärken.

Disponierende biologische Faktoren (z. B. prä- bzw. perinatale Risiken, allergische Reaktionen, Funktionsstörungen) begünstigen die Entwicklung von Aufmerksamkeitsstörungen, indem sie über die Einschränkung der Aktivierungsregulation sowie über die Einschränkung der Verhaltensregulation (eingeschränkte Daueraufmerksamkeit, mangelnde Inhibitionskontrolle, Tendenz zu vermehrter Reizsuche) an der Genese der Störung beteiligt sind.

Jedoch sind weder die biologischen, noch die sozialen Faktoren ursächlich für das Auftreten einer Aufmerksamkeitsstörung. Vielmehr sind Aufmerksamkeitsstörungen lediglich im zeitlichen Zusammenwirken mehrerer, zum Teil äußerst differenzierter Faktoren, zu erklären, wie dies auch im vorliegenden Modell zum Ausdruck gebracht wird.

3.5 Konsequenzen für Diagnostik und Therapie

Aus dem Modell geht zunächst hervor, daß die Therapie an insgesamt fünf zentralen Störungsmomenten ansetzen und dabei folgende Ziele verfolgen kann:

- die Veränderung psychophysiologischer Grundlagen der Aufmerksamkeitsstörung durch medikamentöse Therapie (Psychopharmaka), um insbesondere der defizitären zentralnervösen Aktivitätsregulation entgegenzuwirken;
- die Verbesserung der Verhaltensregulation eines Kindes, um ungeeignete und ineffiziente Reaktionen zu unterdrücken (Reaktionsverzögerung) sowie Aufmerksamkeitsprozesse zu intensivieren (Therapiebaustein Basistraining);
- die Verbesserung handlungsorganisatorischer Möglichkeiten im Bereich von Strategieerwerb und Nutzung metakognitiver Prozesse (Therapiebaustein Strategietraining);
- die Verbesserung von verhaltensorganisierenden Wissensanteilen, die die eingeschränkte Entwicklung von Schemata höherer Ordnung (Begriffs- und Regelsysteme) korrigieren bzw. ihr präventiv begegnen (Therapiebaustein Wissensvermittlung);
- die Zusammenarbeit mit Eltern und Lehrern, um negativen Umweltreaktionen vorzubeugen und geeignetere Umgangsformen mit der Beeinträchtigung zu fördern (Therapiebaustein Elternanleitung).

Der *Diagnostik* fällt die Aufgabe zu, eine begründete Therapiezuweisung vorzunehmen. Dazu muß der Therapeut den *Störungsschwerpunkt* bei dem aufmerksamkeitsgestörten Kind bestimmen. Das Modell benennt hierfür die Momente, die zur Entstehung und Aufrechterhaltung der Störung prinzipiell beitragen können; ihre Akzentuierung beim jeweiligen Kind ist *im individuellen diagnostischen* Verfahren abzuklären.

4 Diagnostik von Aufmerksamkeitsstörungen bei Kindern

4.1 Einleitung

Die Diagnostik konzentriert sich darauf, das Vorhandensein einer Aufmerksamkeitsstörung differentialdiagnostisch zu klären sowie die individuellen Störungsschwerpunkte zu bestimmen. Diese Diagnostik erfolgt hypothesengeleitet in drei Phasen (s. Abbildung 3):

1. Zunächst wird das mögliche Vorliegen einer Aufmerksamkeitsstörung mit dem Lehrer/ den Eltern exploriert. Maßgebend hierfür sind die Kriterien des DSM-III-R (Exploration und Klassifikation).
2. Das Ergebnis dieser Klassifikationsdiagnostik wird anhand verschiedenener Testverfahren und Verhaltensproben überprüft bzw. gegebenenfalls differenziert (Verifikation).
3. Auf dieser Grundlage werden die Schwerpunkte einer Aufmerksamkeitsstörung kriteriumsorientiert erfaßt und entsprechende Therapiebausteine (Basis-, Strategietraining, Wissensvermittlung und Elternanleitung) zugeordnet (therapiezuweisende Diagnostik).

4.2 Erste Diagnostikphase: Exploration und Klassifikation

Zunächst wird über eine Problemanalyse geklärt, ob die Kriterien einer Aufmerksamkeitsstörung laut DSM-III-R (1989) erfüllt sind oder dies differentialdiagnostisch auszuschließen ist:

Frage: Liegt eine Aufmerksamkeitsstörung vor oder ist sie auszuschließen?

- **Kriterien:**

A) Mindestens 8 der 14 folgenden Verhaltensindikatoren sind zu beobachten:

Der Junge/das Mädchen

(1) ist häufig motorisch unruhig, zappelig
(2) kann nur schwer sitzen bleiben, wenn dies von ihm verlangt wird
(3) wird leicht durch äußere Reize abgelenkt
(4) kann bei Spiel- oder Gruppensituationen nur schwer warten, bis er an der Reihe ist
(5) platzt oft mit der Antwort heraus, bevor die Fragen vollständig gestellt sind
(6) führt Aufträge nicht vollständig aus, bringt seine Handlungen nicht zu Ende (dies ist nicht durch Trotzverhalten oder Verständnisschwierigkeiten bedingt)
(7) ermüdet rasch, hat Schwierigkeiten, bei Aufgaben/Spielen länger aufmerksam dabeizubleiben
(8) wechselt häufig von einer nicht beendeten Aktivität zu einer anderen
(9) kann nur schwer ruhig spielen
(10) redet häufig übermäßig viel
(11) unterbricht oft andere oder drängt sich diesen auf, platzt z. B. ins Spiel anderer Kinder hinein
(12) scheint häufig nicht zuzuhören, wenn andere mit ihm sprechen
(13) verliert häufig Gegenstände, die er für Aufgaben oder Aktivitäten in der Schule oder zu Hause benötigt (z. B. Spielzeug, Bleistifte, Bücher, Anweisungen)
(14) läßt sich oft – ohne Rücksicht auf mögliche Folgen – auf körperlich gefährliche Aktivitäten ein (z. B. rennt ohne zu schauen auf die Straße)

Anhand gradueller Einstufungen (leicht, mittel, schwer) kann der Schweregrad der Störung ausgedrückt werden (DSM-III-R, S. 82):

- *Leichte Aufmerksamkeitsstörung:* Zusätzlich zu den für die Störung geforderten (8) Symptomen liegen nur wenige oder keine weiteren Symptome vor; die soziale Anpassung sowie die schulische Leistungsfähigkeit sind nicht oder nur minimal beeinträchtigt.
- *Mittelschwere Aufmerksamkeitsstörung:* Die Symptome bzw. funktionellen Beeinträchtigungen liegen zwischen „leicht“ und „schwer“.
- *Schwere Aufmerksamkeitsstörung:* Neben den für die Diagnose geforderten (8) Symptomen liegen viele weitere Symptome vor und die soziale Anpassung an die Familie und Gleichaltrige sowie die schulische Leistungsfähigkeit sind bedeutsam und schwerwiegend beeinträchtigt.

B) Diese Verhaltensindikatoren liegen seit *mindestens 6 Monaten* vor.

Abbildung 3: Die Diagnostik im Überblick

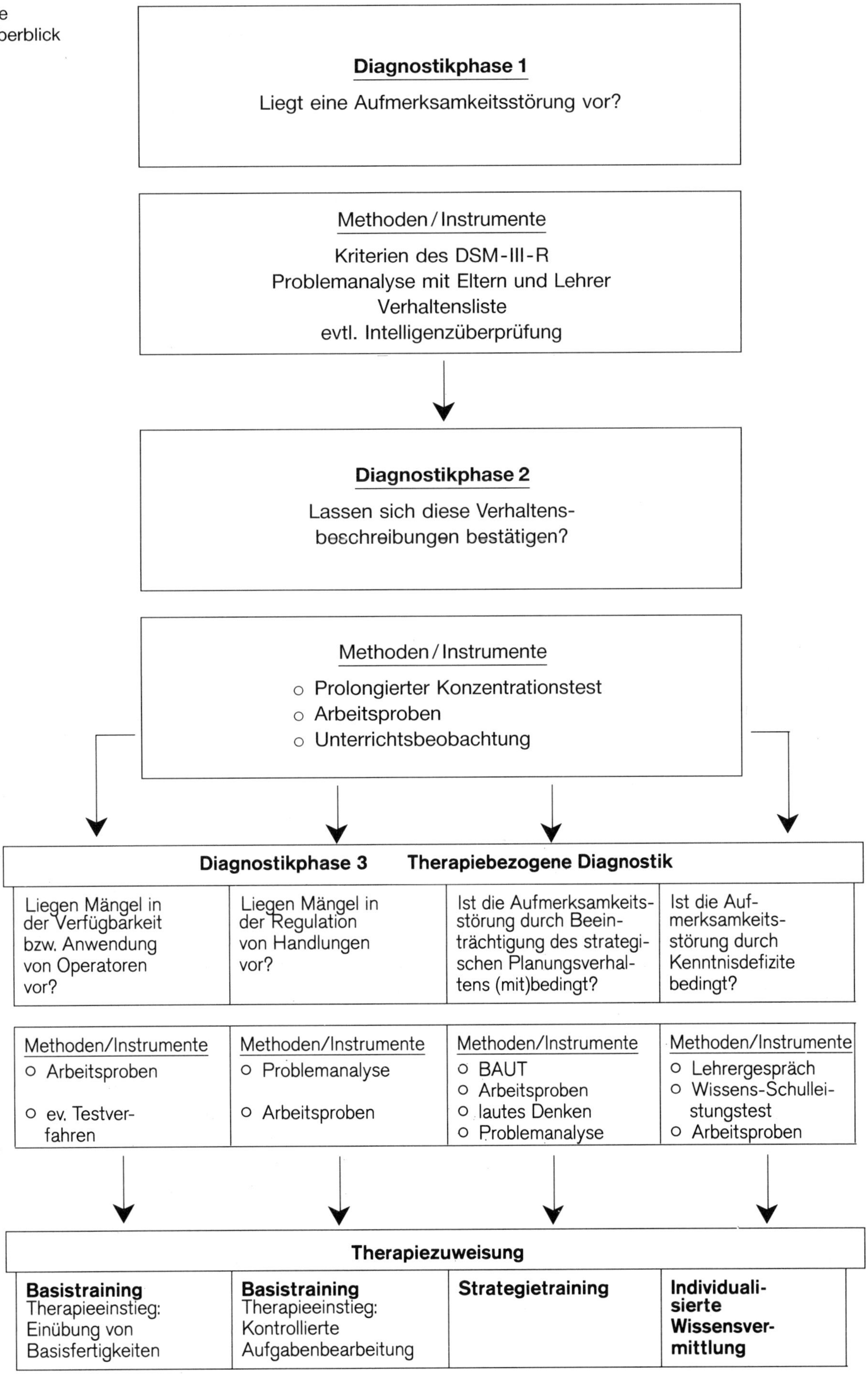

C) Beginn der Aufmerksamkeitsstörung *vor dem 7. Lebensjahr*

• Eine Aufmerksamkeitsstörung ist auszuschließen bei:

- *tiefergreifenden Entwicklungsstörungen* im Bereich der Kommunikation, zwischenmenschlicher Beziehungen und Phantasie (z. B. autistische Störungen, schizophrenieartige Störungen, Douglas & Peters 1979).
- *vorübergehenden Lern- und Leistungsschwierigkeiten* (Douglas & Peters 1979); operationalisiert als Störungsdauer von weniger als 6 Monaten (DSM-III-R).
- *geistiger Behinderung* (IQ geringer als 70; hier wird eine Aufmerksamkeitsstörung nur als Zusatzdiagnose gestellt, wenn eine – bezogen auf den kognitiven Entwicklungsstand – übermäßig starke Ausprägung der oben genannten Verhaltensindikatoren (siehe A) vorliegt; laut Douglas und Peters (1979) soll ein IQ von wenigstens 80 gesichert sein).
- *affektiven Störungen* (DSM-III-R; z. B. manischen Episoden, depressives Syndrom, schizoaffektive Störung, organisch bedingte affektive Störung).
- einer *reaktiven Genese* der Aufmerksamkeitsstörung (kritische Lebensereignisse; z. B. Verlust von Bezugspersonen, Scheidung der Eltern – Douglas & Peters 1979).

Anhand dieser Ausschlußkriterien können Kinder mit reaktiven Aufmerksamkeitsstörungen aufgrund situativer Umstände (affektive Störung) ausgeschlossen werden. Ein entsprechendes Beispiel ist im Kasten „Aufmerksamkeitsstörungen als reaktives Moment“ dargestellt.

Diese Merkmale bzw. Bedingungskonstellationen müssen differentialdiagnostisch abgeklärt werden. Dies geschieht anhand der nachfolgenden Methoden bzw. Vorgehensweisen.

• **Methoden/Instrumente**

Die **Problemanalyse** wird mit dem Klassenlehrer bzw. den Eltern durchgeführt (Leitfaden siehe unten). Sie wird eingesetzt, um die Existenz einer Aufmerksamkeitsstörung abzuklären und Hypothesen über individuelle Störungsschwerpunkte zu entwickeln.

In der Problemanalyse werden folgende Fragen geklärt:

- Wie äußert sich das beklagte Verhalten (ausführliche Beschreibung des aufmerksamkeitsgestörten Verhaltens)?

Aufmerksamkeitsstörung als reaktives Moment

Rahmendaten: Thorsten 11 Jahre alt; 5. Klasse (Orientierungsstufe).

Aktuelle Symptomatik: Thorsten gilt sowohl seinen Eltern, als auch seinen Lehrern als ein Kind, das mit Gleichaltrigen sehr schlecht umgehen kann. Er neigt sehr stark zum Kaspern und ist in der Schule extrem unruhig und unkonzentriert. Sein Verhältnis zu den Lehrern ist sehr schlecht; seine Schulleistungen schwanken zwischen „befriedigend“ und „mangelhaft“. Seine Versetzung ist aktuell gefährdet.

Momentan sind die Schwierigkeiten mit Thorsten so eskaliert, daß er sich sowohl in medizinischer Behandlung befindet (Behandlung mit Ritalin) als auch eine Spieltherapie an einer Erziehungsberatungsstelle in Anspruch nimmt.

Diagnostische Überprüfung: Thorsten erreicht im Grundintelligenztest (CFT 2) ein durchschnittliches Niveau (IQ=102), wobei seine Testbearbeitung durch außerordentlich große Mißerfolgsorientiertheit (abträgliche Bemerkung über die eigene Leistungsfähigkeit) gekennzeichnet ist. Letztendlich bricht Thorsten die Testbearbeitung beim 4. Untertest ab.

In der Hamburger Neurotizismus- und Extraversionsskala erweist er sich als wenig instabil und sehr belastet.

Die Überprüfung seines Arbeitsverhaltens im Bonner Aufmerksamkeitstest (Wagner 1981) belegt eine hohe Impulsivität (durchschnittliche Antwortlatenz 12 Sekunden) sowie eine ausgeprägte Fehlerhäufigkeit (9 Fehler bei 15 Aufgaben).

Differentialdiagnostik: Die Problemanalyse mit Thorsten, seinen Eltern sowie dem Klassenlehrer zeigt, daß

- die Aufmerksamkeitsproblematik erst seit kürzerer Zeit besteht (etwa 3 Monate).
- das Auftreten der Aufmerksamkeitsstörungen mit manifesten Krisen innerhalb der Familie (Trennung der Eltern) sowie starker Bedrängnis des Kindes durch den Vater einhergeht.
- eine ausgeprägte phobisch-neurotische Problematik mit Angstattacken, nächtlicher Atemnot, Durchschlafstörungen, psychogenen Bauchschmerzen besteht.

Schlußfolgerung: Es liegt keine Aufmerksamkeitsstörung vor; die aktuelle Störung ist differentialdiagnostisch als reaktive Erlebnisverarbeitung auszuweisen.

- Sind die Kriterien des DSM-III-R erfüllt (Vorliegen der Verhaltensindikatoren)?
- Unter welchen Umständen tritt dieses Verhalten aktuell auf?
  Ist das Auftreten der Aufmerksamkeitsstörung mit vorübergehenden Lern- und Leistungsschwierigkeiten verbunden (z. B. Fehlzeiten des Kindes in der Schule, Schulwechsel, Leistungsverschlechterungen kurzfristiger Art)?
- Welche Folgen hat das aufmerksamkeitsgestörte Verhalten?
- Gibt es Bereiche unproblematischen Verhaltens?
  Welche Vorlieben und Stärken hat das Kind?

Diese Problemanalyse orientiert sich an grundlegenden Konzeptionen (z. B. Kanfer & Saslow 1969, Reinecker 1987).

Falls die Aussagen des Lehrers und der Eltern nicht übereinstimmen, sollte dem Urteil des Lehrers größeres Gewicht beigemessen werden. Das DSM-III-R (1989) geht dabei davon aus, daß Lehrer besser mit der Entwicklung von Kindern vertraut sind und Abweichungen besser feststellen können.

Der **Fragebogen „Verhaltensmerkmale der Aufmerksamkeits- und Hyperaktivitätsstörung“** (siehe unten) berücksichtigt die erweiterten Verhaltensindikatoren des DSM-III-R. Dieser Fragebogen kann sowohl dem Lehrer als auch den Eltern vorgelegt werden. Auswertung des Fragebogens:

- *Weniger als acht positive Beantwortungen („stimmt“):* Keine Verhaltenshinweise für eine Aufmerksamkeitsstörung.
- *Ab acht positiven Beantwortungen („stimmt“):* Deutliche Verhaltenshinweise für eine Aufmerksamkeitsstörung, wenn vor allem die ersten zwölf Fragen als zutreffend beurteilt werden.

Erfassung der Intelligenzleistung zum Ausschluß einer gravierenderen intellektuellen Minderbegabung (mindestens IQ=80) anhand der üblichen standardisierten Meßinstrumente (z. B. Culture Fair Intelligence Test, Bildertest, Frankfurter Analogietest); altersentsprechender Einsatz und Auswertung.

Eine differentialdiagnostische Abklärung von **tiefergreifenden Entwicklungsstörungen** im Kindesalter (schizophrenieartige Entwicklungsstörung, Autismus) wird nur im begründeten Verdachtsfall durchgeführt; sie orientiert sich an den Störungsbildern des DSM-III-R (Autismus – Nr. 299.0; massive Entwicklungsstörungen – Nr. 299.9 x).

Leitfaden: Problemanalyse zur Diagnostik von Aufmerksamkeitsstörungen

1. Beschreibung des Problemverhaltens

Veranlassen Sie Lehrer bzw. Eltern anhand der nachstehenden Fragen zu einer verhaltensnahen Beschreibung des Problemverhaltens und zur Schilderung konkreter *Verhaltensabläufe!*

Können sie mir sagen, wann ... (Name des Kindes) das *letzte Mal* so unaufmerksam war?

____

____

____

Wie hat er/sie sich da verhalten? Was hat sich da *konkret abgespielt?*

____

____

____

Welche *Bedingungen* lagen in dieser Situation vor (z. B. Personen, Inhaltsbereich, Zeit)?

____

____

____

____

Wie *äußerte* sich das Problemverhalten (z. B. Fehlerart, motorische Unruhe, vorschnelle Reaktionen, Meidung der Anforderung)?

____

____

____

____

2. Differenzierung des Problemverhaltens

Äußert sich das Problemverhalten *immer in dieser Weise?* Wie kann es sonst noch aussehen?

____

____

____

Geht das Problemverhalten auch mit *weiteren Schwierigkeiten* einher (z. B. Aggression, Lernschwierigkeiten, soziale Isolierung, Schulunlust, Ungehorsam, Trotz)?

3. *Situative Bedingungen* von aufmerksamkeitsgestörtem Verhalten

   In welchen *Bereichen* und Situationen werden die beschriebenen Probleme beobachtet (z. B. Hausaufgaben, still arbeiten, Frontalunterricht, Kleingruppenarbeit, beim Spielen)?

   Wer beobachtet diese Probleme besonders (Lehrer, Eltern, Großeltern, Gleichaltrige)?

   Gibt es auch *Personen,* die diese Probleme *nicht beobachten?* Welche Bedingungen liegen da vor (z. B. andere Kontexte, andere Beziehung, andere Einstellungen)?

   Zu welchen *Zeiten* treten die beschriebenen Probleme besonders auf (z. B. bei Anspannung, Ungeduld, Erkrankung)?

   Entsprechende Situationen schildern lassen!

Tritt das Problemverhalten gleich von Beginn einer Tätigkeit an auf oder ergibt es sich in deren *Verlauf* (z. B. nach einer längeren Auseinandersetzung)?

Entsprechende Situationsabläufe schildern lassen!

Tritt das Problemverhalten jeweils in ähnlicher *Intensität* auf?

Wann ist das Problemverhalten weniger auffallend oder gar nicht beobachtbar? Welche Bedingungen liegen dann vor?

Wann wurden die beschriebenen Probleme *erstmals* beobachtet?

Welche besonderen *Bedingungen* lagen damals vor (z. B. familiäre Konfikte, Umzug, Schulwechsel)?

4. Bereiche *unproblematischen Verhaltens*

Gibt es *Bereiche,* in denen sich das Kind ohne Probleme mit differenzierten Anforderungen angemessen auseinandersetzt (z. B. Basteln, Briefmarken sortieren, Sport)?

____

____

____

____

Wie verhält es sich da (Vorgehen, Strategien, Umgang mit Ablenkungen, Unterbrechung von Handlungen, Ausdauerverhalten, etc.)?

____

____

____

____

Was ist in diesen Situationen anders als in Bereichen, in denen das Problemverhalten ansonsten beobachtet wird (z. B. Selbstbestimmung, Anerkennung, Können, Zeit)?

____

____

____

____

Gibt es besondere *Stärken* des Kindes (musisches Können, sportliche Neigungen, Lieblingsfächer)?

____

____

____

5. *Folgen* der Verhaltensprobleme

Wie *reagieren* Eltern und Lehrer auf das aufmerksamkeitsgestörte Verhalten (z. B. schlechte Bewertung, Tadel, Strafe)?

____

____

____

____

Wie reagieren die *Gleichaltrigen* und Geschwister auf die Probleme des Kindes (z. B. „Abstempeln zum Klassenkaspar", Meidung, Anerkennung)?

Welche *„natürliche"* Folgen treten ein (z. B. Versetzungsgefährdung, Unfälle)?

6. *Entwicklung* des Problemverhaltens

Wie hat sich das Problemverhalten bisher *entwickelt* (z. B. verstärkt, vermindert)?

Wann tauchte das erste Mal der Gedanke auf, daß etwas nicht in Ordnung sein könnte? Welche Beobachtungen lagen dieser Überlegung zugrunde?

Was wurde bisher unternommen, um dem Problemverhalten zu begegnen (z. B. Medikation, Förderunterricht, Erziehungsberatung)?

Welche *Wirkung* hatten diese Maßnahmen?

Welche *Schlußfolgerungen* wurden daraus gezogen (z. B. Bild des Kindes bei Lehrern, Eltern, Gleichaltrigen, vermutetes Selbstbild des Kindes)?

7. *Allgemeine Entwicklung des Kindes*/Organismusbedingungen

Gab es während oder gleich nach der Geburt besondere *körperliche Belastungen* für das Kind (z. B. Schwangerschafts- und Geburtskomplikationen)?

Traten in der *frühkindlichen Entwicklung* Besonderheiten auf (z. B. Entwicklungsverzögerungen)?

Litt oder leidet das Kind an *Stoffwechsel-* oder *neurologischen Störungen* (z. B. Infektionen, Gehirntraumen, Allergien, Neurodermitis)?

____

____

____

____

____

Nimmt das Kind *Medikamente,* die Auswirkungen auf sein Aufmerksamkeitsverhalten haben (z. B. dämpfende Medikamente)?

____

____

____

____

Wie ist das Kind aufgewachsen (Erziehung, Kindergartenbesuch, Einschulung, Geschwister)?

____

____

____

____

Leiden seine *Geschwister* unter Aufmerksamkeitsstörungen?

____

____

____

8. *Motivationsstruktur* des Kindes

Welche *Interessen, Hobbys, Vorlieben* hat das Kind?

____

____

____

____

Welche Inhalte werden *gemieden?*

Wie meidet das Kind diese Inhalte (z. B. aktives – aggressives Meidungsverhalten)?

9. *Normen und Regeln* von Eltern / Lehrern

Wie *beeinflussen* sich die Familienangehörigen untereinander?

Welche positiven bzw. negativen *Verstärker* werden eingesetzt?

Welche *Erziehungsregeln* bestehen?

Welche *Erziehungsziele* haben die Beteiligten?

Wie werden diese Erziehungsziele zu erreichen versucht?

Wie werden diese *Erziehungsmittel* begründet?

Wie hat sich die Familie entwickelt?

10. *Sonstige Bemerkungen*

Fragebogen „Verhaltensmerkmale der Aufmerksamkeits- und Hyperaktivitätsstörung"

Name des Schülers: ______________________ Klasse: ______________________

Schule: ______________________ Klassenlehrer: ______________________

Datum: ______________________

Auf den nächsten Seiten finden Sie einige Aussagen über das *Verhalten von Kindern im Unterricht.* Bitte geben Sie durch *Ankreuzen* an, ob die *jeweilige Beobachtung* für den genannten Schüler zutrifft.

Das Vorliegen eines Merkmals gilt jedoch *nur dann* als gegeben, wenn

- die jeweilige Verhaltensweise *beträchtlich häufiger* als bei den meisten gleichaltrigen Kindern auftritt.
- diese Verhaltensweise schon länger als *ein halbes Jahr* beobachtet wird.

Der Junge/ das Mädchen ...	stimmt	stimmt nicht
1. ist häufig motorisch unruhig, zappelig	( )	( )
2. kann nur schwer sitzen bleiben, wenn dies von ihm verlangt wird	( )	( )
3. ist leicht reizbar	( )	( )
4. stört andere Kinder/den Unterricht	( )	( )
5. will seine Wünsche sofort erfüllt haben, kann nur schwer warten bis er/sie an der an der Reihe ist	( )	( )
6. ist ruhelos, umtriebig	( )	( )
7. ermüdet rasch, hat Schwierigkeiten, bei Aufgaben/Spielen länger aufmerksam dabeizubleiben	( )	( )
8. kann es schlecht aushalten, wenn etwas nicht nach seinem Kopf geht	( )	( )
9. wechselt häufig von einer Aufgabe zur anderen, ohne sie zu beenden	( )	( )
10. ist öfters unvermittelt müde	( )	( )
11. redet oft übermäßig viel	( )	( )
12. kann nur sehr schwer ruhig arbeiten	( )	( )
13. unterbricht häufig andere	( )	( )
14. scheint häufig nicht zuzuhören, wenn andere mit ihm sprechen	( )	( )
15. verliert häufig Gegenstände (Spielzeug, Bleistifte, Bücher u. ä.)	( )	( )
16. handelt häufig impulsiv, ohne zu beachten, was er/sie damit anstellt	( )	( )

4.3 Zweite Diagnostikphase: Verifikation

In die erste Diagnostikphase gehen durchaus auch subjektive Einschätzungen und Bewertungen ein. Dies kann dazu führen, daß einzelne Kinder von ihren Eltern und Lehrern als aufmerksamkeitsgestört geschildert werden, obwohl sie das in Wirklichkeit nicht sind. Um dieses diagnostische Fehlurteil zu vermeiden, wird eine ergänzende Validierung vorgenommen:

Frage: Lassen sich die Verhaltenseinschätzungen des Lehrers bzw. der Eltern bestätigen?

- **Methoden/Instrumente**

– Durchführung prolongierter, altersentsprechender *Konzentrationstests* (Mindestdauer 20 Min.), u. a. d2 (ohne Zeitsequentierung); Differentieller Leistungskonzentrationstest; Continuous Performance Test (CPT).

– Bearbeitung von *Arbeitsproben* (u. a. Differix, „Schau genau", Suchbilder, Dortmunder Aufmerksamkeitstest).

– *Unterrichtsbeobachtung;* Beobachtung von Arbeitsproben (z. B. Hausaufgaben).

- **Bestätigende Indikatoren**

Alters- und entwicklungsinadäquate Aufmerksamkeitsleistungen

Die Ergebnisse der zweiten Diagnostikphase können beispielsweise belegen, daß

– entgegen der Einschätzung durch Eltern bzw. Lehrer keine Aufmerksamkeitsstörung vorliegt. Hier müßten sich dann andere Diagnosen objektivieren (vgl. Kasten „Diskrepanz zwischen Eltern- und Lehrereinschätzung ...") und anderweitige Interventionsschwerpunkte ableiten lassen.

– sich die Einschätzung der ersten Dignostikphase bestätigt und erste Hypothesen über spezifische Störungsschwerpunkte eines Kindes entwickelt werden können (mangelnde Basisprozesse, Mangel an Handlungsregulation, Strategiedefizite, Wissensbeeinträchtigungen).

- **Methoden/Instrumente**

„Prolongierte Aufmerksamkeits- und Konzentrationstests". Hier sollte ein Konzentrationstest über eine Zeitdauer von zumindest 20 Minuten durchgeführt werden. In der Praxis bedient man sich entweder eines entsprechend langen Verfahrens oder man läßt den gleichen Test mehrfach (ohne Zeitstrukturierung) bearbeiten. Die Notwendigkeit zu einer prolongierten Testuntersuchung folgt daraus, daß bei aufmerksamkeitsgestörten Kindern nicht so sehr die kurzfristige als vielmehr die Daueraufmerksamkeit beeinträchtigt ist. Eine verminderte Aufmerksamkeitsleistung ist also erst bei längerer Beanspruchung festzustellen.

In der prolongierenden Testversion wird die Aufmerksamkeitsleistung sowohl quantitativ (Fehlerverlauf, Güte der Aufmerksamkeitsleistung) als auch qualitativ (Verhalten des Kindes, Ablenkungsbereitschaft,

---

Diskrepanz zwischen Eltern- und Lehrereinschätzungen sowie den Unterrichtsbeobachtungen

Das Kind: Nils 10 Jahre alt; 4. Klasse Grundschule. Die schulischen Leistungen sind überwiegend unzureichend (insbesondere in Deutsch, Mathematik, Rechtschreiben); die sonstigen Unterrichtsleistungen bewegen sich im Rahmen einer befriedigenden bis ausreichenden Leistung; es besteht keine aktuelle Versetzungsgefährdung.

Schilderung des Lehrers/der Eltern: Die Problemanalyse bestätigt die Kriterien des DSM-III-R. Sowohl der Lehrer als auch die Eltern stimmen darin überein, daß Nils ein sehr unkonzentriertes, zappeliges, schwer steuerbares Verhalten an den Tag legt.

Psychologische Testung: Der psychologische Test sowie Arbeitsproben (Aufgaben aus Intelligenztests, „Schau genau", „Wie geht es weiter?") belegen ein altersentsprechendes, geordnetes und regelhaftes Arbeitsverhalten. Bei diesen Arbeitsproben werden keine Aufmerksamkeitsprobleme des Kindes ersichtlich.

Unterrichtsbeobachtung: Die Klasse wird von einer sehr jungen Lehrerin unterrichtet und im Unterricht herrscht eine erhebliche Unruhe, an der Nils maßgeblich beteiligt ist. Zusammen mit zwei anderen Jungen legt er ein provozierend-aggressives Verhalten gegenüber der Lehrerin an den Tag, die dem kaum etwas entgegensetzen kann. Die Unterrichtsbeobachtungen belegen, daß es gehäuft zu solchen Disziplinschwierigkeiten kommt; es gibt jedoch keine Hinweise für das Vorliegen einer Aufmerksamkeitsstörung bei Nils.

Schlußfolgerung: Es liegt keine Aufmerksamkeitsstörung vor. Die Intervention ist daher darauf gerichtet, das Erziehungsverhalten der Eltern und der Lehrerin zu verbessern.

Aufrechterhaltung von Daueraufmerksamkeit) ausgewertet.

Zur Bestätigung einer Aufmerksamkeitsstörung sollten die Aufmerksamkeitsleistungen deutlich alters- und entwicklungsinadäquat ausfallen.

Aufmerksamkeits- und Konzentrationstests für 6–12-jährige (Auswahl)

Differentieller Leistungstest-KG (Kleber, Kleber & Hans 1974) für Kinder von 6;6 – 10;6 Jahre; Durchstreichtest; Gruppentest

Bourdon-Test (Bourdon 1954) für Kinder ab 9 Jahren; Figuren- und Buchstaben-Durchstreichtest; Gruppentest

Konzentrations-Leistungstest (Düker & Lienert 1965) für Kinder ab der vierten Klasse; serielle Rechen- und Merkleistungen (Grundrechenarten müssen beherrscht werden); Einzel- und Gruppentest

Pauli-Test (Pauli & Arnold 1975) für Kinder ab 7 Jahre; Erfassung von Sättigung und Ermüdung

Begabungstest-System (Horn 1972) für Kinder ab 7; 7 Jahren; Erfassung von Konzentrations-, Intelligenz- und Schulleistungen in neun Untertests; Einzel- und Gruppentest

Continuous Performance Test für Kinder ab 7 Jahren; Computergesteuerte Überprüfung der Aufmerksamkeitsleistung, Reaktion auf die Buchstabensequenz „0–X" und Registrierung von Auslassungen, falschen Reaktionen sowie der Reaktionszeit; Einzeltest, ca. 25 Minuten (Lauth, Schlottke, Roth & Schmidt 1993).

d2 Aufmerksamkeits-Belastungstest (Brickenkamp 1962) für Kinder ab 9 Jahren; Erfassung der visuellen Aufmerksamkeitsanspannung und Konzentrationsfähigkeit im Zeitverlauf; Einzel- und Gruppentest

Um das Aufmerksamkeitsverhalten zu erfassen, sollte eine **Unterrichtsbeobachtung** in der natürlichen Umgebung (etwa 3 Stunden) durchgeführt werden. Dabei wird überprüft, ob die spezifischen Merkmale der Aufmerksamkeitsstörung vorliegen; ferner wird die individuelle Ausprägung der Störung erfaßt (u. a. Art und Intensität der Beeinträchtigung, situative Bedingungen, Unterrichtsbeteiligung, Resistenz gegen Ablenkungen, Bereiche unproblematischen Verhaltens).

Aus der Beachtung von sozialen Interaktionsabläufen und situativen Bedingungen (Interaktion Lehrer – Schüler, Beziehungen der Schüler untereinander, generelles Störungsniveau in der Klasse, allgemeine Disziplinschwierigkeiten) können sich auch Hinweise auf die Entstehung der Störung ergeben.

Anhand von **Arbeitsproben** können die Aufmerksamkeitsleistungen eines Kindes geklärt und die spezifischen Störungsschwerpunkte erfaßt werden (vgl. Kasten „Einsatz von Arbeitsproben"). Zur Beobachtung des Aufmerksamkeits- und Lösungsverhaltens eignen sich u. a. folgende Aufgabenarten:

- Zuordnungsaufgaben (z. B. Dortmunder Aufmerksamkeitstest – Lauth 1993, „Schau genau", Differix)
- Ausmalaufgaben (Ravensburger Hefte)
- Labyrinthaufgaben (Porteus-Maze-Test, Ravensburger Hefte)
- Suchaufgaben
- Zahlen verbinden
- Aufgaben aus Intelligenztests (z. B. CFT; HAWIK)
- Bearbeitung strategischer Anforderungen (z. B. Ratespiele, Vier gewinnt, Master Mind)

Einsatz von Arbeitsproben

Bei der Arbeitsprobe geht es nicht vorrangig darum, ob eine Aufgabe gelöst bzw. nicht gelöst wird. Vielmehr steht die qualitative Analyse der Problembearbeitung eines Kindes im Mittelpunkt. Je nach der Anforderungscharakteristik einer Arbeitsprobe sind verschiedene Beobachtungen möglich, so daß mit der Aufgabenauswahl wesentlich vorgegeben wird, welche Merkmale einer Aufmerksamkeitsstörung überhaupt festgestellt werden können. So läßt sich bei den Zuordnungsaufgaben (siehe Abbildung 1) beobachten, ob

- elementare *Mängel der Basisprozesse* (genau hinsehen, die Aufgabenelemente genau mustern) bestehen.
- subtile, jedoch lösungsrelevante Aufgabenmerkmale im Sinne des *„Mangels an selektiver Aufmerksamkeit"* vernachlässigt werden,
- Antworten ohne weiterreichende *Handlungsregulation* gegeben werden (geringe Antwortlatenz, stereotype Positionsantworten, vorwiegend falsche Lösungen),
- die Kinder *strategisch* geordnet vorgehen (Befolgung eines förderlichen „Lösungsweges", Einhaltung von Lösungsregeln).

Damit werden Entscheidungen darüber möglich, welche besonderen Störungsschwerpunkte bei einem aufmerksamkeitsgestörten Kind vorliegen.

- Bearbeitung wissensabhängiger Anforderungen (Diktat, Aufsatz schreiben, Textaufgaben rechnen, Rechenaufgaben).

Das Erkenntnisinteresse des Therapeuten richtet sich dabei darauf,
- ob altersangemessene Problembearbeitungen vorgenommen werden.
- ob altersentsprechende Aufmerksamkeitsleistungen vorliegen.
- welche spezifischen Störungsschwerpunkte im Falle altersinadäquater Aufmerksamkeitsleistung bestehen (s. Diagnostikphase 3, vgl. Kasten „Fallbeispiel zur hypothesengeleiteten Anwendung von Arbeitsproben", S. 37).

Es ist hinzuzufügen, daß nicht alle drei Methoden (Unterrichtsbeobachtung, prolongierter Konzentrationstest, Arbeitsproben) gleichzeitig durchgeführt werden müssen. Vielmehr ist es in der Praxis häufig ausreichend, eine dieser Methoden (z. B. Arbeitsproben) einzusetzen.

4.4 Dritte Diagnostikphase: Therapiezuweisende Diagnostik

In der dritten Diagnostikphase wird ermittelt, welche Interventionen (Therapiebausteine) angezeigt sind. Dazu wird der Störungsschwerpunkt eines Kindes anhand von vier Fragen bestimmt:
1. Liegen Mängel in der Verfügbarkeit/Anwendung von Operatoren vor?
2. Bestehen Mängel in der Regulation von Handlungen?
3. Sind Beeinträchtigungen im strategischen Planungsverhalten festzustellen?
4. Sind Wissens- und Kenntnisdefizite für die Störung wesentlich?

Diese vier Fragen werden hypothesengeleitet bearbeitet, das heißt, die bisherige Diagnostik weist bereits auf mögliche Störungsschwerpunkte hin, die hier weiter abgeklärt werden. Es werden also nicht alle vier Fragen der Reihe nach überprüft; vielmehr kann der Störungsschwerpunkt aufgrund der bisher vorliegenden Informationen eingeengt werden, so daß lediglich eine begründete Auswahl (in der Praxis 1 oder 2 Fragen) zur Überprüfung ansteht.

• **Frage 1.** Liegen Mängel in der Verfügbarkeit/Anwendung von Operatoren vor?

Beschreibung des Untersuchungsbereiches: Mängel auf der Ebene der Basisprozesse: genau hinschauen (visuelle Diskriminationsfähigkeit, visuelles Mustern von Reizvorlagen), genau hinhören (akustische Informationen aufnehmen und wiedergeben), genau nacherzählen (komplexe akustische Informationen verarbeiten und umsetzen)

Relevant bei:
- Vorliegen einer schweren Aufmerksamkeitsstörung (s. Einstufung des DSM-III-R), die durchgängig in verschiedenen Situationen zu beobachten ist
- jüngeren Kindern (jünger als 8 Jahre)
- Hinweise von Eltern und Lehrern auf defizitäre Basisprozesse
- Hinweisen auf defizitäre Basisprozesse in bisherigen Arbeitsproben und Unterrichtsbeobachtungen (Diagnostikphase 2)
- spezifischen Hinweisen aus der Anamnese (Entwicklungsverzögerung, psychomotorische Beeinträchtigung, neurologische Befunde).

Methoden/Instrumente
- Problemanalyse mit Eltern und Lehrern
- Bearbeitung von Arbeitsproben, die die Anwendung von spezifischen Operatoren erfordern, u. a.
  - eine Handlung mimisch nachahmen
  - Such- bzw. Labyrinthaufgaben lösen
  - Zuordnungsaufgaben (Differix, „Schau genau", Simile) bearbeiten
  - Dortmunder Aufmerksamkeitstest (DAT)
  - eine Instruktion umsetzen (z. B. etwas im Raum verstecken und nach einer komplexen Instruktion vom Kind suchen lassen)
  - eine altersangemessene Geschichte vorlesen und nacherzählen lassen.

Bestätigende Indikatoren
- Bei den Arbeitsproben (z. B. Suchaufgaben, Instruktionen befolgen) werden Mängel bei der Anwendung der genannten Operatoren erkennbar (z. B. Reizvorlagen nicht ausreichend mustern, einfache Suchaufgaben nicht lösen, einfachere Handlungen nicht nachahmen können; akustische Informationen nicht wiedergeben können, Instruktionen nicht umsetzen können, eine Geschichte nicht in ihren Grundzügen nacherzählen können).
- Die Problemanalyse belegt eine schwere und durchgängige Aufmerksamkeitsstörung.

Therapiezuweisung: Basistraining, Therapieeinstieg Basisprozesse (s. Kapitel 8).

Fallbeispiel zur hypothesengeleiteten Anwendung einer Arbeitsprobe

Das Kind: Niko 9 Jahre alt; 3. Klasse.

Ausgangssituation. Die Klassenlehrerin und die Mutter schildern Niko als ein mäßig aufmerksamkeitsgestörtes Kind. Prinzipielle Basisfertigkeiten sowie eine altersgemäße Verhaltenssteuerung scheinen vorhanden zu sein. Probleme treten bei komplexeren Anforderungen auf.

Hypothesengeleitete Überprüfung des Störungsschwerpunktes: Das strategische Verhalten des Kindes wird mit dem Bonner Aufmerksamkeitstest (BAUT) für dritte und vierte Klassen überprüft.
Der Test präsentiert den Kindern einen Standardreiz, den sie unter sechs sehr ähnlichen Antwortmöglichkeiten wiederfinden sollen (vgl. Abbildung 1).
Für die vorliegende Fragestellung „Beurteilung des strategischen Vorgehens" ist die Beobachtung des von Niko gewählten Lösungsweges sehr wesentlich. Dieser wird aus den Blickbewegungen, den bevorzugten Antwortpositionen sowie dem allgemeinen Aufgabenverhalten des Kindes (sich ablenken lassen, die Aufgabe abbrechen, bei der Sache bleiben) deutlich.

Nikos Lösungsverhalten: Bei der ersten Aufgabe wandern seine Blicke zwei- bis dreimal zwischen dem Standardreiz und der links unten auf dem Antwortbogen liegenden Antwortmöglichkeit hin und her (etwa 6 Sekunden lang), dann wählt Niko die erste Antwortmöglichkeit als Lösung aus.
Bei der zweiten Aufgabe vergleicht Niko den Standardreiz (eine Armbanduhr) sehr genau mit der zweiten Antwortmöglichkeit; er vergleicht Details durch abzählen. Dieses systematische Suchverhalten behält er jedoch nur kurz bei, die nächsten drei Antwortmöglichkeiten „errät" er.
Bei der dritten Aufgabe gibt Niko seine Lösung wieder sehr schnell (nach 8 Sekunden) und ohne systematische Inspektion der Lösungsfelder bekannt.
Bei der vierten Aufgabe nimmt sich Niko etwas mehr Zeit (etwa 20 Sekunden), seine Augen wandern einige Male zwischen dem Standardreiz und der mittleren Antwortmöglichkeit der oberen Reihe hin und her. Niko gibt auch hier eine falsche Antwort.
Bei den nächsten Aufgaben (5 bis 10) werden die Antworten wiederum sehr schnell und unmittelbar nach Darbietung der Aufgabe genannt (Antwortlatenz 4 bis 10 Sek.). Niko mustert den Standardreiz nicht, nimmt keine systematischen Vergleiche vor und errät die Lösung wiederum. Dennoch ist er mit Freude bei der Sache.
Die weiteren Items bearbeitet Niko in vergleichbarer Weise, so daß er teilweise auch länger bei der Analyse von Details verweilt (40 Sekunden) und zweimal eine einzelne Antwortmöglichkeit mit dem Standardreiz vergleicht (Antwortlatenz 5 bis 12 Sekunden).
Insgesamt sind Niko 12 Fehler unterlaufen. Von den sechs möglichen Lösungspositionen hat er nur vier in seinen Antworten berücksichtigt.

Schlußfolgerung: Niko beherrscht Basisprozesse (genau hinschauen, Instruktionen verstehen) prinzipiell. Er vermag seine Konzentration über eine längere Zeitspanne aufrechtzuerhalten und zeigt Ansätze eines zutreffenden Lösungsverhaltens. Er geht jedoch unsystematisch und ohne eine übergeordnete Strategie vor. Die Problemanalyse sowie die Unterrichtsbeobachtung bestätigen ferner, daß eine prinzipielle Regulationsfähigkeit gegeben ist. Nikos Aufmerksamkeitsstörung ist vor allem in Strategiedefiziten begründet.

- **Frage 2.** Bestehen Mängel in der Regulation von Handlungen?

Beschreibung des Untersuchungsbereiches: Ein prinzipieller und vergleichsweise weitreichender Mangel in der Handlungssteuerung sowie in der zielbezogenen Realisierung einer Handlung.

Relevant bei:
- schweren und durchgängigen Aufmerksamkeitsstörungen
- Vorliegen von Hyperaktivität
- vorzugsweise jüngeren Kinder (Alter 6–9 Jahre)
- Hinweisen von Eltern und Lehrern auf ungesteuertes und impulsives Verhalten des Kindes
- Hinweisen auf geringen Bedürfnisaufschub.

- **Methoden/Instrumente:**

- Problemanalyse mit Eltern und Lehrern
- Arbeitsproben mit Zuordnungsaufgaben (z. B. DAT, „Differix", „Schau genau", „Simile"). Diese Bearbeitungen werden nach Antwortlatenz und Fehlern ausgewertet sowie auf begleitende Bearbeitungsmerkmale (u. a. Zappeligkeit, motorische Unruhe, Stör-

verhalten) und auf das Arbeitsverhalten (Arbeitsweise, strategisches Verhalten) hin beobachtet.
- evtl. Unterrichtsbeobachtung

Bestätigende Indikatoren
- Die Problemanalyse belegt eine ausgeprägte Neigung zum vorschnellen und unbedachten Handeln (z.B. große Anzahl irrelevanter Antworten, Nichtunterdrücken unerwünschter Reaktionen, starke Beachtung dominanter Aufgabenmerkmale und Vernachlässigung subtiler Aufgabenmerkmale, geringe Fähigkeit, Bedürfnisse aufzuschieben).
- Vorliegen von Hyperaktivität laut DSM-III-R; Tendenz zu vermehrter Reizsuche (z.B. Ablenkbarkeit, motorische Unruhe, Zappeligkeit).
- Ferner bestätigt sich eine durchgängige Aufmerksamkeitsstörung in verschiedenen Inhaltsbereichen (z.B. Basteln, Schule, Sport, Familie) sowie auch bei motivierenden bzw. beliebten Aktivitäten, bei leichten, wie bei komplexeren Anforderungen.
- In Zuordnungsaufgaben besteht eine geringe Antwortlatenz; dem Kind unterlaufen viele Fehler.

Therapiezuweisung: Standardisiertes Basistraining (Therapiebeginn mit der sechsten Trainingseinheit)

Frage 3. Sind Beeinträchtigungen im strategischen Planungsverhalten festzustellen?

Umschreibung des Untersuchungsbereiches: Mängel auf der Ebene der Handlungsorganisation (Strategieebene); z.B. unsystematisch vorgehen, Lösungswege nicht befolgen, nicht vorausschauend handeln, das eigene Handeln nicht überprüfen

Relevant bei:
- älteren Kinder (ab 8 Jahren)
- Kindern, deren Aufmerksamkeitsleistungen lediglich bei komplexeren Anforderungen beeinträchtigt sind
- Vorliegen einer leichten bis mittelschweren Aufmerksamkeitsstörung (s. DSM-III-R)
- vergleichsweise geringer motorischer Unruhe.

Methoden/Instrumente:
- Problemanalyse mit Lehrern und Eltern.
- Verhaltensbeobachtung bei komplexen, mehrschrittigen Aufgaben (z.B. BAUT, Differix, „Schau genau", Raven-Aufgaben, CFT). Der Therapeut ermittelt die Bearbeitungsstrategie des Kindes.
- Bearbeitung komplexer Aufgaben (Raven-Test, CFT) im „lautem Denken" (Instruktion: „Sag alles, was Dir beim Lösen der Aufgabe durch den Kopf geht und beschreibe Deinen Lösungsweg"). Der Therapeut beobachtet, inwieweit sich ein Kind in seiner Aufgabenbearbeitung an einem regelhaft-planvollen Lösungsweg orientiert; vor allem: Zielbestimmung, Analyse der Antwort- und Lösungselemente, Ableitung der Lösungsregel (u.a. durch eine beschreibende Analyse), Auswahl einer wahrscheinlichen Lösung (Hypothesenbildung) und deren Überprüfung.

Bestätigende Indikatoren:
- Nichtbefolgen von Such-, Perzeptions- und Handlungsstrategien bei den Arbeitsproben; es wird eine wenig systematische Herangehensweise beobachtet (vgl. Kasten „Fallbeispiel zur hypothesengeleiteten Anwendung einer Arbeitsprobe", S. 37).
- Laut Problemanalyse treten die Aufmerksamkeitsprobleme vor allem bei komplexeren, mehrschrittigen Anforderungen und nur in geringerem Maße bei einfachen Anforderungen auf.

Therapiezuweisung: Strategietraining (s. Kapitel 9).

• **Frage 4.** Sind Wissens- und Kenntnisdefizite für die Störung wesentlich?

Umschreibung des Untersuchungsbereiches: Aufmerksamkeitsstörungen treten insbesondere in eng umschriebenen Wissensbereichen (z.B. Schulfächern) auf; hier bestehen gleichzeitig auch Wissens- und Kenntnisdefizite.

Relevant bei:
- älteren Kinder (ab 8 Jahren)
- Aufmerksamkeitstörungen im Bereich schulrelevanter Anforderungen (z.B. Deutsch, Mathematik)
- Fehlen oder geringer Ausprägung von Hyperaktivität (aber eventuell soziale Schwierigkeiten)
- Kindern mit unzureichenden Schulleistungen bzw. Lernschwierigkeiten.

Methoden/Instrumente:
- Lehrergespräch über den Kenntnisstand des Kindes; es konzentriert sich darauf, das inhaltsspezifische Wissen des Kindes sowie den entsprechenden Stand der Klasse festzustellen. Das aktuelle Wissen des Kindes sowie die Grundlagenkenntnisse im derzeitigen Unterricht werden detailliert erfragt.
- Wissens- und Schulleistungstests (z.B. AST), die entweder qualitativ (Analyse von Lerndefiziten) oder normorientiert (Vergleich der kindlichen Leistung mit einer Normstichprobe) ausgewertet werden können.
- schulische Arbeitsproben zum bereichsspezifischen Wissen (z.B. Diktatprobe, Rechenaufgaben, Einsicht in Schulhefte).

Bestätigende Indikatoren:

- Die Problemanalyse bestätigt, daß Aufmerksamkeitsstörungen besonders in wissensabhängigen Bereichen (z. B. einzelnen Unterrichtsfächern, nach wissensrelevanten Instruktionen) beobachtet werden.
- Die Problemanalyse bestätigt, daß die Aufmerksamkeitsstörung nur in bestimmten Inhaltsbereichen (z. B. Schulfächern) auftritt, in denen zugleich unzureichende Kenntnisse vorliegen. In vertrauten Bereichen sind keine vergleichbaren Beeinträchtigungen zu beobachten.

Therapiezuweisung: Wissensvermittlung (s. Kapitel 11).

Falls mit dieser dritten Diagnostikphase noch keine hinreichend sichere Therapiezuordnung getroffen werden kann, empfiehlt es sich, das Kind eine „Therapiestufe niedriger einzuordnen" und die Intervention mit einem grundlegenderen Therapiebaustein zu beginnen. Die Therapie selbst gibt dann noch weitere diagnostische Hinweise, so daß die Zuordnung eines Kindes noch einmal überdacht werden kann (z. B. bei schnellen bzw. zu langsamen Therapiefortschritten).

Die nachfolgende Abbildung gibt im Überblick wieder, zu welchen Therapiezuweisungen die diagnostischen Schlußfolgerungen führen.

Abbildung 4: Die Zuordnung der Störungsschwerpunkte zur Therapie

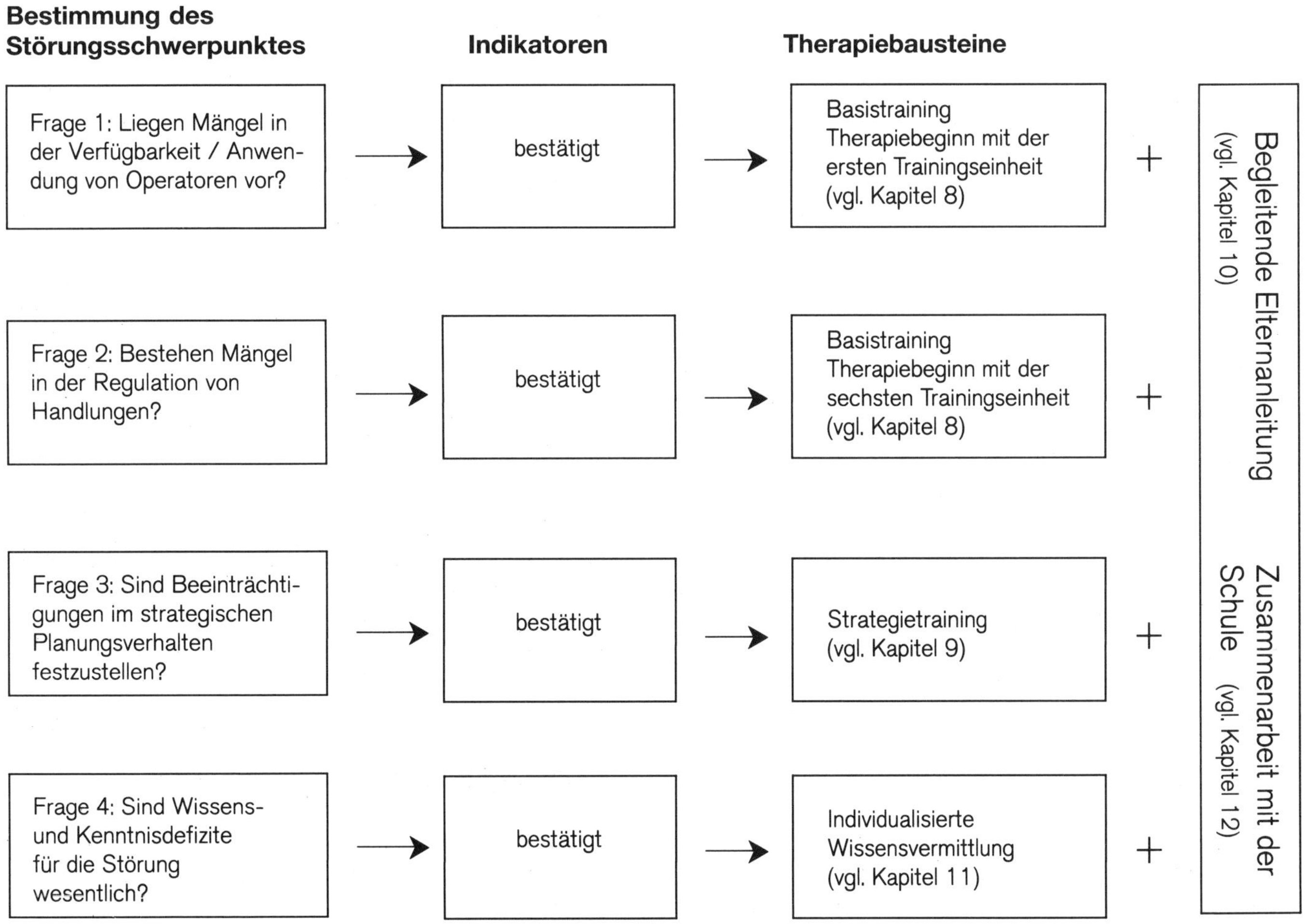

5 Das Therapiekonzept

5.1 Allgemeine Therapieziele

Die Therapie versteht sich als Entwicklungsintervention. Dies bedeutet, daß im „Kampf gegen die Symptome“ der Aufmerksamkeitsstörung nur wenig Sinn gesehen wird. Folglich erscheint es nicht als vorrangig, das Störverhalten der Kinder zu vermindern (z. B. sie weniger „unruhig“, weniger „zappelig“ etc. zu machen). Denn selbst, wenn dies gelingen würde, wäre damit noch kein größerer Entwicklungsfortschritt erreicht. Mit der Perspektive der Entwicklungsintervention ist auch nicht vereinbar, Kinder lediglich um des Sich-Einfügens willen an Umgebungsbedingungen anzupassen (z. B. an die Unterrichtsorganisation). Statt gegen Störungsäußerungen zu „kämpfen“, verfolgt die Therapie das positive Ziel, die Entwicklung eines Kindes zu fördern: Sie vertritt deshalb Therapieinhalte, die die eigenständige Entwicklung eines Kindes unterstützen. Hierzu gehören u. a. folgende Erkenntnisse und Kompetenzen:

- Handlungen eigenständig und problemangemessen ausführen *(steuern);*
- ein *bedacht-planvolles Herangehen* an Aufgaben und Probleme an den Tag legen;
- eigene Handlungsvollzüge möglichst selbständig *organisieren;*
- *Selbstreflexiv* vorgehen (z. B. vor dem Handeln nachdenken, bei Schwierigkeiten innehalten) sowie
- ein *„sich-selbst-bewußtes-Handeln“* verwirklichen, das sowohl den Fähigkeiten des Kindes, als auch der jeweiligen Anforderung (z. B. einer Aufgabe) gerecht wird.

Diese positive, entwicklungsorientierte Ausrichtung der Therapie ist besonders wichtig, weil

- Aufmerksamkeitsstörungen eine gravierende *Entwicklungsgefährdung* sind, so daß eine bloße Reduzierung des Störverhaltens kein ausreichendes Behandlungsziel sein kann (Problemangemessenheit des Therapiezieles).
- die Bezugspersonen des Kindes ebenfalls auf solche positiven Ziele aufmerksam werden und die unterschiedlichen Anstrengungen von Eltern, Lehrern, Erziehungsberatern, Diätassistenten und Ärzten zur Entwicklungsförderung mit dieser Zielperspektive besser zu koordinieren sind. Denn keine dieser Bezugs- oder Betreuungspersonen wird entwicklungsorientierte Therapieziele in Frage stellen und eine entsprechende *Mitarbeit* versagen wollen. So werden auch unfruchtbare und zumeist ideologisch vorbelastete Diskussionen über die „Ursache“ der Aufmerksamkeitsstörung und die „richtige Behandlung“ konstruktiv überwunden (Konstruktivität des Therapieziele s).
- diese Ziele von den direkten Bezugspersonen des Kindes (Eltern, Lehrer) sowie von eventuell beteiligten Erziehungsberatern und Kinderärzten leicht *mitgetragen* werden können (Integrationsfähigkeit des Therapiezieles).

Diese Perspektive trägt auch in der Zusammenarbeit mit Pädagogen und Lehrern zu einer wesentlichen Entlastung bei. Allzu häufig wird psychologischen Therapiekonzepten – gerade wenn sie verhaltensorientiert sind – vorgeworfen, Kinder vordergründig anzupassen oder sogar partiell zu unterdrücken. Bei aller Übertreibung, die mit diesem Standpunkt verbunden ist, bleibt richtig, daß hierbei häufig nur Problemlösungen „erster Ordnung“ gesucht werden.

Die hier eingeforderte Entwicklungsperspektive strebt dagegen vorrangig Lösungen „zweiter Ordnung“ an und orientiert sich nicht nur an gängigen Beobachtungen (das Kind stört, ist unruhig, ist zappelig), sondern fragt nach entwicklungsfördernden Alternativen und setzt sie bei der Formulierung der Therapieziele explizit um.

5.2 Therapeutische Umsetzung

Um zentrale Entwicklungsfortschritte erreichen zu können, geht die Therapie von folgenden Voraussetzungen aus:

1. Angesichts der Heterogenität des Störungsbildes werden *störungsspezifische Therapieschwerpunkte* gesetzt. Dies geschieht in Form von „Therapiebausteinen“, die in einer klar gegliederten Abfolge Kompetenzen vermitteln (u. a. Grundfertigkeiten, Handlungsregulation, Reaktionskontrolle, Planungsfertigkeiten, inhaltsspezifisches Wissen und Lernstrategien).

2. Diese Kompetenzen werden bei vergleichsweise einfachen Anforderungen eingeübt und im Therapieverlauf auf *zunehmend komplexere* und alltagsnähere Anforderungen hin erweitert.
3. Die Kinder sollen am *Therapieprozeß aktiv beteiligt* werden. Dazu ist es notwendig, ihnen zunächst handlungsorientiertes Wissen über Aufmerksamkeitsstörungen zu vermitteln, ihre Motivation zur Mitarbeit schrittweise zu erhöhen sowie ihre Eigenverantwortlichkeit zunehmend zu fördern.
4. Der Lernprozeß der aufmerksamkeitsgestörten Kinder wird als *„Erfolgstherapie"* gestaltet, d.h. die Wahrscheinlichkeit des Scheiterns wird durch die Auswahl der Anforderungen und die Hilfen des Therapeuten gering gehalten.
5. Aufmerksamkeitsstörungen werden hauptsächlich von Eltern und Lehrern definiert. Deshalb ist es wichtig, die für das Kind bedeutsamen *Bezugspersonen* in die Therapie miteinzubeziehen.
   Die Beiträge, die Eltern und Lehrer zur Entwicklungsförderung leisten können, sollen aktiviert und im Alltag der Kinder handlungswirksam werden.

Die Therapiebausteine. Die Therapie der Aufmerksamkeitsstörung schlüsselt sich in vier Therapiebausteine auf, die flexibel aufeinander bezogen sind und insgesamt eine sequentielle Breitbandintervention darstellen:

1. Das *Basistraining* zentriert sich auf den Störungsschwerpunkt „Einschränkung der Verhaltensregulation" (Einschränkung der Daueraufmerksamkeit, mangelnde inhibitorische Kontrolle, Tendenz zu vermehrter Reizsuche). Dieser Therapiebaustein fördert Basisfertigkeiten (genau hinschauen; genau zuhören; genau nacherzählen; Wahrgenommenes wiedergeben) sowie Reaktionskontrolle und einfache Formen verbaler Handlungsregulation. Dies erfolgt zunächst an weitgehend wissensfreiem Material, um das Behandlungsziel nicht durch Wissensdefizite zu gefährden. Die Vermittlung dieser Fertigkeiten wird durch operante Verstärkung unterstützt.
2. Die begleitende *Elternanleitung* informiert über die Aufmerksamkeitsstörung sowie die Therapieziele und -verfahren. Sie soll den Transfer (Übertragung) der Behandlungsfortschritte auf das Alltagsverhalten unterstützen und die Akzeptanz der Therapieziele durch die Eltern fördern. Die Eltern sollen befähigt werden, ihr Kind im Alltag in geeigneter Weise zu unterstützen. Sie sollen so auch angeregt werden, bestehende Erziehungsprobleme zu reflektieren sowie dadurch zu vermindern, daß sie Situationen umgestalten und die Erziehung verändern.
3. Das *Strategietraining* konzentriert sich auf die Einschränkung der Verhaltensorganisation. Es vermittelt handlungsorganisierende Strategien und Selbstinstruktionen für ihre Umsetzung. Dabei werden situationsübergreifende, allgemeine Handlungsstrategien sowie eine komplexere und flexible verbale Handlungsregulation ausgebildet.
   Das Strategietraining wird ebenfalls von einer spezifischen Elternanleitung begleitet.
4. Die *individualisierte Wissensvermittlung* stellt Wissensbereiche in den Mittelpunkt, die das Kind nur unzureichend beherrscht, die aber für einen Transfer des Interventionsfortschritts auf die schulische Situation wichtig sind (z.B. grammatikalisches Wissen, Lernstrategien).
   Dieses bereichsspezifische Wissen wird in strategisch-metakognitive Vermittlungsansätze eingebunden.

Die Therapiestruktur. Die einzelnen Therapiebausteine verfolgen jeweils unterschiedliche und klar überschriebene Behandlungsziele.

Die Komplexität des menschlichen Aufmerksamkeitsverhaltens berücksichtigen wir so, daß seine „Bestandteile" (Fertigkeiten/Operatoren, Handlungsregulation, Handlungsorganisation, Wissen) zunächst in einzelnen Therapiebausteinen gezielt ausgebildet werden. Über den Therapieverlauf hin werden sie wieder vernetzt. Dies entspricht der allgemeinen Logik von Trainingsverfahren.

5.3 Das Trainingsprogramm als flexible Handlungsanweisung

Das Trainingsprogramm wird vom Therapeuten flexibel eingesetzt und von den Kindern individuell durchlaufen. Dabei werden die einzelnen Therapiebausteine zu einem variablen Interventionsprogramm zusammengestellt. Ein Kind mit Aufmerksamkeitsstörungen nimmt also nicht notwendigerweise an allen Therapiebausteinen teil. Vielmehr orientiert sich die Therapie am individuellen „Störungsprofil" eines Kindes sowie an seinen Behandlungsfortschritten. Diese Flexibilisierung wird über drei Programmbestandteile erreicht (vgl. Abb. 4):

- Den **individuellen „Therapieeinstieg"**, entsprechend der spezifischen Ausprägung des Störungsbildes; die Intervention kann dabei mit
  - der Vermittlung von Basisprozessen,
  - dem Erwerb von Reaktionsverzögerung,
  - der verbalen Handlungsregulation,
  - der Vermittlung von Handlungsstrategien sowie
  - der Vermittlung von inhaltsspezifischem Wissen

  beginnen. Dieser Einstieg wird anhand der therapiezuweisenden Diagnostik festgelegt.
- Den **Übergang** zu einem anderen Therapiebaustein (z.B. vom Basis- zum Strategietraining): Dies ist insbesondere dann angezeigt, wenn ein Kind schneller

Abbildung 5: Integriertes Therapiekonzept, Therapieeinstiege und -übergänge

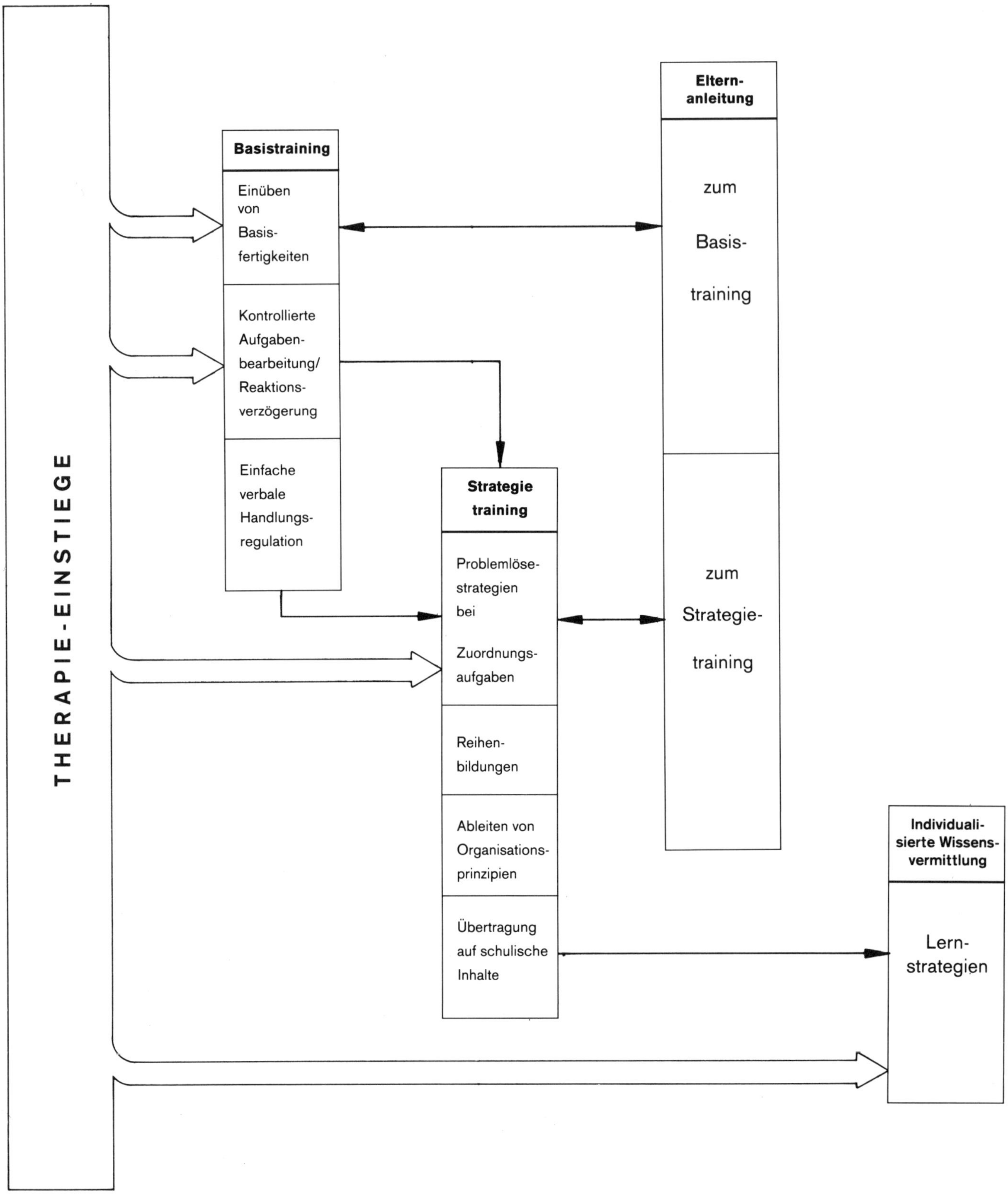

als vorgesehen vorankommt. Hierfür sieht das Trainingsprogramm „Verzweigungen" vor.

- Die **„Wiederholung"** einzelner Therapiesitzungen, wenn ein Kind langsamer als vorgesehen vorankommt. Die Therapiebausteine sind deshalb als Trainingseinheiten mit jeweils eigenständigen Zwischenzielen konzipiert. So kann der Therapeut eine Trainingseinheit mit unterschiedlichen Materialien beliebig wiederholen bis das angestrebte *Therapiezwischenziel* erreicht ist. Die Kriterien für den Übergang zur nächsten Trainingseinheit sind jeweils operationalisiert.

Wenn ein Kind entscheidend und dauerhaft langsamere bzw. schnellere Therapiefortschritte macht, sollte anhand einer erneuten Diagnostikphase überprüft werden, ob das Kind im Trainingsprogramm richtig plaziert ist (siehe auch Kapitel 14).

5.4 Exkurs: Medikamentöse Behandlung

Medikation ist die bei Aufmerksamkeitsstörungen am häufigsten praktizierte Therapieform. So zeigen beispielsweise Untersuchungen im Auftrag des Landes Nordrhein-Westfalen, daß bereits heute annähernd 30 % sämtlicher Kinder im Alter von 6–14 Jahren regelmäßig Medikamente zur Beruhigung bzw. zur Stimulation einnehmen (Ministerium für Arbeit, Gesundheit und Soziales des Landes NRW 1988). Dabei werden vor allem Psychopharmaka aus der Gruppe der zentralnervös aktivierenden Stoffe (Stimulantien) sowie seltener zentralnervös dämpfende Substanzen (z. B. Neuroleptika, Tranquilizer) eingesetzt (vgl. Kasten Psychopharmaka).

Angesichts eines oft undifferenzierten und eher auf die Symptomerleichterung bezogenen Ansatzes trifft die medikamentöse Behandlung zwar auf vielfältige prinzipielle Bedenken (s. unten), erscheint aber aufgrund der Tatsache, daß sie im Vergleich zu anderen therapeutischen Maßnahmen weit billiger, leichter und mit weniger Aufwand anzuwenden und durchzusetzen ist, auch sehr verlockend.

Psychopharmaka bei aufmerksamkeitsgestörten Kindern; Medikamente, Wirkung, Nebenwirkung und Verschreibungspraxis.

Bei aufmerksamkeitsgestörten Kindern werden vor allen Dingen folgende Medikamente bzw. Medikamentengruppen eingesetzt (in der Reihenfolge der Verordnungshäufigkeit):

Stimulantien. Psychopharmaka mit vorwiegend zentralnervös erregender Wirkung und vorübergehender Steigerung der psychischen Aktivität.

- **Methylphenidat (z. B. Ritalin®)**
Tagesdosis: 0,25–0,3 mg/kg Körpergewicht (Tablettenform)
(Behandlungsdauer zwischen wenigen Monaten und maximal 2 Jahren).

- **Amphetamine** (z. B. Fenetyllin-Captagon®, Pemolin-Tradon®, Deanol Riker®, Amfetaminil – AN 1®, Prolintan – Katovit®).
Tagesdosis: 0,1–0,5 mg/kg Körpergewicht (Tablettenform)

Wirkung: Sympathomimetische Aktivierung, z. B. gehobene Stimmung, Wohlgefühl, erhöhtes Selbstvertrauen, Antriebssteigerung, erhöhte körperliche und geistige Leistungsbereitschaft, Verhinderung von Leistungsabfall, Verringerung von Schlafbedürfnis und Schlafdauer, Erhöhung der Reaktionsbereitschaft.
Nebenwirkungen; vegetative Symptome (z. B. Appetitmangel, Schlaflosigkeit, Erhöhung von Herzfrequenz und Blutdruck, Erweiterung der Bronchien, Absenkung des REM-Schlafes), psychische Symptome (z. B. Gefahr der Selbstüberschätzung, depressive Verstimmungen (bei Methylphenidat)); verhaltensbezogene Auswirkungen (z. B. Erhöhung von aggressivem, destruktivem und realitätsfernem Verhalten, Gefahr von Unfällen), reduziertes Längenwachstum. Keine direkte Suchtgefahr (vgl. Laux, Dietmaier & König 1990).

Neuroleptika. Psychopharmaka mit vorwiegend zentralnervös dämpfender Wirkung.

- **Haloperidol** (hochpotente Neuroleptika; z. B. Largactil®, Haldol®, Sigaperidol®, Duraperidol®, Elaubat®, Buteridol®, Xyduril®, Dipiperon®; Tablettenform, Saft).
Tagesdosis: Je nach Medikament zwischen 0,04 mg/kg Körpergewicht und bis zu 20 mg täglich.

- **Chlorprothixen** (niedrigpotente Neuroleptika; z. B. Truxal®, Truxaletten®, Taractan®).
Tagesdosis: 50–800 mg/kg Körpergewicht bei klinischen Gruppen (Saft, Tabletten).

Wirkung: Beeinflussung von Denk- und Verhaltensstörungen, Dämpfung von psychomotorischen Erregungszuständen und affektiver Spannung; sedierend, schlafanstoßend und vegetativ beruhigend.

Nebenwirkung: vegetative Symptome vor allem bei niedrig und mittelpotenten Neuroleptika (z. B. Blutdruckstörungen, Mundtrockenheit), motorische Symptome (z. B. Verkrampfung der mimischen Muskulatur, Blickkrämpfe, Bewegungsstörungen im Arm- und Halsbereich), psychische Symptome (z. B. Müdigkeit, Einschränkung der Konzentrationsfähigkeit).

Tranquilizer. Psychopharmaka mit zentralnervös dämpfender Wirkung; z. B.

• **Neuroleptika** in niedriger Dosierung (s. o. und Dominal®, Melleretten®).
Tagesdosis: 1–3 Teelöfel (Tabletten, Saft).
Wirkung/Nebenwirkung: s. o. Neuroleptika.

• **Benzodiazepine** (z. B. Praxiten®, Mono Demetrin®, Tranquit®, Valium®, Librium®).
Tagesdosis: Empfehlung: 0,3 mg/kg Körpergewicht (Tablettenform).

Wirkung: Angstlösend, beruhigend, emotional entspannend und dämpfend, muskelrelaxierend offensichtlich durch die Hemmung der zentralnervösen Nervenleitfähigkeit. Dadurch können Reize oder Empfindungen, die momentan bedeutungslos sind, besser gedämpft und biologisch sinnvoll verarbeitet werden.
Nebenwirkung: vegetative Symptome (Schlaflosigkeit), psychische Symptome (z. B. Müdigkeit, Konzentrationsminderung, Einschränkung der geistigen Leistungsfähigkeit, psychische Medikamentenabhängigkeit); Entzugserscheinungen beim Absetzen der Medikation.

Antidepressiva. Psychopharmaka mit eher aktivierender Wirkung.

• **Imipramin** (z. B. Tofranil®, Tryptizol®)
Tagesdosis: 25–200 mg/kg Körpergewicht bei klinischen Gruppen (nicht nach 16 Uhr); Tablettenform.

Wirkung: psychomotorisch stabilisierend; Verminderung von psychomotorischer Hemmung, Antriebsschwäche und Apathie offensichtlich durch Verstärkung der Neurotransmitter- und Serotoninaktivität.
Nebenwirkung: bei etwa 1,5–9 %; vegetativ-anticholinerg: Mundtrockenheit, Schwitzen, Obstipation; neurologisch: Tremor, Dysarthrie; kardio-vaskulär: Tachykardie, Hypotonie, Schwindel, Herz-Erregungsleitungsstörung; psychisch: Unruhe, Aktivierung, Müdigkeit; endokrin: Gewichtszunahme, allergisch-dermatologische Reaktionen.

Weiterführende Literatur: Laux et al. (1990), Herz et al. (1990), Rote Liste (1992).

Übersichtsstudien zur Effektivität der medikamentösen Therapie für die Stimulantientherapie (Amphetamine, Methylphenidat) berichten Besserungsraten von bis zu 70 % (Weiss, Minde, Douglas, Werry & Sikes 1971, Schmidt 1973, Barkley 1977, Barkley 1990, Klicpera 1978) und für die neuroleptische Therapie Besserungsraten von etwa 50 % (Steinhausen 1976, Millichap 1982).

Dabei werden jedoch vergleichsweise oberflächliche Kriterien zur Beurteilung des Therapieerfolgs herangezogen. Meist werden erwartete Verhaltensänderungen durch die Lehrer eingeschätzt, wobei die Verringerung von Disziplinschwierigkeiten im Vordergrund steht. Im Ergebnis werden die Kinder zumeist als „umgänglicher" beschrieben. Differenziertere und objektivere Kriterien, wie beispielsweise die direkte Erfassung des Sozial-, Unterrichts- und Leistungsverhaltens, werden dagegen kaum benutzt. Vielmehr erfassen die Erfolgskriterien (Lehrerratings) vor allem die erreichte vordergründige Anpassung in direktem Kontrast zu den bislang beim Kind ausgemachten Verhaltensproblemen; sie übersehen dabei die verbleibenden kognitiven und sozialen Defizite (O'Leary 1980).

So wird auch von einer Reihe von Autoren gezeigt, daß die medikamentöse Therapie die schulischen Leistungen aufmerksamkeitsgestörter Kinder nicht einmal mittelfristig verbessert (Barkley 1979, Barkley & Cunningham 1978, Barkley 1990, Gittelmann-Klein, Abikoff, Pollack, Klein, Katz & Mattes 1980).

Dieses Ergebnis erscheint im Kontext des psychophysiologischen Modells zur Aufmerksamkeitsstörung (vgl. Kapitel 3.4) plausibel: Wenn nicht nur die Verhaltensregulation beeinträchtigt ist, sondern sich bereits Lern- und Erfahrungsdefizite sowie Einschränkungen in der Verhaltensorganisation (z. B. Strategiedefizite) entwickelt haben, reicht eine medikamentöse Therapie nicht an diese Folgewirkungen heran.

Diese Bilanz belegt zudem die offenkundige Gefahr, daß mit der Medikation Verhaltensanzeichen für grundlegende Defizite „zugedeckt" werden. Durch den Eindruck, das Kind sei nun „leichter zu haben", bleiben beispielsweise wesentliche Lern- und Verhaltensdefizite unbehandelt, was langfristig eine Problemverschärfung (Verfestigung unzureichender Lernstrategien, Wissensdefizite, Lernschwierigkeiten) begünstigt.

Darüberhinaus zeigen klinische Erfahrungen, daß sogar unerwünschte Wirkungen der Medikation auf die Leistungen zu verzeichnen sind:

- *Neuroleptika* (Haloperidol) in tranquilisierender Dosis dämpfen die motorische Unruhe (Hyperaktivität) und erleichtern die affektive Regulation der Kinder. Die soziale Einordnung des aufmerksamkeitsgestörten Kindes wird unterstützt. Gleichzeitig verlangsamt sich aber das Arbeitstempo und beeinflußt die Konzentrationsfähigkeit eher ungünstig.
- *Stimulantien* reduzieren das Arbeitstempo im Sinne einer psychomotorischen Verlangsamung, verbes-

sern jedoch nicht die Leistungsqualität (Winsberg, Kupietz, Sverd, Hungund & Young 1989).

Weitere Vorbehalte gegenüber der medikamentösen Therapie resultieren daraus, daß die erreichten Verhaltensänderungen nur wenig stabil sind. Selbst mit Hilfe von Prozeduren des „Ausschleichens" der Medikation („wash out") lassen sich keine längerfristigen Effekte belegen. Dies dürfte damit zusammenhängen, daß die alleinige medikamentöse Therapie den Kindern keine spezifischen Fertigkeiten vermittelt, um mit den nach Absetzen der Medikation wieder vermehrt auftretenden Schwierigkeiten erfolgreicher als zuvor umgehen zu können.

Schließlich ist auf die „unspezifischen Nebenwirkungen" hinzuweisen, die sich aus einer „psychischen Gewöhnung" an eine medikamentöse Behandlung ergeben. Zu nennen sind hier u. a.:

- die Gefahr von Drogenabusus; ungünstige Auswirkungen auf das Selbstbild;
- eine problematische Kontroll- und Veränderungsattribution (Entwicklungsfortschritte und Erfolge werden auf die Medikamenteneinnahme zurückgeführt);
- Einschränkungen im Selbstkontrollverhalten;
- Etablierung einer falschen „compliance" beim Kind;
- Reduzierung der Anstrengungsbereitschaft.

Insgesamt besteht hier die Sorge, daß langfristig wirksame sozial-kognitive Bewertungsmuster zum generellen Umgang mit Problemen aufgebaut werden (u. a. bei Schwierigkeiten auf Medikamente zurückgreifen; die eigene Kompetenz als gering einschätzen), die die Entwicklung geeigneter Selbstkontrollfertigkeiten behindern. Dies gilt ebenso für Kombinationstherapien (Medikation und psychologische Maßnahmen), wo „compliance"-Probleme besonderer Art auftreten.

6 Vorbereitung der Therapie

• Beziehungsaufnahme zu den Kindern

Kennenlernphase. Es ist wesentlich, mit den Kindern eine von wechselseitiger Achtung und Sympathie getragene Beziehung zu entwickeln. So empfiehlt es sich, der Behandlung eine „Kennenlernphase" (etwa zwei Kontakte mit den Kindern) vorauszuschicken: ein Einzeltreffen mit den Kindern der Trainingsgruppe; sowie (im Falle eines Gruppentrainings) ein Treffen mit allen Kindern der Trainingsgruppe. Dabei geht es darum, das Kind kennenzulernen und sich mit ihm auszutauschen. Weiterhin sollten diese Kennenlernphasen mit gemeinsamen Spielen (z. B. Bastelarbeiten oder Quizspielen) gestaltet werden.

Ein **Hausbesuch** bei den Kindern liefert praktische Hinweise für die Therapie und die Elternanleitung. Ein solcher Hausbesuch ist förderlich, weil

- durch die Kenntnis der Lebensumstände auch die Beziehung zum Kind verbessert werden kann (z. B. etwas über seine Hobbys erfahren; Tagesabläufe erleben; Freunde und Geschwister kennen; örtliche Bedingungen und Spielmöglichkeiten sehen),
- elterliche Einstellungen und Verhaltensweisen deutlicher bzw. verständlicher werden (z. B. zu Hausaufgaben und Erziehungszielen),
- Hinweise für die beratende Elternanleitung gewonnen werden können (z. B. Tagesabläufe verbessern, Dinge anders regeln, räumliche Bedingungen verändern).

Dadurch wird die Problemanalyse entscheidend konkretisiert und die Handlungssicherheit des Therapeuten erhöht.

• Vertrag mit den Kindern

Die Kinder werden als Partner gesehen, die aus eigenem Willen am Training teilnehmen und über das Trainingsprogramm informiert sein sollten. Um dies zum Ausdruck zu bringen, wird zu Beginn der Behandlung ein Vertrag mit ihnen geschlossen, der die Ziele, den Aufbau und den Ablauf der Intervention umreißt. Dieser Trainingsaufbau wird den Kindern erläutert; ihre Bereitschaft, regelmäßig an den Therapiesitzungen teilzunehmen, wird diskutiert und durch die Unterschrift auf dem Vertrag festgehalten.

Es wird ein schriftlicher Vertrag zwischen dem einzelnen Kind und dem Therapeuten geschlossen (siehe Seite 53, 117 und 179). Ein Vertragsexemplar erhält das Kind, das zweite Exemplar verbleibt beim Therapeuten, der es in einer Mappe abheftet und zu den jeweiligen Trainingssitzungen mitbringt.

Dieser Vertrag erhöht das Verpflichtungsgefühl der Kinder, verantwortlich mitzuarbeiten und zum Gelingen der Therapiesitzungen beizutragen.

• Räumliche Gegebenheiten

Ausstattung. Der Therapieraum für das Training mit den Kindern soll mit Stühlen, einem Tisch und Videogeräten für die Aufnahme und Wiedergabe von Aufzeichnungen ausgestattet sein. Gegenstände und Umgebungsbedingungen, die Kinder leicht ablenken könnten (z. B. Regale mit Spielsachen), sollten entfernt bzw. vermieden werden.

Die Therapie sollte in einer *ruhigen Atmosphäre* stattfinden. Hierzu ist es notwendig, daß der Therapieraum selbst störungsfrei ist (z. B. Telefon umstellen, Besuche ausschließen).

Sitzordnung. Die Therapiesitzungen finden überwiegend am Tisch statt. Dabei wird eine feste Sitzordnung eingehalten, wobei der Therapeut (bei Gruppensitzungen) zwischen den Kindern sitzt. Dies hat folgende Vorteile:

- Der Therapeut kann die Bearbeitungsprozesse der Kinder leichter beobachten und gegebenenfalls auch besser beeinflussen (z. B. anleiten, modellieren).
- Direkte Konflikte zwischen den Kindern (z. B. Streit, wer wo sitzen darf; Aggressionen) sind weniger wahrscheinlich.
- Die Kinder können Modellierungsprozesse des Therapeuten besser wahrnehmen.

Vorbereitung des Raumes/der Materialien. Der Therapieraum sowie die Trainingsmaterialien werden für die jeweiligen Sitzungen wie folgt *vorbereitet:*

- die Stühle so anordnen, daß die Kinder in jeder Sitzung den gleichen Sitzplatz einnehmen.

- störende bzw. nicht benötigte Materialien vom Therapietisch wegräumen.
- Videogeräte für Aufnahmen bzw. Wiedergaben vorbereiten.
- die Therapiematerialien in Reichweite des Therapeuten bereitlegen und vorsortieren.

Die Kinder sollen mit dem Therapeuten zusammen den Therapieraum betreten. Dadurch können Verzögerungen oder Konflikte beim Therapiebeginn leicht verhindert werden, weil der Therapeut ansonsten beispielsweise die tobenden oder in andere Aktivitäten vertieften Kinder unterbrechen und erst zur Aufnahme der Therapie bewegen muß. Die Kinder sollten an einem vereinbarten Ort (u. U. Vorzimmer, Warteraum,) abgeholt werden. Bei stark motorisch auffälligen Kindern empfiehlt es sich, daß die Eltern das Eintreffen des Therapeuten abwarten und das Kind dann „übergeben".

Die **Elternsitzungen** sollten in einem Raum stattfinden, der prinzipiell für Gruppensitzungen geeignet ist (Größe, Anordnung der Sitzplätze) und Videoaufzeichnungen bzw. -wiedergaben ermöglicht.

Kriterien für Einzeltherapie

- Das Kind legt ein großes Ausmaß an Störverhalten an den Tag (z. B. Zerstören von Materialien, Umherlaufen, außergewöhnliche motorische Unruhe).
- Das Kind hat große Sozialprobleme (direkte Aggressionen).
- Das Kind besitzt nur eine geringe Selbststeuerungsfähigkeit (Handlungsregulation; z. B. außergewöhnliche Ablenkbarkeit, sehr geringe Aufmerksamkeitsspanne, sehr große Impulsivität, abrupte und starke Stimmungsschwankungen).
- Das Kind zeigt ausgeprägtes Meidungsverhalten (z. B. verweigern, kaspern, raten).

• Das Training in der Gruppe

Einzeltraining/Gruppentraining. Bei starker Hyperaktivität sowie erschwerenden Verhaltensauffälligkeiten (Aggressivität, starke Stimmungsschwankungen, ausgeprägtes Vermeidungsverhalten, geringe Selbststeuerungsfähigkeit, großes Ausmaß an Störverhalten) ist zunächst ein Einzeltraining angebracht, das so lange beibehalten wird, bis Therapiefortschritte erreicht sind (z. B. Reaktionskontrolle beim Basistraining, Selbstinstruierung und Strategieübernahme beim Strategietraining), die ein Gruppentraining ermöglichen. Um die sozialen Lernmöglichkeiten des Kindes zu verbessern und alltagsnähere Therapiebedingungen zu schaffen (z. B. Umgang mit Ablenkungen, stärkere Selbststeuerung des Kindes, Lernen in der Gruppe), sollte auf jeden Fall ein Gruppentraining stattfinden.

Zusammensetzung der Trainingsgruppe. In einer Therapiegruppe werden bis zu maximal drei Kinder zusammengefaßt. Bei jüngeren Kindern (7–8 Jahre) sowie bei Kindern mit schweren Aufmerksamkeitsstörungen empfiehlt es sich allerdings, lediglich mit jeweils zwei Kindern zu arbeiten. Bei dieser „Gruppengröße" bestehen nur geringe Möglichkeiten zum sozialen Lernen, so daß hier vor allem der Erwerb grundlegender Orientierungsprozesse und Selbststeuerungsfertigkeiten im Vordergrund steht. Dies ist ein vorrangiges Ziel für diese Kinder.

Die Kinder sollen in ihrer Leistungsfähigkeit und in ihren Störungsschwerpunkten homogen sein (z. B. mangelnde Handlungsregulation, Strategiedefizite; siehe Ergebnisse der Eingangsdiagnostik). Pragmatisch kann die Therapiegruppe nach folgenden Kriterien zusammengestellt werden:
- Prinzipielle Lern- und Verhaltensfähigkeit der Kinder in der Gruppe (Fehlen der Kriterien für die Einzeltherapie; siehe oben);
- Übereinstimmende Störungsschwerpunkte (z. B. Defizite in den Basisfertigkeiten, defizitäre Verhaltensregulationen, Defizite auf der Ebene der Handlungsorganisation, Vorliegen von Wissensdefiziten);
- Altersähnlichkeit bzw. vergleichbare intellektuelle Leistungs- und Aufnahmefähigkeit der Kinder (ähnliches Intelligenzniveau).

Der Therapeut sollte die Kinder so gut einschätzen können, daß eine spätere Veränderung der Gruppen unnötig wird.

7 Therapeutische Verfahren

Das Trainingsprogramm greift auf verschiedene therapeutische Vorgehensweisen zurück, die hier in ihren Grundzügen vorgestellt werden. Der Therapeut kann sich mit den grundlegenden Interventionsformen vertraut machen.

7.1 Vermittlung von Aufmerksamkeitsverhalten

Kognitives Modellieren. Der Therapeut vermittelt als Modell, „wie" eine Anforderung bewältigt werden kann. Dazu demonstriert er das direkt beobachtbare Verhalten und verbalisiert gleichzeitig die Regeln und Strategien, denen er dabei folgt (Selbstanweisung). Die Kinder können über die Beobachtung dieses Modells sowohl kognitive (verdeckte) als auch offene Bewältigungsfertigkeiten erlernen.

Bei dieser Modelldemonstration orientiert der Therapeut seine Selbstanweisungen an Stadien des Problemlöseprozesses; er spricht dabei laut sowie in „Ich-Form" zu sich selbst (offene *Selbstverbalisierung*), z. B.

„Was ist meine Aufgabe? Worum geht es hier?" (Problembestimmung).

„Ja, ich weiß, ich soll ..." (Annäherung an das Problem) „...zwei Bilder finden, die genau gleich sind."

„Wie gehe ich vor? Ich gehe ganz bedacht vor und sehe mir die Bilder einzeln ganz genau an; ich beschreibe, was ich sehe!" (Planung des Vorgehens)...

Die Modellierung wird im Strategietraining durch *„Signalkarten"* unterstützt.

Ein ausführliches Beispiel wird in der ersten Trainingseinheit des Strategietrainings wiedergegeben.

Das **Selbstinstruktionstraining** erweitert das kognitive Modellieren, indem die Kinder zur verbalen Handlungsregulation angeregt werden. Dabei sollen sie die Selbstanweisungen über fünf Stufen bis zum „inneren Sprechen" verinnerlichen (Meichenbaum & Goodman 1971, Lauth 1988).

- Die erste Stufe entspricht dem bereits genannten kognitiven Modellieren. Das Ziel der weiteren Trainingsstufen ist die allmähliche Übernahme dieser Modelldemonstration. Angestrebt wird die Verinnerlichung dieses Verhaltens.
- Auf der zweiten Stufe (externe Verhaltenssteuerung) handelt das Kind nach den Selbstanweisungen des Trainers.
- Auf der dritten Stufe (offene Selbstinstruierung) lenkt das Kind sein Verhalten durch eigene Selbstanweisungen.
- Auf der vierten Stufe (ausgeblendete Selbstinstruierung) lenkt das Kind sein Verhalten durch flüsternde Selbstanweisungen.
- Auf der fünften Stufe (verdeckte Selbstinstruierung) soll das Kind sein Verhalten über verinnerlichte Selbstverbalisierungen (denken) steuern.

Es wird in der Regel *dann* zur nächsten Übergangsstufe übergegangen, wenn die vorausgehende ausreichend beherrscht wird. Jedoch ist die Einhaltung dieser Abfolge keine zwingende Notwendigkeit; oft werden auch die Stufen 4 und 5 verkürzt oder können sogar entfallen.

Mit Hilfe des Selbstinstruktionstrainings kann ein vergleichsweise fehlerfreies Lernen („Erfolgstherapie") verwirklicht werden.

Der Modellierungsdialog beschreibt eine „modellierende" Gesprächsführung, wobei die Kinder angeregt werden, eigene Handlungsalternativen zu entwickeln. Die entsprechenden Erkenntnisse werden den Kindern nicht von außen vorgegeben, sondern sollen in einem Erkenntnisdialog (sokratischer Dialog) selbst entdeckt werden.

Dabei werden offene Fragen, Umschreibungen (Paraphrasierungen) sowie Verstärkungen (Lob, Nikken, Bestätigung der Aussagen der Kinder) als Modellierungstechniken eingesetzt.

Äußerungen der Kinder, die von dem Gesprächsziel abweichen, werden kommentierend in einem „Prozeß der Verhaltensformung (Shaping)" moderiert.

Beispiel:
Erkenntnisziel: Im folgenden Dialog will der Therapeut die Strategien (Tricks) in Erinnerung rufen. Er will außerdem verdeutlichen, daß diese Strategien allgemein gültig und auf ähnliche Probleme übertragbar sind:

T.: Letztes Mal haben wir gesehen, daß wir die Tricks in ganz verschiedenen Situationen anwenden können! Erinnert ihr euch noch an diese Beispiele?
K.: ...
T.: (Trainer greift die Antworten der Kinder auf) Ja richtig! Beim Fahrradreparieren oder wenn man Streit mit einem Freund hat, können wir die Tricks auch gut gebrauchen. Was ist denn dabei wichtig?
K.: ...
T.: (Sammelt die Antworten der Kinder) Ja genau. Ich frage mich, was ich tun will und wie ich vorgehe. Beim Fahrradreparieren zum Beispiel überlege ich mir ganz genau, welchen Fehler ich suchen will und ich mache mir einen Plan, wie ich ihn finden kann. Wozu ist das denn bei einem Streit mit einem Freund von Nutzen?
K.: ...
T.: (Sammelt wiederum die Antworten der Kinder). Ja genau. Ich überlege mir, warum der Freund das tut; und ich überlege, wie ich ihn wieder versöhnen könnte. Was ist noch ein wichtiger Trick?.
K.: ...

Negative Aussagen der Kinder werden ebenfalls in einem shaping-analogen Prozeß modelliert, z. B.:

K.: Tricks anwenden ist doof!
T.: Ja, es kann recht anstrengend sein, wenn man sich überlegt, was man tun muß. Habt ihr aber auch schon mal bemerkt, daß es gut ist, wenn man vorher überlegt, was man tun muß?
K.: ...

7.2 Einübung des Verhaltens

Übende Verfahren. Die Kinder setzen in jeder Therapiesitzung (zuvor im kognitiven Modellieren demonstriert) Verhaltensweisen (zum Teil unter Mithilfe des Therapeuten oder anderer Kinder) um. Die dabei eingesetzten Materialien bzw. Aufgaben werden im Verlauf der Therapie zunehmend komplexer und anforderungsreicher („schwieriger"), so daß immer differenziertere Aufmerksamkeitsprozesse bzw. Bearbeitungen notwendig werden.

Am Ende jeder Therapiesitzung gibt es auch Spiele (z. B. Bastelarbeiten, gemeinsame Aktivitäten), die ebenfalls Aufmerksamkeitsprozesse im Sinne der jeweiligen Therapiesitzung erfordern.

Prozeßorientierte Hilfen unterstützen als sogenannte *„parallele Handlungssteuerung"* die Aufgabenbearbeitung des Kindes. Es kommt dabei darauf an, daß der Therapeut nicht von außen eingreift und das Ergebnis korrigiert (z. B. „Da ist etwas falsch! Schau noch mal hin!"). Vielmehr greift er nur indirekt in den Handlungsprozeß des Kindes ein, indem er begleitend zur Tätigkeit des Kindes eine eigene Handlungsstruktur (offene Selbstanweisungen und entsprechendes Verhalten) anbietet und solange beibehält, bis das Kind diese Anregung in sein Vorgehen integriert.

Ein Beispiel dafür wäre die folgende Aussage beim Spiel „Schau genau", in dem ein Kind eben dabei ist, ein Kärtchen falsch zu legen:

Therapeutenäußerung: „Halt – Stop! Ich schau mir nochmal genau an, ob dieses Kärtchen da auch wirklich paßt. Was sehe ich denn hier ... (Therapeut beschreibt die Aufgabenkarte und vergleicht sie mit der Vorlage auf der Bildtafel)". Der Therapeut spricht dabei durchaus „dramatisierend", um die Aufmerksamkeit des Kindes an sich und seine korrigierende Handlung zu binden. Er behält diese parallele Handlungssteuerung solange bei, bis das Kind die angeregte Aufgabenlösung aufgreift und alleine weiterführt.

Durch diese *prozeßorientierten* Hilfen werden Fehler vermieden und günstige Aufgabenbearbeitungen verstärkt. „Korrekturen von außen", die oft zu frustrierenden und konfliktreichen Auseinandersetzungen führen, werden dadurch zumeist überflüssig.

7.3 Operante Unterstützung

Die operante Verstärkung wird zur Unterstützung der Behandlung eingesetzt, um
- das aufmerksamkeitsgestörte Verhalten unter *soziale Kontrolle* zu bringen (z. B. der Therapeut gewinnt Einfluß auf das Verhalten des Kindes; es werden Regeln der Aufgabenbearbeitung etabliert; förderliches und störendes Verhalten wird definiert),
- die *Attraktivität* des aufmerksamkeitbezogenen Verhaltens zu erhöhen,
- (in einer längerfristigen Perspektive) *Selbstkontrollfertigkeiten* aufzubauen.

Dabei wird den Kindern zu Beginn der Therapie eine bestimmte Menge an Tausch-Verstärkern ausgehändigt; für genau definierte Störungen (z. B. andere Kinder stören, Materialien zerstören) müssen sie jeweils einen Tauschverstärker abgeben (Verstärker-Wegnahme). Gleichzeitig können sie mit ihrer Aufgabenbearbeitung Tauschverstärker erwerben (Verstärker-Vergabe). Die operante Verstärkung beruht also auf einer Kombination von Verstärker-Wegnahme bei unerwünschtem und einer Verstärker-Vergabe bei erwünschtem Verhalten. So kann der Therapeut sowohl auf das erwünschte, als auch auf das unerwünschte Verhalten Einfluß nehmen.

Einzelne Ergebnisse zeigen, daß die Wirksamkeit von Trainingsprogrammen durch den Einsatz solcher Verstärkungssysteme erheblich verbessert werden kann (Kendall & Zupan 1981).

8 Therapiebaustein: Basistraining

8.1 Ziele und Überblick über das Training

Das Basistraining verfolgt insgesamt vier Ziele:
- Den Kindern wird handlungsrelevantes *Wissen über Aufmerksamkeitsstörungen* vermittelt.
- Die prinzipiellen Basisfertigkeiten „Genau hinschauen", „genau zuhören", „Wahrgenommenes genau wiedergeben" werden eingeübt.
- *Reaktionsverzögerung* (nachdenken, prüfen) wird ausgebildet, indem die Kinder zunächst eine Signalkarte („Halt, Stop!") einsetzen und diese dann später imaginativ verwenden (ikonisch – verbale Reaktionskontrolle).
- Die Kinder lernen, ihr Aufmerksamkeitsverhalten durch verbale *Selbstanweisungen* zu regulieren (steuern).

Dabei werden folgende therapeutische Techniken eingesetzt:
- *Operante Verstärkung* (Münzverstärkungs-System), um das Aufmerksamkeitsverhalten der Kinder selektiv zu verändern und es zunehmend unter angemessene soziale Kontrolle zu bringen.
- *Diskussionen und Gespräche* mit den Kindern, um therapierelevante Erkenntnisse (Wissen zur Aufmerksamkeitsstörung) zu entwickeln bzw. zu vertiefen.
- Modellierungs- und *Demonstrationsphasen,* in denen der Trainer förderliche Herangehensweisen demonstriert („vormacht").
- *Übungsphasen,* in denen die Kinder aufmerksamkeitsrelevante Aufgaben unter operanter Verstärkung bearbeiten.
- *Spielphasen* am Ende jeder Therapiesitzung, die den Schwerpunkt der jeweiligen Trainingseinheit nochmals auf einem anderen „Sinneskanal" (z. B. motorisch) aufgreifen.

Das Basistraining besteht aus insgesamt 12 Trainingseinheiten, die folgende Schwerpunkte bilden:
- Einführung (1. Einheit)
- Einübung von Basisferigkeiten (1.–5. Einheit)
- Reaktionskontrolle/Reaktionsverzögerung (6.–9. Einheit)
- Verbale Handlungsregulation (10. und 11. Einheit)
- Umgang mit Ablenkungen (12. Einheit)

Die nachfolgende Tabelle gibt die einzelnen Trainingsinhalte und deren Ziele im Überblick wieder:

Tabelle 1: Das Basistraining im Überblick

Trainings-einheit	Materialtyp	Ziele
1	Film „Philipp"	Erwerb von Wissen über Aufmerksamkeitsstörungen Ableitung förderlicher Vorgehensweisen
2	Nachahmung Bilderanalyse	Genau hinsehen
3	Bilder beschreiben	Genau hinschauen und beschreiben
4	Geschichten nacherzählen	Genau Zuhören
5	Eine Bildbeschreibung zeichnerisch umsetzen	Wahrgenommenes genau wiedergeben
6	Stop-Signalkarte Kodieraufgaben	Reaktionsverzögerung mit direkter Unterstützung

Tabelle 1: Fortsetzung

Trainings-einheit	Materialtyp	Ziele
7	Stop-Signalkarte Kodier-/Rechenaufgaben	selbständige Reaktionsverzögerung
8	Stop-Signalkarte Kodieraufgaben	selbständig-differenzierte Reaktionsverzögerung
9	Stop-Signalkarte Text zum Abschreiben	Prüfprozesse und Reaktionsverzögerung verbale Handlungsregulation
10	Stop-Signalkarte Diktatschreiben	ausgeblendete verbale Handlungsregulation (flüstern)
11	Bautürme	verinnerlichte Reaktionsverzögerung
12	Zuordnungsaufgaben	Umgang mit ablenkenden Bedingungen

8.2 Die Münzverstärkung (operante Verstärkung)

Das Basistraining wird mit einem Verstärkerprogramm in Form eines Münzverstärkungs-Systems unterstützt. Für die Wirksamkeit dieses Münzverstärkungs-Systems ist es wichtig, daß die Kinder es nachvollziehen lernen (vgl. Ayllon & Azrin 1968):

Beschreibung des Zielverhaltens. Die Verstärkung erfolgt als eine Kombination zwischen der Vergabe von positiven Verstärkern und der Wegnahme deponierter Verstärker:

- *Vergabe positiver Verstärker:* Für die erfolgreiche Bewältigung bestimmter Lernschritte im Trainingsprogramm (Einhaltung prinzipieller Basisprozesse, Reaktionsverzögerung, verbale Handlungsregulation sowie die entsprechenden Zwischenziele) werden positive Verstärker vergeben. Die Bedingungen, unter denen die Kinder Verstärkung bekommen können, werden vor jeder Trainingseinheit erklärt und vereinbart.
- *Wegnahme deponierter Verstärker:* Bei Verstoß gegen die direkt vor der Trainingssitzung vereinbarten Verhaltens- und Bearbeitungsregeln (z. B. nicht am Arbeitsplatz sitzen bleiben, umherlaufen, Streitigkeiten mit anderen Trainingskindern – s. Kasten „Grobe Verhaltensverstöße", S. 65) muß jeweils ein „Tauschverstärker" an den Trainer zurückgegeben werden.

Diese Form der operanten Verstärkung erlaubt es, sowohl auf positives Verhalten, als auch auf unerwünscht-störendes Verhalten kontingent einzugehen. Das Aufmerksamkeitsverhalten des Kindes kann damit relativ rasch „sozial kontrolliert" werden, wobei das Verstärkersystem die Grundlage für vereinbarte Rückmeldungen ist. Dies ist insbesondere bei störenden Verhaltensweisen des Kindes wichtig, weil der Therapeut nicht willkürlich, sondern aufgrund einer Übereinkunft mit dem Kind reagiert.

Eintausch der Verstärker. In jeder Trainingssitzung kann eine definierte Anzahl von Verstärkern erreicht werden. Wenn ein Kind 15 Tauschverstärker gesammelt hat, kann es nach eigener Wahl etwas aus einer Spielzeugkiste *(„Kramkiste")* aussuchen. Ein gut mitarbeitendes Kind erreicht dabei *nach etwa jeder 3. Sitzung* die hierfür notwendige Anzahl von Tauschverstärkern. Damit wird eine Relation von Tauschverstärker-Erwerb und Eintauschmöglichkeit verwirklicht, die erreichbare Ziele setzt und so hinreichend motivierend ist.

Zusammensetzung der „Kramkiste": u. a. Kreisel, Jo-Jo, Quartette, Monogrammstempel, Aufkleber, Matchbox-Autos, Bleistiftspitzer.

Als **Tauschverstärker** werden bunte *Büroklammern* verwendet. Sie erweisen sich als vorteilhaft, weil

- sie leicht und übersichtlich zu sammeln sind (z. B. auf dem ersten Blatt der Arbeitsmappe am Papierrand entlang aufstecken). Die Kinder können also schnell ihren „Punktestand" überblicken.
- sie in den Arbeitsmappen über mehrere Trainingseinheiten hinweg gesammelt werden können.
- sie in gewisser Weise auch Qualitäten eines unmittelbaren Verstärkers besitzen. Die Kinder finden sie schon für sich genommen attraktiv und stellen sie zum Beispiel nach bevorzugten Farbkombinationen oder Lieblingsfarben zusammen.

Abbildung 6: Vertrag zum Basistraining

Zwischen und

Wir treffen uns immer am:
um Uhr.

Wir üben zusammen, Aufgaben besser zu lösen und sorgfältig zu sein.

Wir werden bei unseren Treffen immer zuerst darüber reden, wie man Aufgaben lösen kann. Dann üben wir, Aufgaben zu lösen und lernen, genau zuzuhören, genau hinzuschauen sowie zu überprüfen, was man tut.

Am Ende werden wir etwas zusammen spielen.

Für gut gelöste Aufgaben werden Klammern ausgegeben.
Fünfzehn Klammern können für etwas aus der Kramkiste eingetauscht werden!

Es werden aber Klammern abgezogen, wenn beispielsweise andere Kinder stört oder während des Übens umherläuft.

Name des Kindes

(Therapeut/in)

Praktische Durchführung des Münzverstärkungs-Systems. Bei der Umsetzung dieses Münzverstärkungs-Systems:

- werden den Kindern die *Verstärkerregeln* vor jeder Trainingssitzung bekanntgegeben;
- werden vor jeder Therapiesitzung jeweils 5 Tauschverstärker als *Depositum* ausgehändigt;
- wird das kindliche Verhalten vom Therapeuten registriert und nach seiner *Übereinstimmung* mit den Verstärkerregeln beurteilt. Bei Übereinstimmung mit den Verstärkerregeln werden positive Tauschverstärker vergeben; bei (groben) Verhaltensverstößen werden deponierte Verstärker weggenommen;
- werden jeweils 15 Tauschverstärker (Büroklammern) gegen einen Verstärker aus der *„Kramkiste" eingetauscht.*

Diese Schritte sind bei der Umsetzung des Verstärkerprogramms unbedingt einzuhalten.

8.3 Das Training

1. Trainingseinheit – Ableitung förderlicher Vorgehensweisen

Ziel. Vorbereitung auf Ziele und Struktur des Trainings; die Kinder sollen sich ein praktikables und handlungsrelevantes Wissens über Aufmerksamkeitsstörungen erarbeiten. Am Ende der Sitzung sollen sie ein „ikonisiertes" Bild davon haben und die Trainingsziele als nützlich einschätzen.
Material. Videofilm „Philipp", Plakat, Filzstifte, Abbildung „Aufwärts – Abwärts", Labyrinth-Aufgaben, Zahlen verbinden.
Anforderung. Die Kinder beschreiben mit unterstützenden Fragen des Therapeuten das aufmerksamkeitsgestörte Verhalten eines etwa gleichaltrigen Kindes (Philipp). Dies erfordert eine genaue Wahrnehmungsleistung sowie eine begriffliche Wiedergabe des Beobachteten. Ferner muß die Situation des aufmerksamkeitsgestörten Kindes nachvollzogen werden (Empathie); alternative Handlungsmöglichkeiten sollen gedanklich entwickelt werden.

Die anschließende Aufgabenbearbeitung verlangt die Erprobung von aufmerksamkeitsrelevantem Verhalten an vergleichsweise einfachen Materialien (u. a.: vorschnelles und wenig bedachtes Verhalten aufgeben; sich gezielt orientieren; genau hinsehen; einfache Prüfprozesse vornehmen). Die hierbei verwendeten Materialien erfordern eine quasi „vorausschauende" Handlung, in der sowohl mögliche Zielzustände, als auch der zu erwartende Handlungsverlauf mitbeachtet werden müssen.

1. Ableitung der Bearbeitungsstruktur

Trainer (T.): „Ich zeige euch einen Film über einen Jungen, der eine Aufgabe lösen will. Dabei macht er aber viele Fehler. Er ist mit sich selbst nicht zufrieden. Auch seine Lehrer finden, daß er zu viele Fehler macht. Und seine Eltern sagen, daß er sich mehr Mühe geben sollte. Der Junge möchte sich schon Mühe geben; er will mit seinen Aufgaben in der Schule besser zurecht kommen. Nur weiß er nicht so genau, wie er das anstellen soll.
Vielleicht können wir ihm dabei helfen. Wie kommen wir zu guten Ideen? (Die Vorschläge der Kinder aufgreifen; falls wenig oder keine Anregungen kommen: „Ich habe da einen Vorschlag: Wir schauen uns einmal an, wie der Junge die Aufgaben löst und dann schreiben wir auf, was nicht so gut klappt. Wir überlegen dann, wie er das besser machen kann").

Filmbeschreibung (Dauer 5 Minuten). Ein Junge, etwa 8 Jahre alt, ist zunächst im Unterricht zu sehen. Er hört nicht zu, schaut nicht zur Tafel und krakelt Männchen statt Schularbeiten zu machen. Die Lehrerin beklagt, daß er schon wieder alles falsch gemacht hat. Sie fordert, daß er sich mehr Mühe geben soll. Der Junge sagt am Ende: „Ich will mir schon mehr Mühe geben. Ich weiß aber nicht, wie ich das anstellen soll."

Der Trainer moderiert das anschließende Gespräch in folgender Weise (siehe Modellierungsdialog; Kapitel 7.1):

1. Analyse des Filmausschnitts

a) Kurzer *Austausch* über den Film:
Was denkt ihr über diesen Jungen und sein Problem? Mögliche negative Zuschreibungen (z. B. der ist vielleicht doof, die Lehrerin ist ein Affe) werden auf die Verhaltensebene überführt (z. B. T.: Wie kommt ihr darauf, daß er doof ist? K.: Weil er so unaufmerksam ist. T.: Nennen lassen, worauf diese Unaufmerksamkeit zurückgeht. K.:... . T.: Wie könnte er seine Unaufmerksamkeit vermeiden? K.: ...).

b) *Zusammenfassung* der bisherigen Diskussion: Ihr sagt, der Junge ist so unaufmerksam; er schaut nicht hin, hört nicht zu und verliert seine Ziele aus den Augen; seine Lehrerin ist streng zu ihm.

c) Verhaltensnahe *Beschreibung der Aufmerksamkeitsstörung* des Jungen
T.: Könnt ihr mir sagen, wie es zu diesen Fehlern kommt? Was hat der Junge denn getan?
Der Trainer moderiert die Beiträge der Kinder, indem er sie auf die nachstehenden Diskussionspunkte bezieht:
Der Junge
- hört nicht genau zu, was zu tun ist,
- arbeitet zu schnell und unüberlegt,
- schaut nicht genau hin (z. B. nimmt nicht auf, was an der Tafel steht),
- vergißt beim Arbeiten, worauf es eigentlich ankommt,
- überprüft nicht, was er tut.

d) Notieren der *Ergebnisse* auf einem Plakat/einer Flip-Chart.

2. Was könnte der Junge anders machen?
T.: Der Junge hat gesagt, daß er sich mehr Mühe geben will. Könnt ihr ihm Ratschläge geben, mit der Sache besser fertig zu werden. Habt ihr eine Idee, wie er aufmerksamer und zufriedener werden kann?
K.: ...
Der Trainer moderiert die Beiträge der Kinder auf die folgenden zwei übergeordneten Interventionsziele hin:
- Stop – Nicht darauf losarbeiten. Zuerst genau hingucken und hinhören, nachdenken!
- Stop – Ist es so richtig? Habe ich nichts vergessen? Überprüfen?

Diese Ziele werden auf das Plakat rechts neben die Beschreibung des aufmerksamkeitsgestörten Verhaltens geschrieben, so daß sich die in Abbildung 7 dargestellte Anordnung ergibt. Diese Abbildung wird den Kindern auch erläutert.

3. Übertragung auf die Kinder
T.: Denkt ihr, daß Philipp jetzt weiß, was er besser machen kann?
K.: ...
T.: Was nützt es ihm, wenn er zu sich selbst sagt „Halt – nachdenken"?
K.: ...
T.: Was nützt es ihm, wenn er „genau zuhört"?
K.: ...
T.: Was nützt es ihm, wenn er „genau hinschaut" und „ganz genau überprüft"?
K.: ...
T.: (Der Trainer diskutiert diese Fragen mit den Kindern. Ziel ist es, daß die Kinder dieses Vorgehen als nützlich für Philipp ansehen und diese positiven Vorgehensweisen auch für sich als erstrebenswert einschätzen).
T.: Wie könnte Philipp lernen, die Aufgaben besser zu lösen?
K.: ...
T.: Er sollte erst einmal nachdenken, bevor er anfängt. Das müßte er dann mit einigen Aufgaben üben. Sportler üben auch, wenn sie etwas gut können wollen. Kennt ihr solche Sportler?
K.: ...
T.: Bei unseren Treffen üben wir auch. Wir üben zuerst „genau zuzuhören" und „genau hinzuschauen"; dabei passen wir gut auf und vermeiden Fehler, die bei ungenauem und flüchtigem Arbeiten passieren können. (Evtl. den Therapieverlauf in kindgemäßer Form darstellen).

Abbildung 7. Aufwärts/Abwärts – Wissen über die Aufmerksamkeitsstörung und über förderliches Verhalten

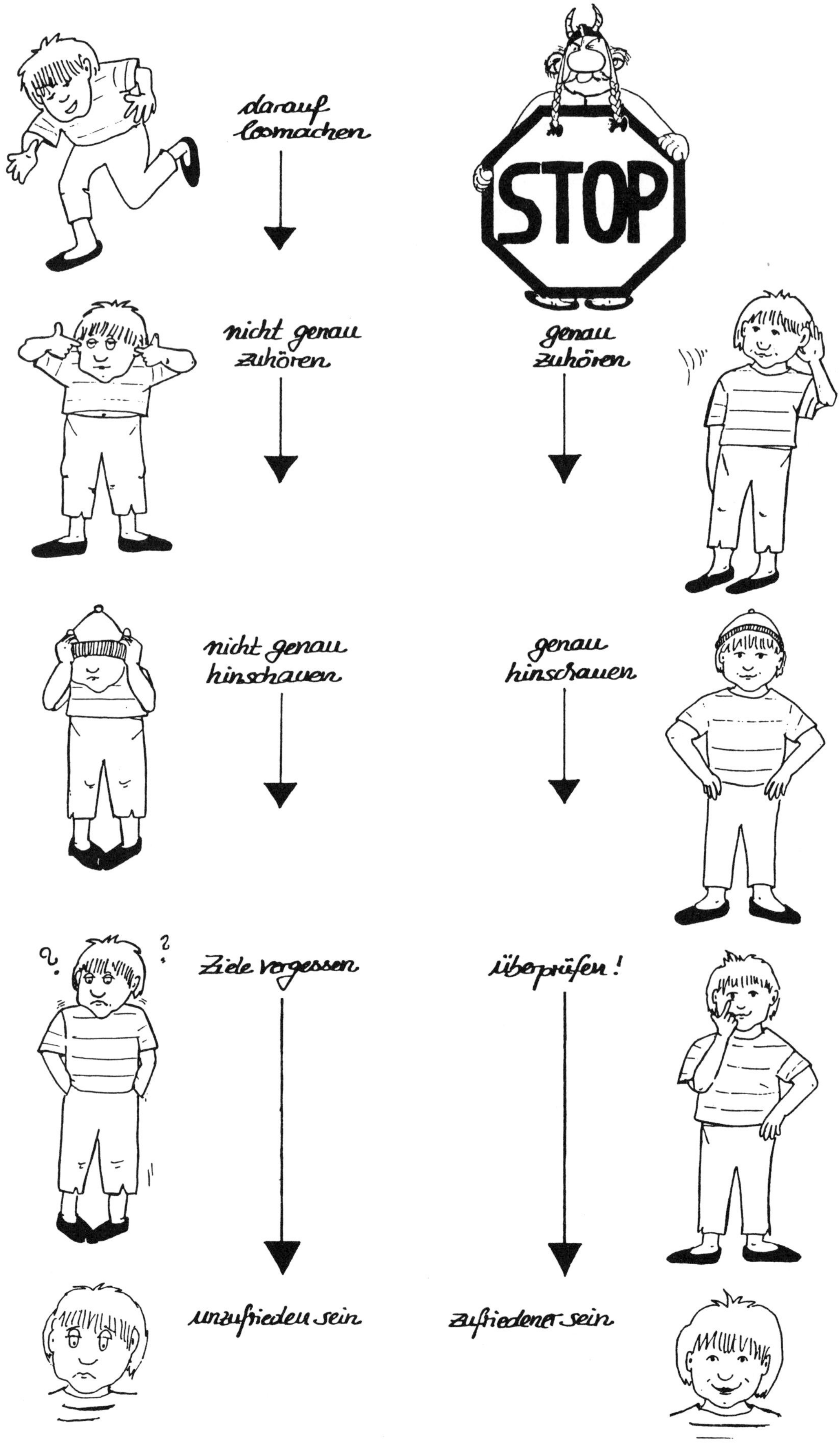

4. Üben der Kinder
Die Kinder setzen jetzt die Vorschläge für Philipp selbst um. Hierzu bearbeiten sie – je nach Leistungsvermögen – entweder die „Nachfahraufgaben“ oder die Zahlen-Verbindungsaufgaben.

Instruktion: Bitte löst diese Aufgaben einzeln. Seht ganz genau hin, überlegt genau, wie ihr anfangen wollt. Denkt dabei an die Vorschläge, die wir für Philipp entwickelt haben. (Der Trainer verweist hier noch einmal auf die Abbildung „Aufwärts“).

5. Spielerischer Ausgang – Spiel mit visueller Orientierung
Spiel. „Luftzeichnen“
Spielbeschreibung. Jedes Kind malt möglichst ruhig, langsam und genau einen einfachen Gegenstand (z.B. Löffel, Tisch, stilisiertes Auto) in schematisierter Form in die Luft. Die anderen Kinder verfolgen seine „Zeichenbewegung“ und erraten den Gegenstand. Es kommt darauf an, so deutlich zu zeichnen, daß die anderen Kinder den gesuchten Gegenstand erraten können.
Durchführung/Hinweise. Der Therapeut führt das Luftzeichen zuerst vor. Es wird dann reihum gespielt, auch der Therapeut beteiligt sich.

Der *Übergang zur zweiten* Trainingseinheit kann erfolgen, wenn die Kinder das handlungsrelevante Wissen über Aufmerksamkeitsstörungen erworben haben. Andernfalls wird das Störungswissen nochmals mit den Erfahrungen der Kinder verknüpft und ergänzend thematisiert.

10

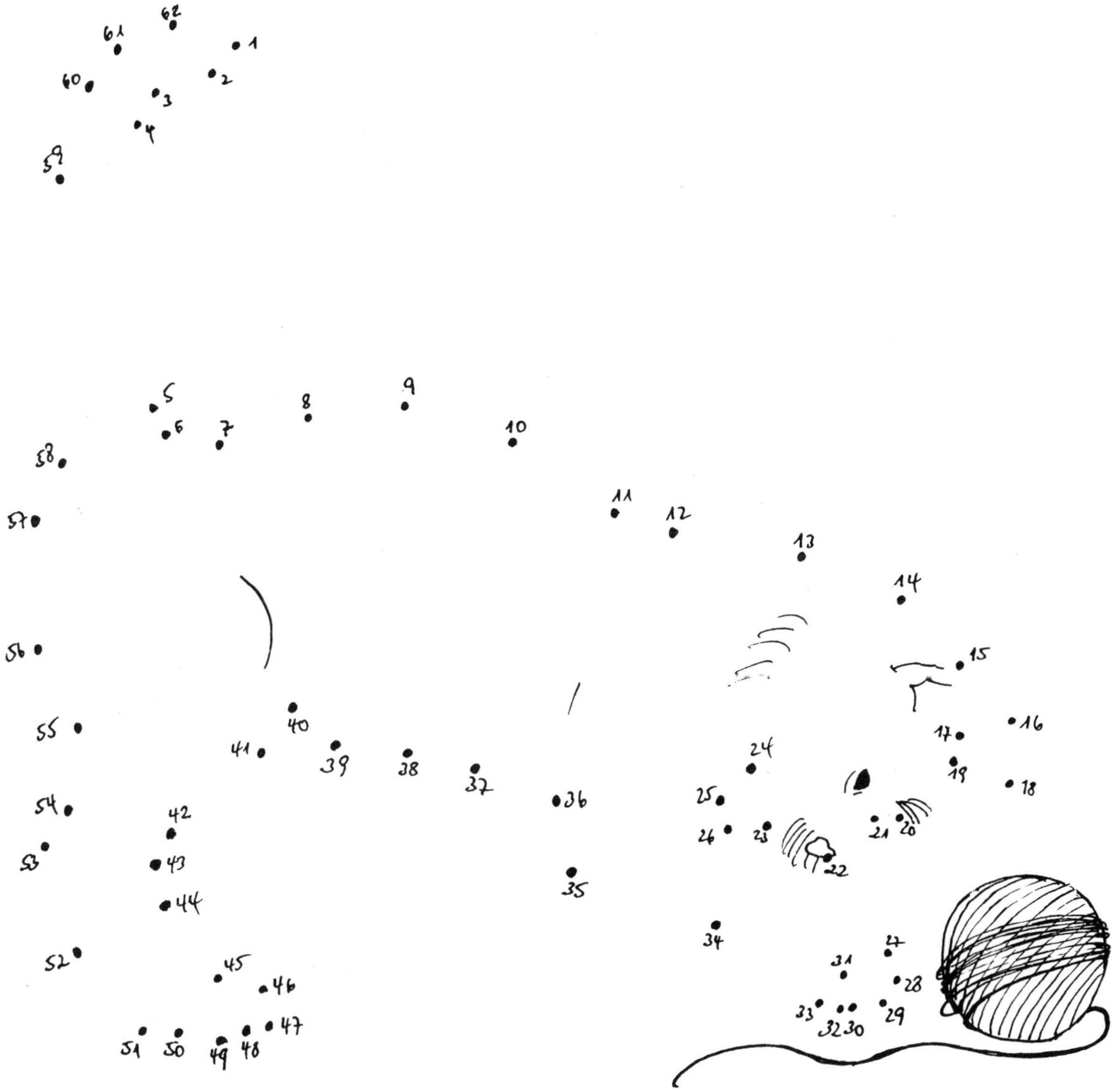

2. Trainingseinheit – Genau hinsehen

Ziel. Die Kinder werden über das Verstärkersystem informiert. Ferner steht die Einübung der Basisfertigkeit „genau hinschauen" im Mittelpunkt; dies üben die Kinder zunächst spielerisch im Nachahmungs- und Beobachtungsverhalten („Papageienspiel") und sodann in der visuellen Analyse von Bildvorlagen.
Material. Tauschverstärker, Bildvorlagen, Spiel „Blinde Kuh" (Ravensburger Spiele Nr.000-193-4).
Anforderung. Die eingesetzten Übungen verlangen genaues Hinschauen sowie die genaue Wiedergabe des Wahrgenommenen. Dies erfordert von den Kindern die Fähigkeit, sich für kürzere Zeit auf eine Situation zu konzentrieren. Ferner sollen die Kinder, die gerade nicht „dran sind", ruhig sitzen bleiben.

Kriterien für die Vergabe der Verstärker
Verstärker-Vergabe. Eine Klammer für exakte Nachahmung im Papageispiel sowie eine Klammer für die Wiedergabe der wesentlichen Merkmale des Bildausschnittes. Dabei wird die individuelle Leistungsfähigkeit des Kindes berücksichtigt. Gehemmte Kinder, die weniger nachahmen bzw. erzählen, bekommen trotzdem eine Klammer, so daß hier ein Shaping-Prozeß und verbale Ermutigung parallel stattfinden. *Verstärker-Wegnahme* erfolgt, wenn gegen die vereinbarte Verhaltensregel („Beim Papageispiel andere nicht stören") verstoßen wird (s. auch Kasten: Grobe Verhaltensverstöße, S. 100).

1. Einführung in das Verstärkersystem

Bevor wir anfangen, will ich euch erklären, wie unsere Spielregeln lauten. Jeder von euch bekommt zu Beginn jeder Sitzung fünf Klammern. (Der Trainer zeigt diese hoch.) Wer eine Aufgabe gut gemacht hat, bekommt eine Klammer dazu. Wer nicht richtig mitgemacht hat oder die anderen sogar stört, muß mir eine Klammer zurückgeben (Verstärker-Wegnahme). Wir haben eine Spielzeugkiste (Kramkiste). Wer 15 Klammern zusammen hat, darf sich aus dieser Spielzeugkiste etwas aussuchen!

2. Das Papagei-Spiel

T.: Kennt ihr das Papagei-Spiel?
K.: ...
T.: Ich will es einmal ganz genau erklären. Beim Papagei-Spiel geht es darum, daß wir das nachmachen sollen, was uns jemand vormacht. Wir sind dabei alle kleine Papageien: Derjenige von euch, der an der Reihe ist, muß alles tun, was ich tue. Ich bin jetzt ein Mensch, der einen Beruf ausübt; der erste Mitspieler auch. Die anderen Kinder (das andere Kind) sollen erraten, was wir sind. Wenn ich dieses Zeichen gebe (Unterarme kreuzen), dann ist das Spiel beendet. Dann kommt der nächste von euch dran (mimisch und gestisch werden jetzt Berufe wie Schneider, Schuster, Zeitungsverkäufer, Maler, Zahnarzt etc. dargestellt).

Der erste Mitspieler ahmt das Verhalten des Therapeuten nach, erhält dafür Verstärker (Tauschverstärker) und die zuschauenden Kinder erraten den jeweils dargestellten Beruf.

Bedeutung von „genau hinsehen".
T.: Beim Papagei-Spiel haben wir gesehen, wie wichtig es ist, ganz genau hinzuschauen. Was passiert, wenn man nicht genau hinschaut?
K.: ...
T.: Es ist auch bei anderen Dingen wichtig, ganz genau hinzuschauen.
K.: ..
T.: (Trainer sammelt die Beiträge der Kinder und strukturiert sie nach Bereichen: z. B. Schule, Freundschaft, Sport, Freizeit, Basteln).
T.: „Genau hinschauen" ist also überall ganz wichtig. Deshalb üben wir jetzt auch das „genau hinschauen" noch einmal.

Grobe Verhaltensverstöße

- während der Übungszeit aufstehen und umherlaufen
- die anderen Kinder bei der Arbeit stören (z. B. sie vehement unterbrechen, abträglich kritisieren, Materialien wegnehmen, Lösungen „vorsagen“)
- Materialien zerstören bzw. unbrauchbar machen (u. a. bemalen)
- Streitigkeiten mit anderen Kindern während der Therapiesitzung
- die Therapiesitzung stören (u. a. laut singen, heftig mit dem Stuhl schaukeln, mit Papierkugeln werfen)
- sich nicht an die Reihenfolge halten

3. Bildbeschreibung

Die Bildvorlagen sind durch schwarze Linien in vier Quadrate gegliedert. Der Trainer bittet das erste Kind „Beschreibe bitte genau, was du im Feld oben rechts siehst“, „Beschreibe jetzt bitte, was du im Feld rechts daneben siehst (zeigen)“, usw. Die Kinder bearbeiten reihum die Bilder. Wenn den Kindern diese Beschreibung gelingt, wird ein schwierigeres (größeres und detailreicheres) Bild vorgelegt, das in neun Felder aufgeteilt ist.

4. Spielerischer Ausklang – Spiel mit Aufmerksamkeitszentrierung

Spiel. Zauberkiste.

Spielbeschreibung. Den Kindern werden zwei Säckchen mit symbolisch-schematisierten Gegenständen (z. B. aus dem Spiel „Blinde-Kuh“, Ravensburger Spiele Nr.000-193-4) gegeben. Die Kinder ertasten beispielsweise mit der rechten Hand einen Gegenstand im ersten Säckchen. Diesen Gegenstand sollen sie dann im zweiten Säckchen mit der linken Hand einem möglichst ähnlichen Gegenstand zuordnen. Diese Ähnlichkeit kann sich aus der Bedeutungs- oder Strukturähnlichkeit (z. B. Umrisse) ergeben. Am Ende dieser Zuordnung nimmt das Kind beide Gegenstände (aus dem linken sowie aus dem rechten Säckchen heraus) und alle Kinder können jetzt die getroffene Zuordnung sehen. Die Lösung ist um so besser, je ähnlicher die zugeordneten Gegenstände einander sind.

Durchführung/Hinweise. Der Trainer führt dieses Spiel zunächst vor; es wird sodann von den Kindern reihum weitergespielt.

Der *Übergang zur 3. Trainingseinheit* kann erfolgen, wenn die Bildbeschreibungen (genau hinschauen) befriedigend gelingen; andernfalls wird dieser Therapieinhalt in der folgenden Sitzung nochmals geübt.

Der Anwender kann sich anhand dieser Vorlage mit einer Overhead-Folie leicht eine Vorlage anfertigen, die über die nachfolgenden Bilder gelegt werden kann und das Verhalten der Kinder (Analyse, Beschreibung) erleichtert.

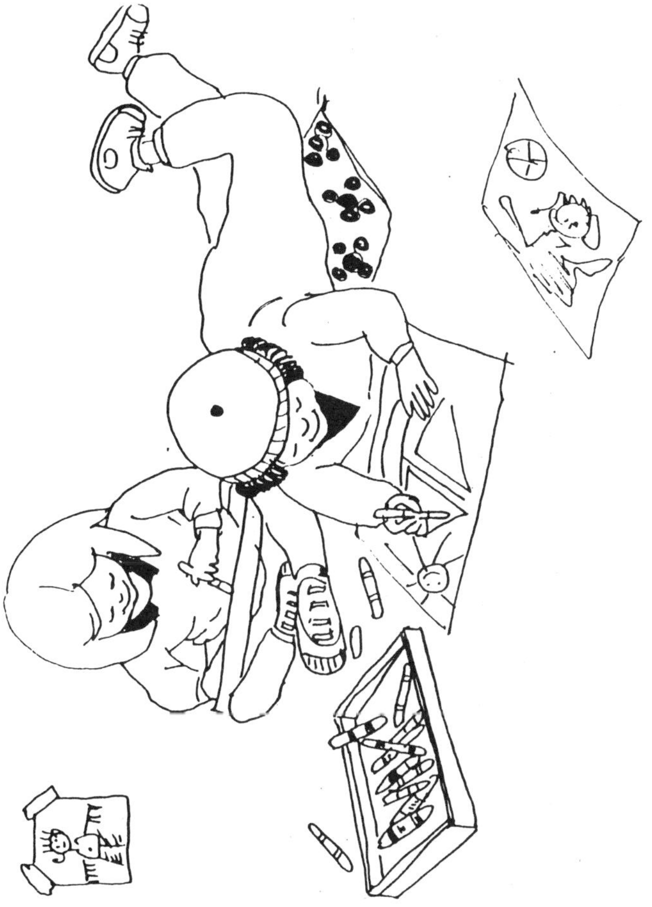

POST

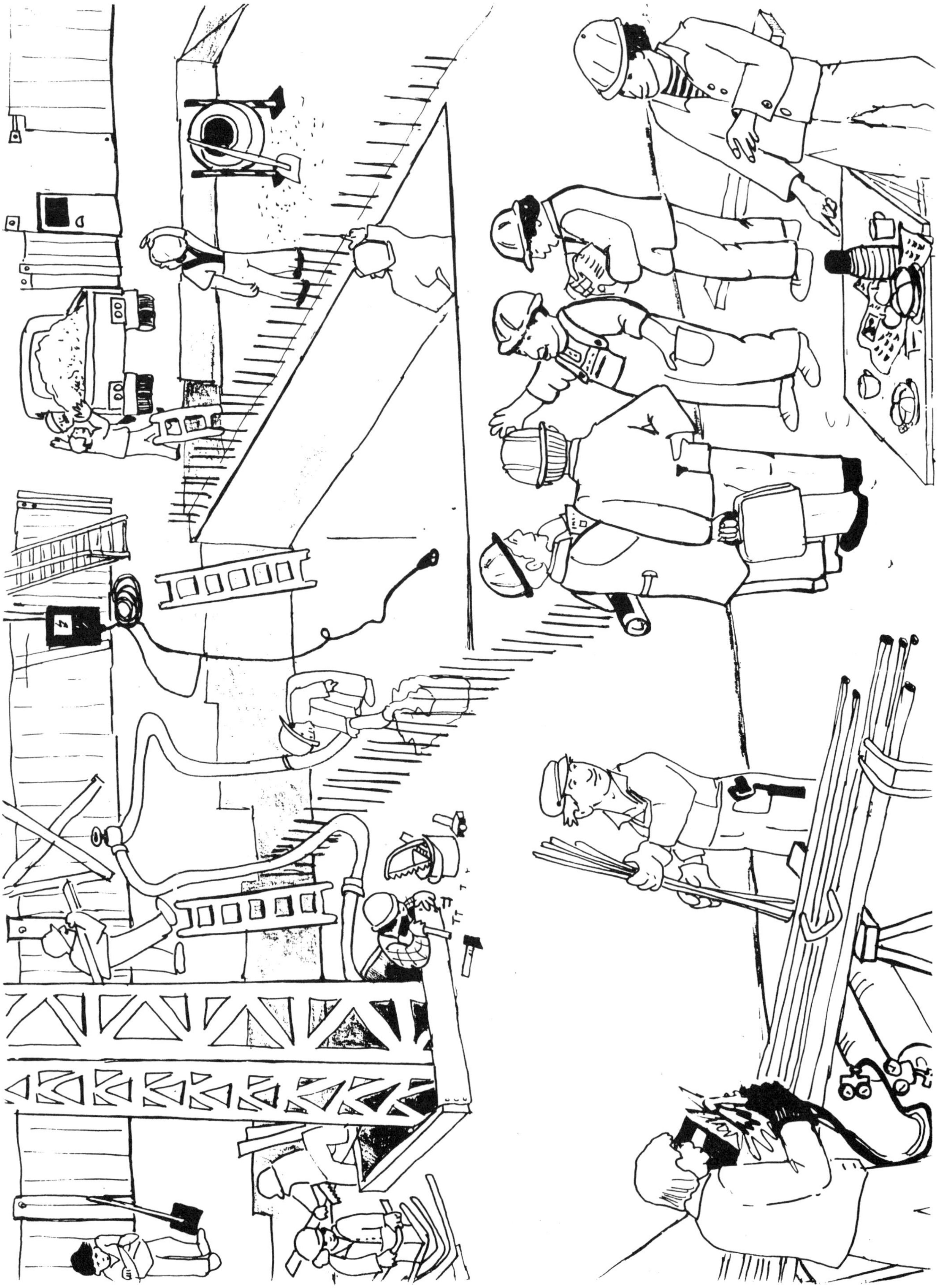

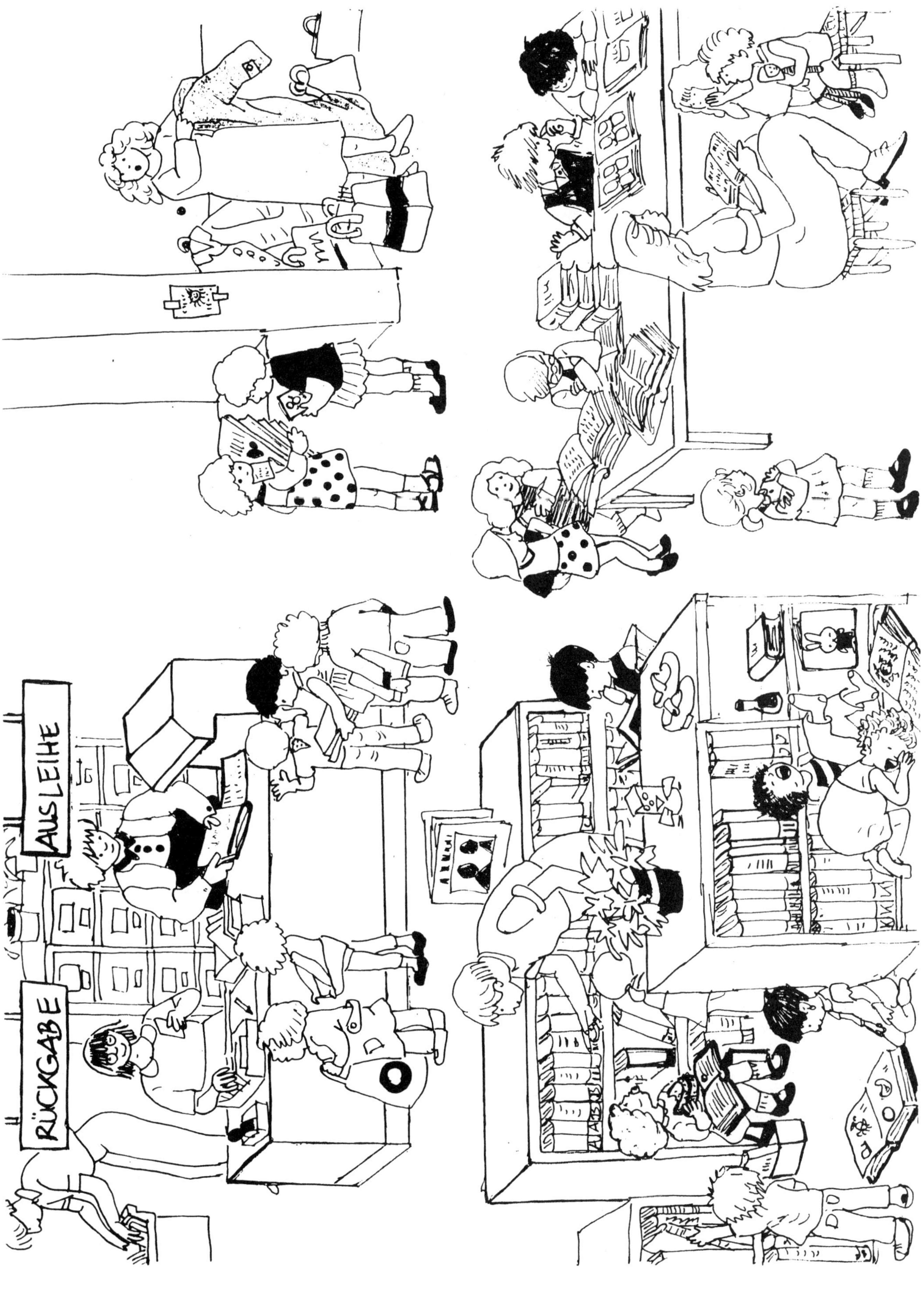
RÜCKGABE
AUSLEIHE

3. Trainingseinheit – Genau beschreiben

Ziel. Genaues Hinschauen und Beschreiben. Die Kinder sollen bei der Bildbeschreibung geordnet vorgehen und den Bildinhalt detailliert beschreiben.
Die bereits in der 2. Trainingseinheit vermittelten Basisfertigkeiten sollen vertieft und mit einer weiteren Anforderung (Beschreiben) verknüpft werden.
Material. Tauschverstärker, einfache (weniger detailreiche und in vier Quadrate eingeteilte Bilder) sowie komplexere Bilder (detailreichere in neun Quadrate eingeteilte Vorlagen).
Anforderung. Das Material verlangt ein geordnetes Vorgehen bei der Bildbeschreibung, wobei wesentliche von unwesentlichen Informationen zu unterscheiden sind. Das zugehörige Spiel „Rücken-Malen" verlangt auf spielerische Weise die Dekodierung von Informationen.
Kontingenzen. Eine Klammer für jeweils eine passende Beschreibung eines Bildquadrates. *Verstärker-Wegnahme:* Bei grobem Störverhalten und unsystematischer Bildbeschreibung (siehe Kasten „Grobe Verhaltensverstöße", S. 100).

1. Einleitende Erläuterungen

T.: Wir haben bei unserem letzten Treffen gelernt, daß es gut ist, wenn man genau hinschaut. Könnt ihr mir noch einmal sagen, was wir zuletzt gespielt haben?
K.: ...
T.: (Papageispiel, beschreibende Bildanalysen). Wie macht man das denn, genau hinschauen?
K.: ...
T.: (Erarbeitet mit den Kindern ihre bisherigen Erfahrungen, z. B. den Therapeuten beim Papageispiel anschauen, bei der Bildbeschreibung der Reihe nach vorgehen) ...

2. Modellierung

T.: (demonstriert folgende Herangehensweise): Ich schaue mir immer ein einzelnes Feld an. Ich fange links oben an. Beim genauen Hinschauen lasse ich meinen Blick über das ganze Bild gleiten. Dieses Bild ist in Felder eingeteilt. Wozu ist das denn gut?
K.: ...
T.: Es gibt einzelne Aufgabenfelder, so ist es leichter, alle Einzelheiten zu beachten.
K.: ....

3. Übungsphase der Kinder

Der Trainer gibt ein Bildblatt aus und bittet das Kind: „Beschreibe genau, was du auf dem Bild oben links siehst". Anschließend beschreibt das Kind das nächste Bildfeld usw. Im Verlaufe der Therapieeinheit werden die zunehmend komplexeren Bilder – insgesamt neun Quadrate – eingeführt. Jedes Kind beschreibt auf diese Weise zwei bis drei Bildvorlagen.

4. Spielerischer Ausklang

Spiel. „Rücken-Malen".
Spielbeschreibung. Ein Kind „malt" einem anderen mit dem Finger etwas auf den Rücken (z. B. eine Zahl, einen Buchstaben, einen stilisierten Gegenstand), was dieses Kind erraten soll. Dabei kommt es darauf an, daß das „rückenmalende" Kind möglichst präzise und nachvollziehbar malt.
Durchführung/Hinweise. Das Spiel wird reihum gespielt, auch der Therapeut beteiligt sich.

Der *Übergang zur vierten Trainingseinheit* kann erfolgen, wenn die visuelle Analyse der Bildvorlagen systematisch vorgenommen wurde und dies auch bei detailreichen Bildern gelingt.

Hinweis:

Um die Musterung/Scanningprozesse für das Kind zu erleichtern, können die Bilder auf den folgenden Vorlagen mit Hilfe einer Schablone in vier bzw. neun Rechteckte/Quadrate aufgeteilt werden.

Eine solche Schablone läßt sich leicht mit einer (Overhead-)Folie nach folgendem Muster erstellen:

Vorlage zur Anfertigung eines Rasters
für die Bildbeschreibung

GEISTERBAHN
AUSGANG
Lose

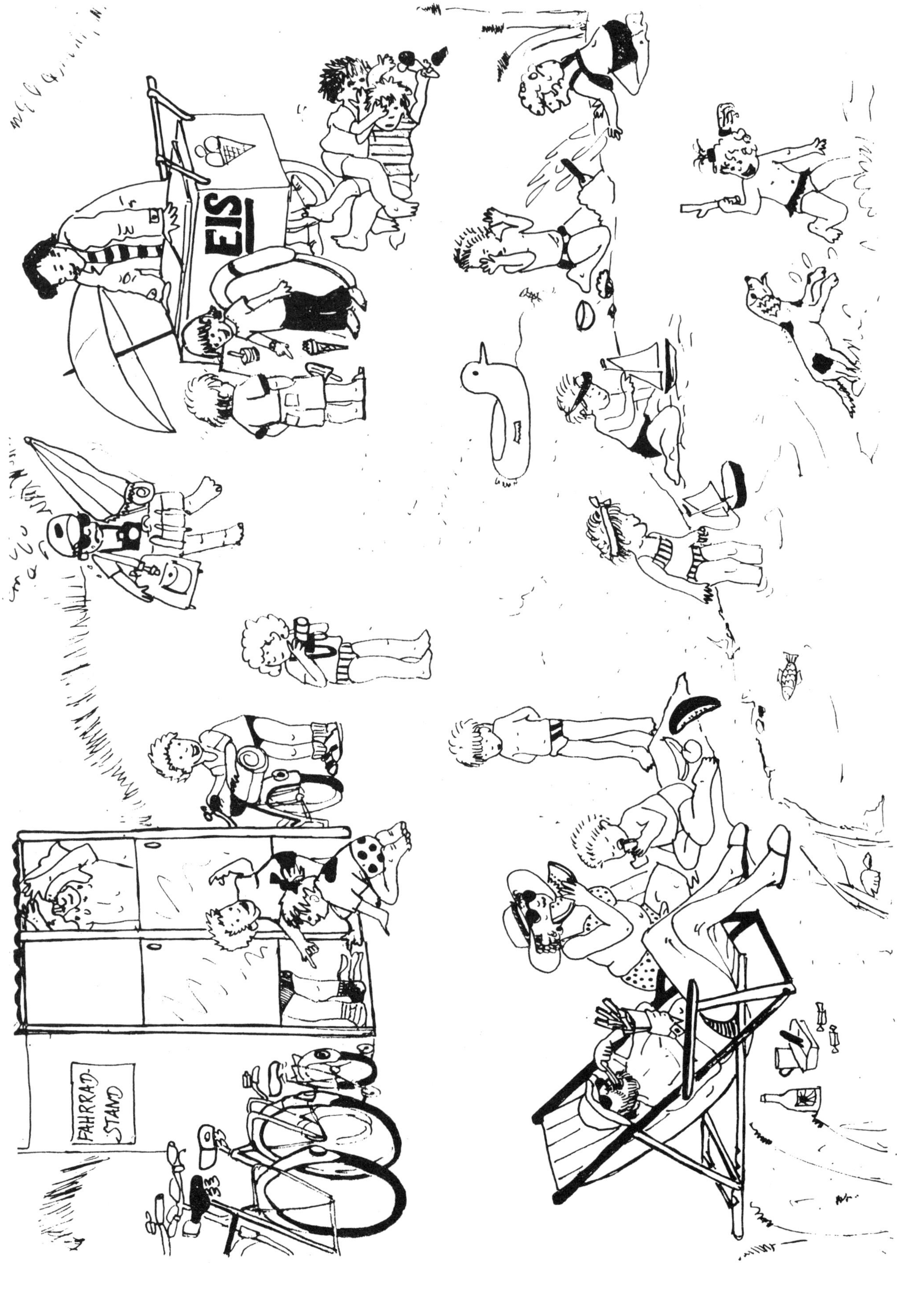
EIS
FAHRRAD-STAND

4. Trainingseinheit – Genau zuhören

Ziel. Genaues Zuhören. Die Kinder hören eine Geschichte, die sie in ihren wesentlichen Gedankengängen nacherzählen sollen. Sie sollen dabei lernen, komplexe akustische Information aufzunehmen und wiederzugeben.
Material. Tauschverstärker, zwei Geschichten – „Das Pferd Huppdiwupp", „Peter sammelt die Zeit".
Anforderung. Das Nacherzählen der Geschichten erfordert genaues Zuhören, d. h. die Aufnahme und Speicherung der wesentlichen Informationen sowie die Verarbeitung und Wiedergabe des Inhalts.

Das Ratespiel (spielerischer Ausklang) „Ich sehe was, was du nicht siehst" verlangt, daß die Kinder ihr Rateverhalten begrifflich kategorisieren und von einer übergeordneten Wissensorganisation aus gestalten. Ferner ist dabei die Verarbeitung bisheriger Rückmeldungen notwendig.
Kontingenzen. Eine Klammer wird dann vergeben, wenn wesentliche Merkmale der Geschichte richtig wiedergegeben werden (s. Unterstreichungen in den Geschichten). Hierbei wird die individuelle Leistungsfähigkeit des Kindes berücksichtigt. Gehemmte Kinder, die weniger erzählen, erhalten trotzdem eine Verstärkung (Shaping und verbale Ermunterung). *Verstärker-Wegnahme* erfolgt vor allem bei grobem Störverhalten (siehe Kasten „Grobe Verhaltensverstöße", S. 65).

1. Allgemeine einleitende Erläuterungen

T.: Um weniger Fehler zu machen, ist es wichtig, genau zuzuhören. Das soll heute geübt werden. Wie geht das, genau zuhören? Wann gelingt es, gut zuzuhören?
K.: ...
T.: (moderiert die Antworten der Kinder i.S. der nachfolgenden Strategie – siehe Modellierungsdialog)

2. Strategie: Genau zuhören und nacherzählen

T.: Ich erzähle euch einmal, wie ich es mache, wenn ich gut zuhöre. Vier Dinge sind wichtig:
1. Ich schiebe andere Gedanken aus meinem Kopf weg (Handbewegung quer zur Stirn) und schaue den Erzähler an.
2. Ich frage mich zuerst nach der Hauptidee der Geschichte. Wovon handelt sie? Was ist das Wichtigste?
3. Ich frage mich, in welcher Reihenfolge in der Geschichte etwas geschieht.
4. Ich achte darauf, was die Personen in der Geschichte fühlen und warum es ihnen so geht.

Wie geht das noch einmal, gut zuhören? Wer kann mir das noch einmal erklären?
K.: ...
T.: (Der Trainer arbeitet die Strategie „gut zuhören" mit den Kindern noch einmal mit deren eigenen Worten durch.)

3. Geschichten nacherzählen

Der Therapeut liest die nachstehenden Geschichten abschnittweise vor; jedes der Kinder erzählt reihum diesen Abschnitt nach. Beim Nacherzählen sollen die im Text unterstrichenen Schlüsselwörter berücksichtigt und in ihrem Kontext dargestellt werden.

4. Spielerischer Ausklang – Spiel zur begrifflichen Kategorisierung

Spiel. „Ich sehe was, was du nicht siehst".
Spielbeschreibung. Ein Kind denkt sich einen Gegenstand aus, den die anderen systematisch erraten sollen. Hierbei kommt es vor allem auf die begriffliche Einengung des zu erfragenden Gegenstandes an.
Durchführung/Hinweise. Die Kinder werden vom Trainer angeregt, systematisch vorzugehen – ggf. bereitet er die Fragen flüsternd mit den Kindern vor. Er verhindert, daß die Kinder spontan raten. Sie sollen die richtige Lösung vielmehr durch eine systematische Herangehensweise ableiten. Gegebenenfalls führt der Trainer dies zunächst selbst vor.

Der *Übergang zur 5. Trainingseinheit* kann erfolgen, wenn die Kinder die wichtigsten Inhalte einer Geschichte (siehe Checkliste) wiedergeben können. Andernfalls wird diese Sitzung mit anderen Texten bei ähnlichem Ablauf wiederholt.

Das Pferd Huppdiwupp (zitiert nach Hannover 1973; S. 28)

Es war einmal ein Pferd, das hieß Huppdiwupp und konnte ganz hoch springen. Es stand auf einer Wiese, aber da war gar nichts hoch genug zum Drüberspringen. Da sagte es zu einer Maus:

„Mach mal einen ganz großen Buckel, ich will über dich springen!" Und die Maus strengte sich an und machte einen ganz großen Buckel, und das Pferd Huppdiwupp sprang huppdiwupp drüber hinweg.

„Ach, du bist ja viel zu klein", sagte das Pferd.

Da sah es einen *Hund.*

„Mach mal einen *Buckel,* ich will über dich springen!" Und der Hund machte einen Buckel, und das Pferd sprang drüber hinweg. Aber auch der Hund war viel zu klein. Da sage das Pferd zu einem Kalb:

„Mach mal einen Buckel, ich will über dich springen!" Und das Kalb machte einen Buckel, und huppdiwupp sprang das Pferd Huppdiwupp drüber hinweg. Aber auch das Kalb war ihm noch zu klein. Da sagte es zu einer Kuh:

„Mach mal einen Buckel, ich will über dich springen!" Und die Kuh machte einen Buckel, und das Pferd sprang drüber hinweg.

„Das war schon besser", sagte Huppdiwupp, „aber ich kann noch *viel höher* springen."

PAUSE; Nacherzählen 1. Kind

Da sah das Pferd ein *Haus* stehen. Es war Großmutters Häuschen, und die Großmutter saß gerade bei Tisch und aß Kuchen mit Schlagsahne.

„Ich kann so hoch springen", sagte das Pferd, „ich will über *Großmutters Haus* hinwegspringen." Und es nahm einen Anlauf und sprang – huppdiwupp – los. Aber das *Haus* war doch *höher,* als Huppdiwupp springen konnte; das *Pferd verhedderte* sich mit den Beinen in der Fernsehantenne und – rumskadabums – *sauste es durch die Dachziegel* hindurch mitten ins Zimmer hinein, wo die Großmutter saß. Mit dem linken Vorderfuß landete es in der *Kakaotasse,* mit dem rechten im *Apfelkuchen,* mit dem linken Hinterfuß blieb es in der *Milchkanne* stecken, und mit dem rechten Hinterfuß platschte es mitten in die *Schlagsahne.*

„Nanu", sagte die Großmutter, „was sind denn das für Sitten?"

„Ja, ich wollte über dein Haus springen", sagte das Pferd, „und hab es nicht ganz geschafft."

„Soso", sagte die Großmutter, „dann wollen wir es noch einmal *gemeinsam versuchen;* aber vorher mußt du dich ein bißchen *stärken.*"

„Au fein", sagte das Pferd, „ich habe nämlich *heute noch gar nicht gefrühstückt.*"

Die Großmutter wischte dem Pferd Huppdiwupp die Schlagsahne vom rechten Hinterfuß, und dann *aßen sie gemeinsam,* was noch übrig war.

PAUSE; Nacherzählen 2. Kind

„Jetzt fühle ich mich aber stark", sagte das Pferd, als der Kuchen bis auf den letzten Krümel aufgegessen war.

„Ja, ich auch", sagte die Großmutter. „Jetzt wollen wir zusammen über das Haus springen."

Und dann stieg die Großmutter auf das Pferd und *ritt die Treppe hinunter.* Sie nahmen einen noch größeren Anlauf und – huppdiwupp – da sausten sie durch die Luft.

Aber – ich weiß nicht, vielleicht hatten sie doch zuviel Schlagsahne gegessen – das Pferd *schaffte es auch diesmal nicht* und blieb mit dem Bauch oben auf dem Schornstein hängen. Da hing nun das Pferd *auf dem Schornstein* von Großmutters Häuschen, und die Großmutter saß oben drauf. Zuerst fanden sie das beide ganz lustig, die Großmutter freute sich über die *schöne Aussicht,* und dem Pferd war es von dem Rauch *am Bauch schön warm.* Aber weil der Rauch nicht so richtig aus dem Schornstein herauskonnte, ging unten in Großmutters Häuschen der Ofen aus. Und dann wurde es ungemütlich. Zum Glück kam gerade der *Schornsteinfeger* vorbei. Er hatte eine *lange Leiter* angestellt, und darauf ist dann die *Großmutter heruntergeritten.*

Das Pferd wollte gleich noch einmal über das Haus springen. Aber die Großmutter sagte: „*Nein, danke,* jetzt ist der Ofen aus und der Kuchen alle und das *Dach kaputt,* mir reicht's für heute."

Nacherzählen 3. Kind

Peter sammelt die Zeit (zitiert nach Höfle 1973; S. 32)

„*Vati,* gehst du mit mir angeln?"

„Keine Zeit, Peter."

„*Mutti,* spielst du mit mir?"

„Keine Zeit, Peter."

„*Oma,* erzählst du mir eine Geschichte?"

„Keine Zeit, Peter, später.“
„Kein Mensch hat Zeit“, sagt Peter, „und dabei ist doch so viel Zeit da.“
Aber die Erwachsenen haben keine Zeit mehr.
„Ob ich auch keine Zeit mehr habe, wenn ich erwachsen bin?“
Peter überlegt lange. Er möchte gerne immer Zeit haben.
Ich werde mir Zeit sammeln und sie aufheben, bis ich groß bin. Ich werde überall in den Zeitungen und Büchern die Zeit ausschneiden und sie in diesen Schuhkarton legen. Wenn ich keine Zeit habe, hole ich mir Zeit aus meinem Schuhkarton. Ich möchte immer Zeit haben.“
Von da an *schnitt Peter alle Stunden und Minuten* aus, die er in der Zeitung las. Stand da zum Beispiel: „Drei Stunden Verspätung hatte der *Eilzug aus München*“, so schnitt er sich die drei Stunden aus.
Er sammelte auch Minuten. Die zwei Minuten, die gestern der *Präsident im Fernsehen* sprach, sammelte er genauso wie die *fünf Minuten, die jemand zu spät kam.* Seine Schachtel wurde voll von Stunden und Minuten. Oft nahm er seine Schachtel und legte seine gesammelte Zeit vor sich auf den Tisch. Er würde immer Zeit haben. Beruhigt packte er seine gesammelte Zeit wieder ein und *versteckte sie im Kleiderschrank.*

PAUSE; Nacherzählen 1. Kind

Manchmal zählte er seine Zeit zusammen. Erst waren es *80 Stunden und drei Minuten.* Zwei Wochen später zählte er schon *100 Stunden und 20 Minuten.* Im Herbst hatte er bereits *240 Stunden und acht Minuten.* Peter kam sich reich an Zeit vor. Er überlegte sogar, ob er nicht *Zeit verleihen oder gar verkaufen* könnte an Leute, die keine Zeit hatten.
Er fand, das sei eine gute Idee. Ein *Geschäft, in dem man Zeit kaufen konnte, gab es in der Stadt nicht.* Er packte seine Schachtel unter den Arm und ging.
Zuerst sah er eine *Frau mit zwei Kindern.* Sie zerrte ihre Kinder gerade von einem Spielzeugschaufenster weg.
„Kommt doch, ich habe keine Zeit!“ rief sie.
„Hallo, ich habe Zeit für sie“, *sprach Peter die Frau an.*
„Hier in meiner Schachtel ist viel Zeit. Wieviel brauchen sie?“
„Quatsch“, sagte die Frau, „Zeit in einer Schachtel. Du glaubst wohl noch an *Märchen*?“ Sie zog ihre Kinder mit sich fort.
Peter ging *enttäuscht* weiter. Er sah ein *Liebespaar* an einer Haustür. „Tut mir leid“, sagte der junge Mann gerade, „weine nicht, ich habe doch keine Zeit mehr.“
„Entschuldigung“, mischte sich Peter ein, „ich könnte ihnen *Zeit leihen.* Hier in meiner Schachtel ist sehr viel Zeit. Ich habe sie gesammelt. Wieviel Zeit wollen sie?“
„Drei Stunden“, sagte das Mädchen und lächelte Peter an.
„Hier, bitte schön.“ Peter legt ihr drei Stunden in die Hand. Glücklich ging er weg.
Das Liebespaar lachte. Sie *warfen die drei Stunden weg.* Sie flogen leicht davon. Der junge Mann ging eilig über die Straße.

PAUSE; Nacherzählen 2. Kind

Peter kam an einer *Autoreparaturstelle* vorbei. Da stand ein tolles rotes Sportauto.
„Was ist das für einer? Darf ich mal zuschauen?“ fragte Peter den Mechaniker.
„Ich habe keine Zeit“, murmelte der, „ich muß die *Reparatur fertig machen.*“
„Hier, *ich schenke Ihnen drei Minuten* Zeit. Ich sammle nämlich Zeit“, meinte Peter.
„Junge, hau ab, du spinnst ja. Zeit kann man nicht sammeln. Sammle lieber Autobilder.“
Peter ging weiter und dachte:
„Erwachsene sind merkwürdig. Das, was sie am nötigsten brauchen, wollen sie nicht.“
Er ging nach Hause.

Sein Vater arbeitete noch in seinem Büro. Er ging zu ihm.
„Peter, was ist denn? Ich habe *keine Zeit.* Das siehst du doch. Hier ist eine Mark. Kauf dir was dafür.“
„Ich will dir Zeit verkaufen oder auch schenken.“
„Was willst du?“
„Ja, schau, hier habe ich mir 240 Stunden und acht Minuten gesammelt. Ich könnte dir ein wenig Zeit verkaufen. *Für die Mark bekommst du zwei Stunden. Damit könnten wir doch angeln gehen.* Ich war schon in der Stadt und wollte den Leuten Zeit schenken oder verkaufen. Aber sie wollten sie nicht nehmen.“
Peters Vater schaute lange in die Schuhschachtel. Dann *nahm er zwei Stunden* heraus, *legte sie in seine Brieftasche* und sagte:
„Komm, Peter, *wir gehen angeln.* Hebe dir deine gesammelte Zeit gut auf. Vielleicht sammle ich mir auch welche.“

5. Trainingseinheit – Wahrgenommenes genau wiedergeben

Ziel. Wahrgenommenes genau wiedergeben. Die Kinder setzen die Bildbeschreibung eines Kindes zeichnerisch um, so daß einerseits das genaue Zuhören und die Dekodierung der akustischen Informationen und andererseits (bei der Bildbeschreibung) die genaue Beschreibung, die auch die Situation des Zeichnenden berücksichtigt, im Mittelpunkt stehen.

Das zugehörige Spiel greift in einer „Phantasiereise" ebenfalls die Aufnahme und Umsetzung verbaler Information auf.

Material. Tauschverstärker, einfache sowie komplexere Bilder, Zeichenblätter, Bleistifte.

Anforderung. Die Bildbeschreibung, die von einem anderen Kind zeichnerisch umgesetzt wird, erfordert eine präzise sprachliche Wiedergabe (u. a. räumliche Zuordnung der Bilddetails, Wiedergabe von Größenrelationen, Unterscheidung von Unwesentlichem und Wesentlichem) sowie ein geordnetes Vorgehen bei der Bildbeschreibung. Ferner muß der Erzählende sein Erzähltempo auf das Arbeiten der Zeichnenden abstimmen. Damit liegt für den Beschreibenden eine Aufgabe mit Mehrfachanforderung vor (Analyse des Bildes, sprachliche Umsetzung, Beobachtung und Berücksichtigung des Arbeitstempos der Zeichnenden).

Die Zeichnenden sind aufgefordert, die Beschreibung in passende Raum- und Größenrelationen umzusetzen. Dazu müssen sie genau zuhören sowie die gehörten Informationen (verbale Anleitung) genau übertragen.

Insgesamt wird in dieser Trainingseinheit die Integration des genauen Hinschauen mit der Basisfertigkeit „genau zuhören" (Inhalte der Trainingseinheiten 2 und 3) verlangt.

Kontingenzen. Eine Klammer für eine nachvollziehbare Beschreibung; eine Klammer für eine der Beschreibung angemessenen Zeichnung. *Verstärker-Wegnahme:* Wegnahme von deponierten Verstärkern bei Störverhalten (siehe Kasten „Grobes Störverhalten").

1. Einleitende Erläuterungen

T.: Wir haben bei unserem letzten Treffen gelernt, wie man gut zuhören kann. Wer erinnert sich noch?
K.: ...
T.: (Achtet darauf, daß die vier Schritte – störende Gedanken wegwischen und den Erzähler ansehen; sich die Hauptidee merken; Ablauf merken; Gefühle des Handelnden bestimmen – genannt werden.) Ich sehe, ihr seid bereits gute Zuhörer!
K.: ...
T.: Heute lernen wir, wie man genau hinschaut und wie man genau beschreibt. Wie macht man das, genau hinschauen?
K.: ...
T.: (moderiert die Aussagen der Kinder zugunsten der Aussage: Die Bildfelder genau anschauen; die Felder „lesen"). Heute wollen wir ein Bild so genau beschreiben, daß es die anderen Kinder nachzeichnen können, ohne das Bild selbst zu sehen.

2. Modellierung des Vorgehens

Der Therapeut oder ein kompetenteres Kind beschreiben zunächst ein Bild; sie geben Vorinformationen, die die zeichnerische Reproduktion erleichtern (Titel bzw. Inhalt des Bildes; räumliche Zuordnung der Bilddetails, die Bekanntgabe von Größenrelationen).

3. Übungsphase der Kinder

Instruktion: „Jetzt habe ich eine 2. Übung, die zum Teil sehr ähnlich wie das genaue Hinschauen geht. Ich erkläre sie euch und ihr hört genau zu: Ein Kind beschreibt jetzt ein Bild genauso wie wir das eben geübt haben. Die anderen Kinder sollen das Bild nach seiner Beschreibung malen, ohne aber das Bild selbst zu sehen."

Das Kind, das das Bild beschreibt, sitzt etwas abseits. Die anderen arbeiten am Tisch und zeichnen, was beschrieben wird. Jedes Kind kommt mit der Beschreibung einmal dran.

4. Spielerischer Ausklang – Verbale Informationen „ausmalen"

Spiel. Phantasiereise

Spielbeschreibung. Der Therapeut lädt die Kinder zu einer Phantasiereise ein; er bittet sie, die Augen zu schließen und sich zu entspannen (evtl. Stimmungsinduktion). Dann erzählt er eine phantastische Geschichte, die sie möglichst plastisch und erlebnisnah nachvollziehen sollen (z. B. die Reise zum Felsenvolk; tauchen und in einem Korallenriff Fische entdecken; einen Zoo besuchen etc.).

Durchführung/Hinweise. Der Therapeut wendet hier vergleichsweise suggestive Methoden an, die wiederkehrend auch nach bzw. vor den anderen Trainingseinheiten eingesetzt werden können.

Der *Übergang zur 6. Trainingseinheit* kann dann erfolgen, wenn die Kinder zumindest einfache Bildbeschreibungen zeichnerisch umsetzen können. Andernfalls wird diese Trainingseinheit mit ähnlichen Materialien wiederholt.

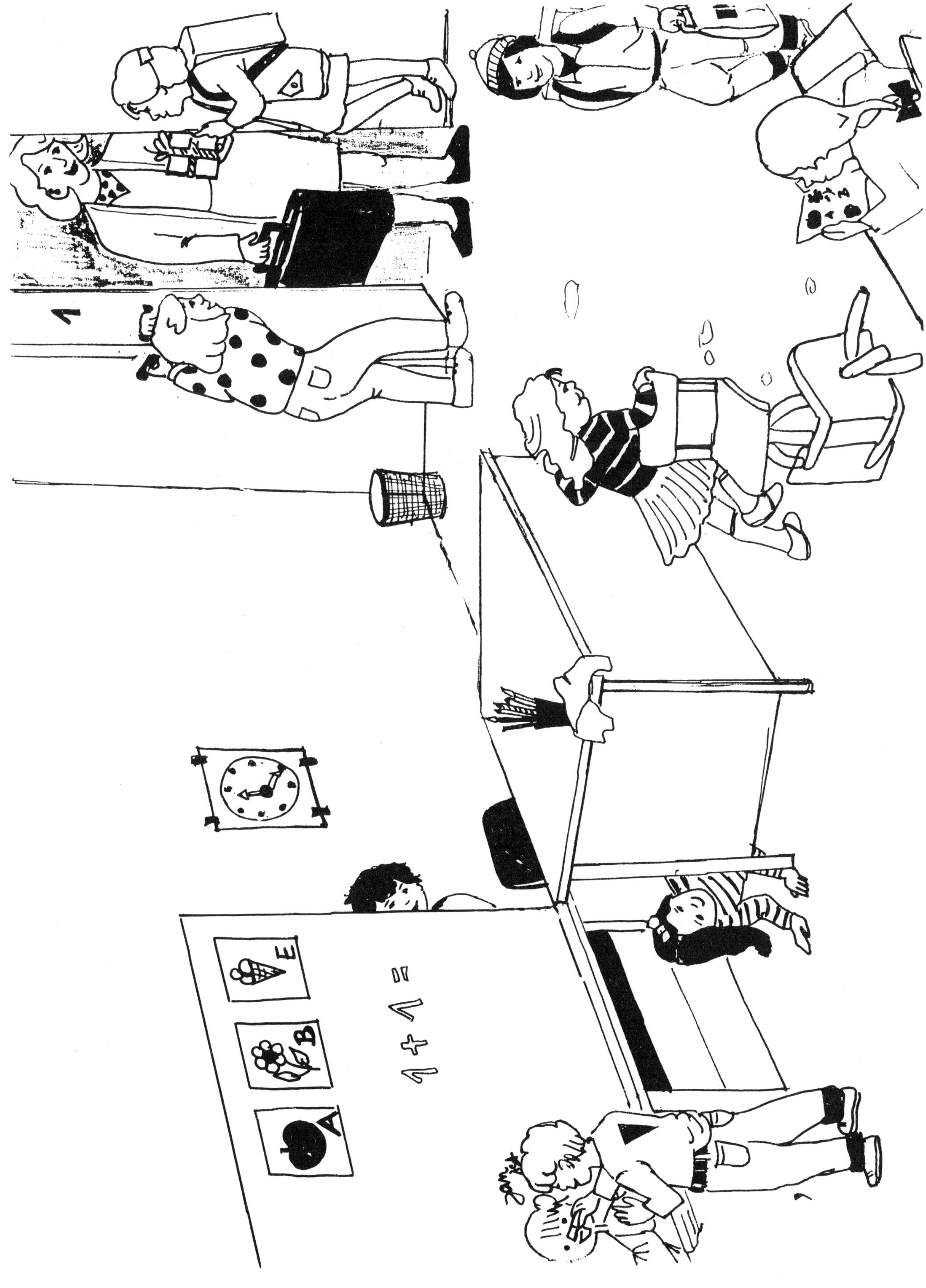

Schule

215
ELBE

6. Trainingseinheit – Reaktionsverzögerung

Ziel. Erlernen der Reaktionsverzögerung (Einführen der Stop-Signal-Karte). Die Kinder lernen, ihre Lösung verzögert und erst nach einer Überprüfung bekannt zu geben. Damit soll eine überlegte Aufgabenbearbeitung und das Überprüfen eigener Ergebnisse erlernt werden.

Der adäquate Einsatz der Stop-Signal-Karte wird operant verstärkt.

Auf einer anschaulichen (motorischen) Ebene wird das Ziel der Reaktionsverzögerung auch im spielerischen Ausklang verdeutlicht und gefestigt.

Material. Stop-Signal-Karte (farbig ausmalen!), Tauschverstärker, Codier-/Rechenaufgaben.

Anforderung. Die Aufgabenbearbeitung verlangt ein zweistufiges Vorgehen: a) die Kinder ordnen Codierungen in ein Aufgabenblatt ein und b) bearbeiten einfache Rechenaufgaben. Die Kinder verzögern die Mitteilung ihres Ergebnisses um etwa 15 Sekunden. Zwischen der Ergebniserarbeitung und seiner Bekanntgabe sollen sie nochmals überprüfen, ob ihr Vorgehen/Ergebnis richtig ist. Da die Aufgaben differenzierte Zuordnungsprozesse verlangen und deshalb leicht zu Fehlern führen können, erweist sich diese kontrollierte Aufgabenbearbeitung als nützlich.

Kontingenzen. Eine Klammer für die richtige Benutzung des Stop-Signals (Bekanntgabe der Lösung erst 15 Sekunden nach der Ergebniserarbeitung). Diese Verstärkungen werden unabhängig davon vergeben, ob das Ergebnis richtig ist. *Verstärker-Wegnahme:* Zum Entzug eines Verstärkers kommt es, wenn die Kinder vor Ablauf der 15 Sekunden antworten. Ferner erfolgt Verstärkerentzug bei Störverhalten (siehe Kasten „Grobe Verhaltensverstöße", S. 65).

1. Allgemeine einleitende Erläuterungen

T.: Ihr erinnert euch sicherlich noch an Philipp, den wir im Film gesehen haben. Welche Sorgen hat er gehabt?
K.: ...
T.: (Bestätigt:) Er wollte weniger Fehler machen und besser mit seinen Aufgaben zurecht kommen. Welche Ratschläge hatten wir ihm denn gegeben?
K.: ...
T.: (Bestätigt:) Üben und Stop zu sich zu sagen. Wir haben ja nun in den letzten drei Sitzungen geübt, wie man genau zuhört, wie man genau hinschaut und wie man genau beschreibt. Jetzt üben wir „Stop" zu sagen.

2. Einführung der Stop-Signal-Karte

Der Therapeut legt den Kindern die Stop-Signal-Karte vor; er spricht mit ihnen über die Figur („man kommt nicht an ihr vorbei") und erarbeitet die Bedeutung des Stop-Signals im Straßenverkehr. Die Kinder sollen letztendlich erkennen (Modellierungsdialog), daß dieses Schild „Stop – aufpassen"! bedeutet.

T.: Sicher habt ihr schon einmal ein ähliches Schild gesehen.
K.: ...
T.: Was bedeutet das Schild denn im Straßenverkehr?
K.: ...
T.: Man muß mit dem Fahrrad oder Auto stehen bleiben. Man muß also halt machen, weil man beispielsweise an einer Straßenkreuzung ganz besonders aufpassen muß.
Also bedeutet das Schild „Stop – aufpassen"!
Das gleiche bedeutet auch die Signalkarte, wenn wir hier arbeiten. Sie heißt „Stop – aufpassen"! Ich muß 15 Sekunden lang halt machen, wie ein Auto im Straßenverkehr. Worauf muß ich denn aufpassen, wenn ich „halt mache"?
K.: ...
T.: sammelt die Antworten und moderiert sie zugunsten folgender Ziele:
1. Stop-nachdenken!
2. Stop-überprüfen, ob man auf dem richtigen Weg ist, ob die Aufgabe richtig verstanden ist;

3. Stop – aufpassen, nicht auf den ersten Einfall vertrauen, lieber die Aufgabe noch einmal durchgehen; der Therapeut veranschaulicht diese Aussage gegebenenfalls auf einem Plakat, das im Therapieraum aufgehängt wird.
Was nützt es, wenn man sich selbst sagt „Stop – aufpassen“?

K.: ...

T.: Man bleibt mehr bei der Aufgabe, arbeitet überlegter und schaut nochmals genau hin. Folglich macht man weniger Fehler. Man ist zufriedener mit sich und kann stolz sein, weil einem weniger Fehler passieren. Erinnert ihr euch noch daran, wie man abstürzen, aber auch aufwärts kommen kann? (Abbildung 7 zeigen).

K.: ...

T.: (Kommentare der Kinder sammeln; einsichtsvolle Kommentare verbal und durch Lob verstärken).
Jetzt lernen wir, „Stop“ zu uns sagen. Ihr wißt, wenn dieses Signal (Signal-Karte zeigen) auftaucht, müßt ihr mit der Anwort warten. Ihr sollt die Antwort inzwischen nochmals überprüfen und nachdenken. Erst wenn die Karte wieder verschwunden ist, dürft ihr die Antwort sagen.

3. Anwendung des Stop-Signals

Der *Therapeut demonstriert* die Anwendung des Stop-Signals: Die erste Aufgabe wird von ihm modellhaft mit dem Stop-Signal (15 Sekunden nach der Lösungserarbeitung warten) und der offenen Verbalisation „Stop – aufpassen!“ bearbeitet.

4. Übungsphase der Kinder

Im weiteren Vorgehen *bearbeitet ein Kind* nun eine Aufgabe alleine. Der Therapeut beobachtet, wann das Kind etwa fertig ist und stellt dann die Stop-Signal-Karte auf. Nach ca. 15 Sekunden wird die Signal-Karte umgedreht und das Kind darf jetzt seine Lösung mitteilen. Es kann sein Ergebnis auch länger als diese 15 Sekunden für sich behalten und überprüfen. Auf keinen Fall darf das Kind die Lösung vor dem Umdrehen der Signal-Karte bekannt geben (Verstärker-Wegnahme – siehe oben: Kontingenzen).

Das Stop-Signal wird also wie folgt eingesetzt:

1. Das Kind bearbeitet die Aufgabe, sein Lösungsprozeß wird vom Therapeuten beobachtet;
2. der Therapeut stellt das Stop-Signal auf, sobald das Kind erkennbar zu einem Ergebnis gekommen ist;
3. das Kind wartet 15 Sekunden bis zur Mitteilung seiner Lösung.

Die anderen Kinder der Gruppe beobachten den Verlauf dieser Aufgabenbearbeitung.

5. Spielerischer Ausklang – Motorische Reaktionsverzögerung

Spiel. Eine Flaumfeder auf der Schulter durch den Raum tragen.

Spielbeschreibung. Eine Flaumfeder (Wattebausch) wird auf die rechte Schulter gelegt; sie soll möglichst weit durch den Raum getragen werden. Die Feder darf nicht mit der Hand festgehalten oder von einem anderen Spieler weggepustet werden. Alle Kinder der Gruppe versuchen dies gleichzeitig. Es kommt darauf an, die Feder möglichst weit zu tragen, also möglichst behutsam (reaktionsverzögert) zu gehen.

Durchführung/Hinweise. Wenn noch Zeit übrig ist, sollten weitere Bewegungsspiele mit Reaktionsverzögerung durchgeführt werden (sich im Zeitlupentempo bewegen; eine Spielzeugfigur sein, deren Uhrwerk abläuft und die sich deshalb immer langsamer bis zum Stillstand bewegt etc.).

Der *Übergang zur 7. Trainingseinheit* kann dann erfolgen, wenn die Reaktionsverzögerung gelingt.

STOP

■	▲	▼	●
4	3	2	1

1. ■ + ●
2. ▲ + ▼
3. ■ − ▼
4. ▼ + ■
5. ▲ − ▼
6. ● + ▼
7. ■ − ▲
8. ■ − ●
9. ▲ − ●
10. ■ + ● + ▼
11. ▲ + ▼ + ●
12. ■ − ▲ − ●
13. ▲ + ▼ − ■
14. ■ + ● − ▼
15. ● + ▲ + ▼
16. ● + ■ + ●
17. ■ + ▼ + ●
18. ▲ − ▼ − ●
19. ■ − ▼ − ▼
20. ■ − ▲ + ▼
21. ■ − ▼ + ●
22. ● + ■ − ▲
23. ● + ▼ + ▲ + ■
24. ▲ + ● + ▼ − ■

■	▲	▼	●
4	3	2	1

25. ■ + ● − ▲ + ▼
26. ● + ▲ + ▼ − ■
27. ■ + ▲ − ▼ + ● − ▼
28. ▲ − ▼ + ● − ▼ + ■
29. ● + ■ − ▲ + ▼ − ●
30. ■ − ▼ − ● + ▼ + ▼
31. ▲ − ▼ + ● − ▼ + ■
32. ● + ■ − ▲ + ▼ − ●
33. ■ − ▼ − ● + ▲ + ▼
34. ■ − ● × ▲ × ■
35. ● × ▼ × ▲ − ■
36. ▼ + ■ × ▼ − ▲
37. ▲ − ● × ■ − ▲
38. ▼ × ▲ + ■ − ●
39. ■ − ▲ + ● × ■
40. ■ × ■ − ▲ − ▼ − ●
41. ▲ × ■ − ● − ● + ▲
42. ● × ▲ × ▼ − ■ + ▲
43. ▲ − ● × ▼ × ■
44. ▼ × ■ − ● + ■
45. ■ : ▼ × ▲ − ● × ■
46. ▲ × ▼ + ■ : ▼ × ▲
47. ■ × ▼ + ■ − ● + ▲ − ●

48 ▲ − ● × ▼ − ▼ × ■

7. Trainingseinheit – selbständige Reaktionsverzögerung

Ziel. Selbständige Reaktionsverzögerung bei der Bearbeitung von Codier- und einfachen Rechenaufgaben. Mit der Auswahl dieser Aufgaben soll auch der Transfer auf Anforderungen im Unterricht angebahnt werden.
Material. Stop-Signal-Karte, Tauschverstärker, Codier- und Rechenaufgaben.
Anforderung. Die Aufgabenbearbeitung verlangt ein zweistufiges Vorgehen:
a) die Kinder ordnen Codierungen in ein Aufgabenblatt ein und
b) bearbeiten einfache Rechenaufgaben.

Dieser Bearbeitungsprozeß verlangt korrekte Zuordnungen und erfordert einfache Rechenkenntnisse.

Die Aufgaben werden reihum bearbeitet, die Vorgehensweise fördert folglich soziale Koordination sowie die Fähigkeit, warten zu können, bis man an der Reihe ist.

Das Moment der Reaktionsverzögerung wird im spielerischen Ausklang wiederum aufgenommen, indem motorische Verhaltensweisen in ihrem Vollzug unterbrochen werden sollen.
Kontingenzen. Eine Klammer für eine mit dem Stop-Signal richtig gelöste Teilaufgabe. *Verstärker-Wegnahme:* Bei Nichteinhalten der Reaktionsverzögerung sowie Störverhalten.

1. Einleitende, allgemeine Erläuterungen

Der Therapeut bespricht im Modellierungsdialog zunächst die Funktion des Stop-Signals (Wozu ist das Stop-Signal im Straßenverkehr gut? Was würde passieren, wenn man es nicht beachtet?) und erörtert dann mit den Kindern den Einsatz und Nutzen der Signal-Karte „Stop – aufpassen" für das eigene Handeln. Hierbei geht er vor allem um den Einsatz in der Schule, bei den Hausaufgaben, beim Basteln etc. ein.

2. Bearbeitung der Übungsaufgaben

Bearbeitungsform: Alle Kinder der Therapiegruppe erhalten das gleiche Aufgabenblatt, das sie jeweils reihum in folgender Weise bearbeiten: Ein Kind löst die erste Teilaufgabe. Dann ist das zweite Kind mit der nächsten Teilaufgabe an der Reihe. Auf diese Weise wird das Aufgabenblatt in mehreren Bearbeitungsrunden „abgearbeitet".
Reaktionsverzögerung: Die Kinder geben ihre Antwort erst nach Einsatz des Stop-Signals (15 Sekunden Reaktionsverzögerung) bekannt. Alle Aufgaben (außer der gerade bearbeiteten) werden gegebenenfalls vom Therapeuten abgedeckt.

Ist die bekanntgegebene Lösung falsch, fordert der Therapeut mit „Stop – aufpassen" (Signal-Karte) zu einer erneuten Aufgabenbearbeitung bzw. -überprüfung auf. Gegebenenfalls demonstriert der Therapeut den Einsatz dieser Signal-Karte erneut (Modelldemonstration).

Die Arbeitsgeschwindigkeit der Kinder kann unterschiedlich sein, so daß auch eine längere Wartezeit für die anderen Kinder entstehen kann.

3. Übungsphase der Kinder

Der Therapeut händigt jedem Kind das Arbeitsblatt aus und erläutert die o.g. Bearbeitungsstruktur. Er
- koordiniert den Bearbeitungsablauf;
- achtet darauf, daß die Kinder nicht „vorarbeiten" (Abdecken der nicht zu bearbeitenden Aufgaben) bzw. Lösungen nicht durch Zwischenrufe bekanntgeben;
- achtet auf den richtigen Einsatz des Stop-Signals und die entsprechende Reaktionsverzögerung (15 Sekunden);
- verstärkt den richtigen Einsatz der Stop-Signalkarte.

4. Spielerischer Ausklang – „Bewegungen einfrieren"

Spiel. Bewegungen einfrieren
Spielbeschreibung. Alle Kinder bewegen sich relativ gemessen im Raum (z. B. feierlich schreiten, verträumt gehen, wie ein großer Eisbär gehen, schwer tragen, langsam schlendern, Hochzeitszug etc.). Auf das Stop-Signal des Therapeuten (oder eines Kindes) hin, halten die Kinder in ihren Bewegungen inne und verharren regungslos etwa 15 Sekunden in dieser Position. Sie setzen die Bewegung beim Signal „weiter" bis zum nächsten Stop-Signal fort. Nach einer Weile wird ein anderer Bewegungsablauf gewählt und die Bewegungen wiederum mehrmals durch ein Stop-Signal „eingefroren".
Durchführung/Hinweise. Um keine unerwünschte Verhaltenseskalation zu erzeugen, sollen die Bewegungen der Kinder während des gesamten Spieles „gemessen" sein.

Der *Übergang zur 8. Trainingseinheit* erfolgt, wenn die Reaktionsverzögerungen selbständig eingeleitet werden.

●	▼	▲	■	▙	✖	▬	▜	╱
1	2	3	4	5	6	7	8	9

1. ▼ + ■
2. ▬ − ■
3. ▙ − ●
4. ✖ + ▼
5. ● + ▬
6. ▙ + ▲
7. ■ − ▼
8. ▲ + ✖
9. ▙ − ● + ■
10. ▬ + ▼ − ▙
11. ✖ + ■ − ▲
12. ▜ − ▙ + ■
13. ● + ✖ − ▙
14. ╱ − ▬ + ▲
15. ▼ + ▙ − ■
16. ▜ − ✖ + ●
17. ▙ − ▲ + ■
18. ● + ✖ − ▙
19. ▜ − ▬ + ▲
20. ■ + ▙ + ╱
21. ▲ − ▼ + ▜
22. ▬ − ▲ − ▙
23. ✖ + ▜ − ▲
24. ■ + ▲ − ● + ▲

●	▼	▲	■	▙	✖	▬	▜	⧸
1	2	3	4	5	6	7	8	9

25. ▬ − ■ − ▼ + ✖
26. ⧸ − ▬ + ▙ − ●
27. ▜ + ✖ − ▬ + ■
28. ● + ▜ − ■ + ● + ⧸
29. ✖ − ▙ + ■ + ▼ + ▼
30. ▼ + ▜ − ▬ + ✖ − ⧸
31. ■ − ▼ + ✖ − ▜ − ▲
32. ▜ − ■ + ▼ − ▲ + ✖
33. ▙ + ▬ + ▜ − ⧸ − ▙
34. ▲ − ▼ + ✖ + ▬ − ▜
35. ■ − ▼ + ▙ − ✖ + ● + ⧸
36. ■ + ▙ + ▬ − ▜ + ⧸
37. ▼ × ▬ − ▲ × ▲ − ▜
38. ● × ▜ × ⧸ − ▙ × ▲
39. ▬ − ▲ + ● × ▜ − ⧸
40. ▲ × ■ − ✖ + ▼ + ▬
41. ▜ − ▬ × ⧸ + ✖ − ●
42. ● + ■ − ▲ × ■ + ✖
43. ■ : ▼ × ▜ − ✖
44. ✖ − ● : ▲ + ▜
45. ▼ + ▲ + ■ : ⧸
46. ■ + ▙ − ✖ : ▲ × ▜
47. ▬ − ■ + ▙ × ▲ : ✖
48. ■ : ▼ − ● + ✖ × ▬

8. Trainingseinheit – differenzierte Reaktionsverzögerung

Ziel. Selbständig-differenzierte Reaktionsverzögerung. Die Kinder sollen die Stop-Signal-Karte einsetzen, um ihre Lösungen prozeßbezogen zu überprüfen. Auf diese Weise sollen metakognitive Prozesse, die die Lösungstätigkeit begleiten, angebahnt werden.
Material. Signal-Karte, Tauschverstärker, Codieraufgaben.
Anforderung. Die Codieraufgaben können nur in mehreren Arbeitsschritten gelöst werden. Die Kinder müssen zunächst eine Geheimschrift entschlüsseln (Symbole in Buchstaben übertragen) und dann das Lösungswort bestimmen. Diese Handlungsabfolge ist störanfällig und kann leicht zu Fehlern führen.
Die Kinder lösen diese Aufgaben; vor Bekanntgabe ihrer Lösung warten sie jedoch etwa 15 Sekunden und überprüfen, ob sie die Geheimschrift richtig entschlüsselt haben und ob ihre Lösung richtig ist.

Grundlegende Kenntnisse im Lesen müssen vorhanden sein.

Das zum Ausklang vorgeschlagene Spiel fördert ganzheitlich-harmonische Bewegungsabläufe; es setzt eine starke Konzentration und Einstimmung auf den Spielpartner voraus.
Kontingenzen. Für jede – unter Zuhilfenahme der Reaktionsverzögerung – richtig gelöste Aufgabe gibt es einen Tauschverstärker. *Verstärker-Wegnahme* erfolgt bei Nichteinhalten der Reaktionsverzögerung sowie wiederum bei Störverhalten.

1. Allgemeine, einleitende Erläuterungen

Der Trainer erörtert zunächst die Erfahrungen der Kinder mit der Reaktionsverzögerung. Er verstärkt ihre Transferbemühungen und stellt heraus, daß man die Reaktionsverzögerung zum Überprüfen nutzen kann. Dann erklärt er die Kontingenzen.

2. Bearbeitung der Übungsaufgaben

Alle Kinder erhalten das gleiche Arbeitsblatt; sie bearbeiten reihum jeweils eine Teilaufgabe und setzen dabei Reaktionsverzögerung ein. Die Kinder, die gerade nicht dran sind, beobachten den Lösungsprozeß des Kindes, das an der Reihe ist.

3. Übungsphase der Kinder

Die Kinder bearbeiten der Reihe nach jeweils etwa acht Aufgaben; sie sollen dabei die Reaktionsverzögerung selbständig einsetzen, so daß sie zunehmend auch ohne Signalkarte eine Reaktionsverzögerung von 15 Sekunden vor Bekanntgabe jeder einzelnen Lösung einhalten. Sie notieren ihr Ergebnis auf dem Arbeitsblatt.

4. Spielerischer Ausklang – gläserne Wand

Spiel. Gläserne Wand
Spielbeschreibung. Das Spiel hat Anklänge an die Pantomime oder einen langsamen Tanz. Zwei Spieler bewegen sich in langsamem Rhythmus und vollziehen dabei exakt die gleichen Bewegungen. Entscheidend ist, daß sie bei diesen Bewegungen stets einen gleichbleibenden Abstand von etwa 30 cm halten. Bewegt sich der eine Spieler also beispielsweise nach vorne, so vollzieht der andere Spieler diese Bewegung exakt nach – doch „rückwärts nachgebend“ und einen Abstand von etwa 30 cm einhaltend. Beide Spieler schauen sich an und versuchen Bewegungsabläufe gemeinsam zu entwickeln.
Durchführung/Hinweise. Der Therapeut führt das Spiel mit einem geschickteren Kind vor; er verweist darauf, daß ein gleichbleibender Abstand („Wie eine gläserne Wand“) eingehalten werden soll.

Die Bewegungen können zuerst auf Arme und Oberkörper begrenzt und sodann auf Bewegungen des ganzen Körpers erweitert werden: Am Anfang sollten kurze Spielsequenzen (etwa 1 Minute) gewählt werden; sie können allmählich verlängert werden.

Eine Unterstützung durch getragene und „meditative“ Musik ist empfehlenswert.

Spielpartner sollten nicht Kinder sein, die aktuelle Konflikte miteinander haben.

Der *Übergang zur 9. Trainingseinheit* erfolgt, wenn Reaktionsverzögerungen sowie Prüfprozesse selbständig eingesetzt werden.

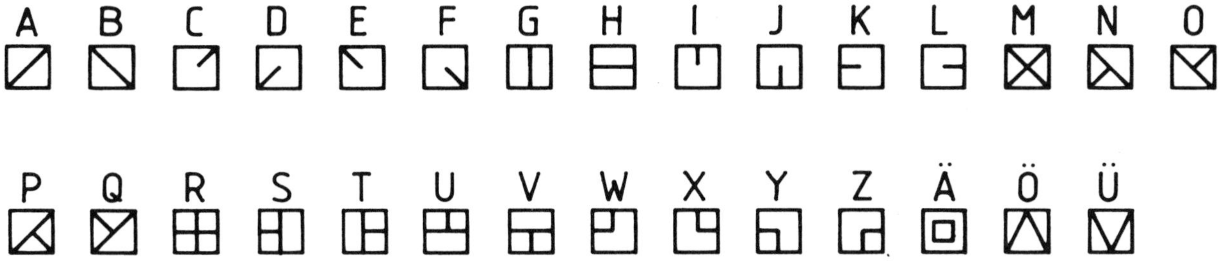

Das Wort heißt LAMPE!

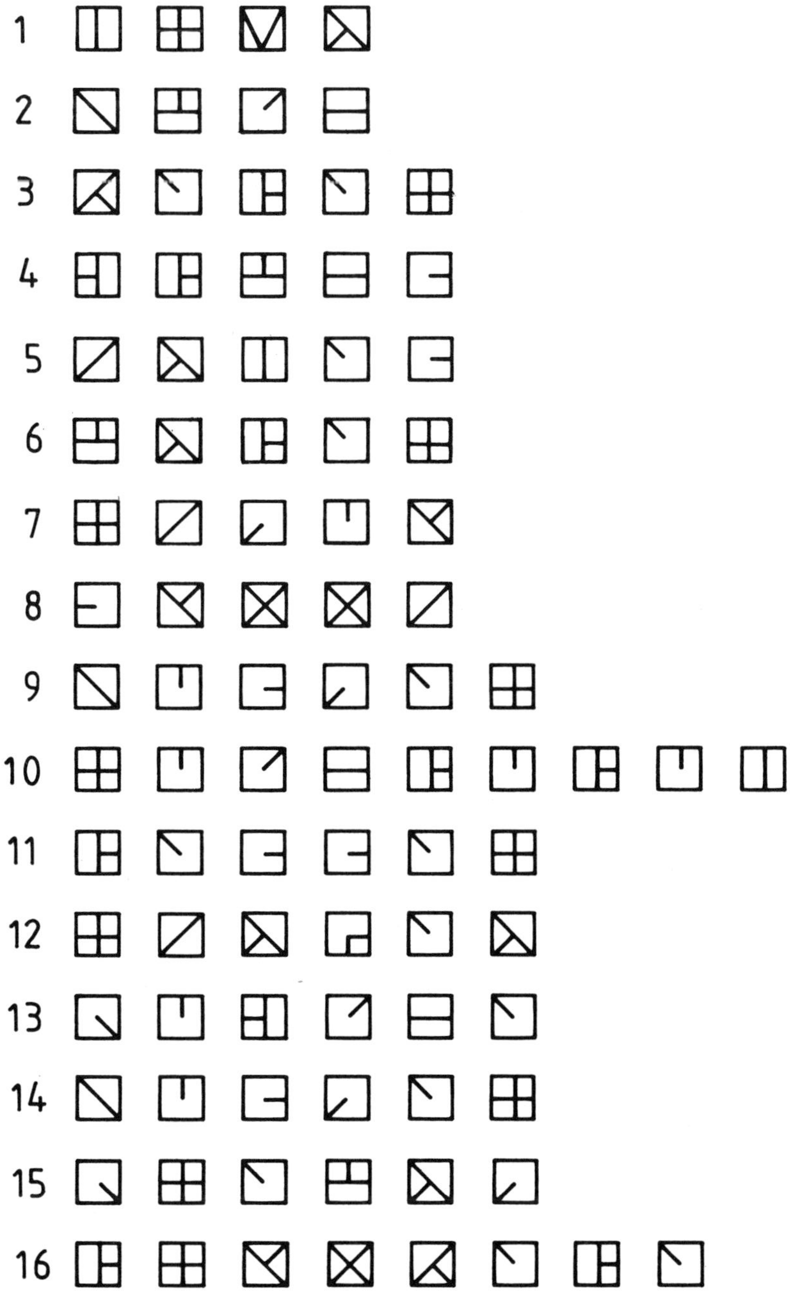

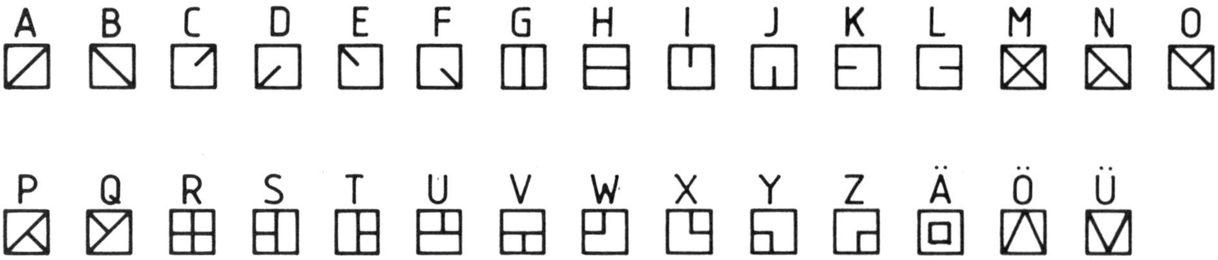
A B C D E F G H I J K L M N O
P Q R S T U V W X Y Z Ä Ö Ü

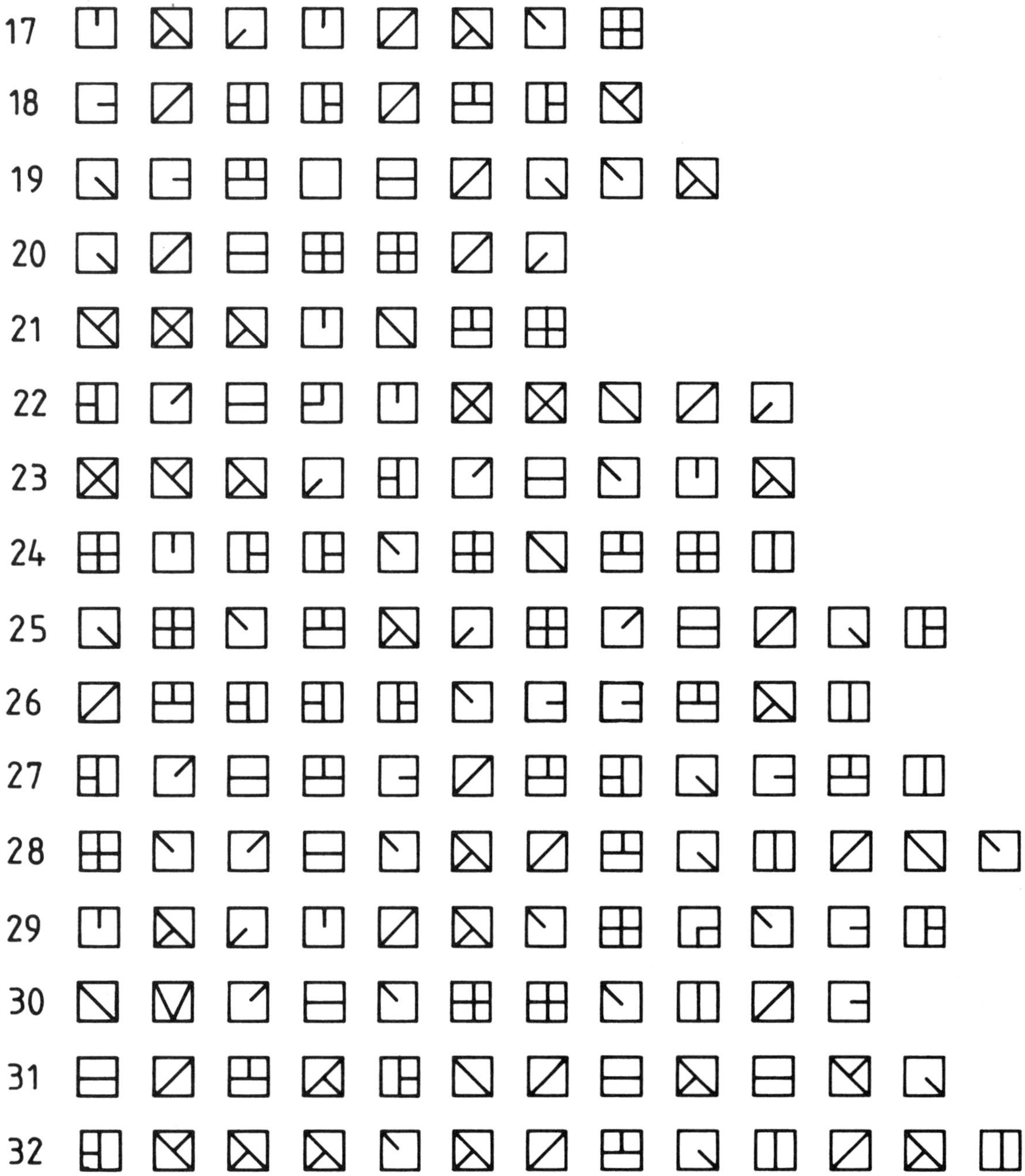
17
18
19
20
21
22
23
24
25
26
27
28
29
30
31
32

9. Trainingseinheit – Prüfprozesse

Ziel. Die Kinder sollen Prüfprozesse und Reaktionsverzögerung auf schulische Inhalte übertragen. Dabei soll die Signal-Karte allmählich durch Selbstanweisungen (verbale Handlungsregulation) abgelöst werden; d. h. die Kinder sollen die Stop-Signalkarte bei Prüfprozessen einsetzen und deren Aussage (Stop – aufpassen!) in eine Selbstanweisung überführen.
Dabei soll ein Transfer der Reaktionskontrolle angestrebt werden; die Kontroll- bzw. Prüfprozesse sollen dazu selbständig vorgenommen und verbal reguliert werden.
Material. Tauschverstärker, Stop-Signal-Karte, Texte zum Abschreiben.
Anforderung. Das Abschreiben erfordert genaues Hinsehen sowie adäquate Prüfprozesse. Hierzu sind elementare Rechtschreibkenntnisse Voraussetzung; jedoch können die Abschreibtexte auch bei geringeren Rechtschreibfertigkeiten eingesetzt werden. Das Kind ist dann allerdings vermehrt darauf angewiesen, einzelne Buchstaben zu übertragen.
Kontingenzen. Ein Tauschverstärker für einen fehlerfrei geschriebenen Satz, wenn das Stop-Signal eingesetzt wurde. Zuwendung und verbale Verstärkung für das Auffinden von Fehlern. Die *Verstärker-Wegnahme* entfällt ab dieser Therapieeinheit.

1. Einleitende Erläuterungen des Therapeuten

Der Therapeut bespricht mit den Kindern zunächst, welche Anforderungen in der letzten Trainingseinheit (Geheimschrift entschlüsseln) gestellt wurden. Er erklärt, daß es in der heutigen Sitzung um das Abschreiben von Texten geht. Im Modellierungsdialog wird herausgearbeitet, welche Gemeinsamkeiten zwischen diesen beiden Anforderungsbereichen bestehen (Zeichen übertragen, das eigene Vorgehen überprüfen).

Ferner wird noch einmal hervorgehoben, daß die Stop-Signalkarte mehrere Vorteile hat, wenn man sie beim Abschreiben von Texten einsetzt: Man wird daran erinnert, das eigene Vorgehen und die Zwischenergebnisse in recht kurzen Abständen zu überprüfen; man mustert die Schreibvorlage bewußter; man vergleicht das geschriebene Wort und die Wortvorlage genauer; man vermeidet so Fehler; man prägt sich das richtige Wort besser ein:

T.: Wozu ist das Stop-Signal denn besonders gut, wenn man einen Text abschreibt?
K.: ...
T.: (sammelt die Antworten der Kinder und verstärkt zutreffende Vorteile durch Lob und soziale Zuwendung) Man überprüft noch einmal, was man tut. Man erkennt einen Fehler und kann ihn verbessern.

Der Therapeut gibt ferner die *Kontingenzen* dieser Trainingseinheit bekannt.

2. Modelldemonstration

T.: „Es geht darum, einen Text zu lesen und abzuschreiben. Ich zeige euch einmal, wie ich das mache: Ich lese zuerst den Satz (Trainer liest den Satz), dann schreibe ich diesen Satz ab (Trainer schreibt diesen Satz langsam und bedacht). Stop – (hält sich selbst die Stop-Signal-Karte vor) – hier muß ich aufpassen! Ich vergleiche jedes Wort meines Satzes mit jedem Wort des gedruckten Textes. Ich deute dabei mit meinem Finger auf jedes Wort (im gedruckten Text) und vergleiche (Trainer überprüft auf diese Weise den geschriebenen Satz)".

Der Therapeut erörtert mit den Kindern die angestrebte *Bearbeitungssequenz* noch einmal:
- Satz lesen
- Satz abschreiben
- Stop-Signal: „Stop – Hier muß ich aufpassen!"
- Wort-für-Wort-Vergleich zwischen dem Geschriebenen und der Vorlage. Jedes Wort mit dem Finger „festhalten".

Der Nutzen dieses Vorgehens wird mit den Kindern besprochen (Modellierungsdialog).

3. Übungsphase der Kinder

Instruktion: „Jeder soll diesen Text einmal abschreiben. Dabei soll er sich genau an das halten, was ich vorher gezeigt habe. Vor allem aber sollt ihr das Stop-Signal einsetzen und laut „Stop – hier muß ich aufpassen!" zu euch selbst sagen, wenn es schwierig wird. Für jeden fehlerfrei geschriebenen Satz, bei dem ihr das Stop-Signal einsetzt und laut „Stop – hier muß ich aufpassen" sagt, gibt es eine Klammer (Verstärker)."

Jedes Kind schreibt dann den Text ab und benützt das Stop-Signal, wie dies eingeübt wurde.

Der Trainer achtet darauf, daß nach jedem Satz das Stop-Signal eingesetzt wird (Kriterium: selbständige Anwendung; laute Selbstinstruierung „Stop – hier muß ich aufpassen"; selbständige Überprüfung jeweils eines Satzes. Das Auffinden von Fehlern wird verbal gelobt.

4. Spielerischer Ausklang – Brettspiel mit Verschleierung der eigenen Handlungsabsichten

Spiel. Heimlich & Co (Ravensburger Spiele Nr. 011087).

Spielbeschreibung. Für Kinder ab 8 Jahre. Im Spiel werden getarnte „Agenten" durch Würfeln bewegt; der eigene Agent soll ins Ziel gebracht werden, ohne daß dabei erkannt wird (z. B. durch einseitige Bevorzugung), welcher Agent einem selbst gehört. Die Spielzüge werden dadurch variiert, daß in einzelnen Spielphasen Wertungen vergeben werden, die alle Agenten (Spielfiguren) nach vorne bewegen.

Das Spiel verlangt insofern Reaktionsverzögerung, als die eigenen Handlungsabsichten weitgehend verdeckt bleiben (sollen).

Spieldauer: etwa 15 bis 20 Minuten.

Durchführung/Hinweise. Das Spiel wird vom Therapeuten und allen Kindern gespielt; es sollten mindestens drei Spieler teilnehmen.

Für jüngere Kinder kann ein vergleichbares Spiel („Ausbrecher AG", Ravensburg Nr. 012596, Alter: 2 bis 6 Jahren) verwendet werden.

Der *Übergang zur nächsten Trainingseinheit* erfolgt, wenn die Stop-Signalkarte unter lauter Selbstinstruierung angewandt und weitgehende Fehlerfreiheit erreicht wurde. Andernfalls wird mit anderen Abschreibtexten geübt.

Die kleine Katze

Als Michael vom Sport nach Hause ging, lief ihm eine kleine, schwarze Katze nach. Michael nahm sie auf den Arm und trug sie nach Hause. Er gab ihr eine Schale Milch und sie trank gleich, denn sie war hungrig.

Nachts durfte die kleine Katze in seinem Zimmer schlafen. Sie spielte noch ein wenig mit einer Schnur, die von seinem Schreibtisch herunter hing. Dann rollte sie sich auf einer Decke zusammen und schlief ganz lieb.

Am nächsten Tag aber stand in der Zeitung: Junge, schwarze Katze entlaufen. Schade, Michael wußte, daß er die Katze wieder zurückgeben mußte. Aber, dachte er, vielleicht erlauben meine Eltern jetzt doch, daß ich eine Katze haben darf. Sie haben ja gesehen, daß ich gut für sie sorgen werde.

Winter

Endlich hat es geschneit. Martin und Peter haben sich ihre warmen Sachen angezogen und sind in den Schnee gelaufen. Sie haben ihren Schlitten dabei. Auf dem großen Feld treffen sie Claudia und Anne, die gerade einen Schneemann bauen. Sie helfen den beiden Mädchen und bauen gemeinsam einen riesengroßen Schneemann.

Der Schneemann bekommt eine lange Nase aus einer Möhre und schwarze Augen aus zwei Kohlenstücken. Dann läuft Claudia nach Hause um einen alten Hut von ihrem Vater zu holen, den setzen sie dem Schneemann auf.

Damit der Schneemann nicht so alleine ist bauen die Kinder noch viele andere Schneemänner, Schneefrauen und Schneekinder. Als es dunkel wird steht auf dem Feld eine große Versammlung von Schneemenschen.

Das Fest der kleinen Gespenster

Im Schloß ist es dunkel und still. Nur die Uhr im großen Saal tickt gleichmäßig und leise. Dann schlägt es Mitternacht, zwölf Glockenschläge, dumpfe Töne, unterbrechen die Stille und plötzlich wird es überall lebendig. Die kleinen Gespenster treffen sich heute, um zu feiern, zu tanzen und fröhlich zu sein.

Zuerst sieht man nur Schatten, die sich in Richtung zum Schloßsaal bewegen. Dann leises Tuscheln und manchmal Kettenrasseln und jetzt sieht man die kleinen Gespenster.

Sie kommen von überall her. Einige hüpfen, andere fliegen und wieder andere tanzen durch die Luft. Manche der kleinen Gespenster scheinen über den Boden zu schweben und andere huschen ganz flink umher. Sie sind fröhlich und ausgelassen. Sie rufen umher und freuen sich, daß sie sich wiedersehen.

Aus meinem Versteck hinter dem Vorhang kann ich das Gespensterfest beobachten, wenn ich ein wenig um die Ecke sehe. Was ich sehe ist schön und lustig. Am liebsten würde ich mit ihnen feiern, aber ich weiß, daß sie alle wieder verschwinden müssen, wenn ein Mensch zu ihrem Fest kommt.

In Gedanken woanders

Ein älterer Herr fährt jeden Tag mit dem Zug zur Arbeit in die Stadt. Auch heute besteigt er wieder den Zug. Er sucht sich einen Sitzplatz, nimmt Platz und hängt seinen Hut, seinen Mantel und seinen Regenschirm an den Haken. Während der Fahrt liest er in der Morgenzeitung, die er mitgebracht hat.

Bald – nach einigen Haltestellen – ist er am Ziel. Er nimmt Hut und Schirm, schaut durch das Fenster und sieht, daß draußen die Sonne scheint. „Ah, das ist gut, dann kann ich heute den Schirm zu Hause lassen", denkt er sich. Er hängt den Regenschirm also wieder an den dafür vorgesehenen Haken und steigt aus. Er freut sich über das schöne Wetter und eilt vergnügt davon.

Wann er wohl seinen Irrtum bemerken wird?

10. Trainingseinheit – verbale Handlungsregulation

Ziel. Die Kinder sollen eine verkürzte (flüsternde) Selbstinstruierung nutzen und sich dabei noch teilweise an der Stop-Signal-Karte orientieren. Dieses Vorgehen sollen sie bei schulisch relevantem Material (Diktat) anwenden.
Material. Stop-Signal-Karte, Tauschverstärker, Diktat-Texte.
Anforderung. Das Diktatschreiben ist eine Anforderung, die nur in mehreren aufeinanderfolgenden Schritten zu bewältigen ist (Aufnahme des Diktattextes; kurzzeitiges Speichern des Inhaltes, zeitlich-geordnetes Abrufen und Niederschreiben, Überprüfung des Niedergeschriebenen). Zudem handelt es sich um schulisch-relevantes Material, das eventuell auch mißerfolgsbesetzt ist und eine entsprechende „Problemdistanzierung" vom Kind verlangt. In diesem Gesamtablauf soll das Kind Reaktionsverzögerung (Stop-Signal) in verkürzt-ausgeblendeter Form praktizieren. Dabei muß eine zweifache Transferleistung erbracht werden: a) Verkürzung (Ikonisierung) des Stop-Signals; b) Übertragung dieser Regulationshilfe auf komplexere schulische Inhalte.

Um die Kenntnisanteile beim Diktat-Schreiben gering zu halten, ist das verwendete Diktat relativ leicht. Ferner werden die schwierigen Wörter auf Pappkarten an die Wand geheftet, so daß das Kind die richtige Schreibweise einzelner Wörter „abgucken" bzw. überprüfen kann.
Kontingenzen. Ein Tauschverstärker für das ausgeblendete (geflüsterte) Stop im Zusammenhang mit einem fehlerfrei geschriebenen Satz, Lob für das eigenständige Auffinden von Fehlern. Es erfolgt kein Verstärkerentzug (response cost) mehr.

1. Einleitende, allgemeine Erläuterungen

T.: Letztes Mal haben wir gelernt, das Stop-Signal selbständig einzusetzen und „Stop – Hier muß ich aufpassen!" zu uns zu sagen. Wir machen dann weniger Fehler und können zufriedener mit uns sein. Heute geht es wieder um das Stop-Signal. Wir wissen, daß es wichtig ist, dabei etwas zu sich zu sagen. Sicher habt ihr euch aber schon mal gedacht, daß man nicht überall laut zu sich sagen kann „Stop – hier muß ich aufpassen!" Was sollen wir aber dann tun? (Stimme allmählich absenken). Kann sich schon jemand denken, was wir tun könnten?
K.: ...
T.: Ja! Flüstern: Könnt ihr alle flüstern?
K.: ...
T.: Dann laßt uns einmal so leise wie kleine Mäuse flüstern! Ich spreche vor und ihr flüstert nach.
(z. B. „Dunkel war's, der Mond schien helle, als ein Auto blitzesschnelle, langsam um die Ecke fuhr. Drinnen saßen stehend Leute, schweigend ins Gespräch vertieft, als ein totgeschossner Hase auf der Wiese Schlittschuh lief.")
Der Therapeut spricht den Text satzweise vor und die Kinder flüstern ihn nach.
T.: Ihr seid gute Flüsterer! Ihr wißt, daß wir üben, wenn wir hier zusammenkommen. Wir üben,
K.: ...
T.: ...richtig! flüsternd zu uns zu sagen: „Stop – hier muß ich aufpassen!" Ich zeige euch einmal, wie das gehen soll.

2. Modelldemonstration

Der Therapeut modelliert (flüsternd) die folgende Sequenz: „Ich höre mir zuerst den Satz an; dann schreibe ich diesen Satz auf (Trainer schreibt langsam und bedacht). Stop – hier muß ich aufpassen! Ich vergleiche jedes Wort meines Satzes mit jedem Wort des gedruckten Textes (deutet parallel mit dem Finger auf jedes Wort des gedruckten Textes). Ich denke daran, daß ich eine Klammer bekomme, wenn ich das gut mache".

3. Übungsphase der Kinder

Der Therapeut diktiert einen dem Wissensstand der Kinder entsprechenden Text satz- bzw. halbsatzweise. Die Stop-Signal-Karte liegt auf dem Tisch und wird von den Kindern zur Kontrolle des geschriebenen Textes am Ende eines Satzes genutzt. Die schwierigen Wörter hängen – auf Karten geschrieben – gut sichtbar im Raum.

4. Spielerischer Ausklang – Sätze weiter sagen
Spiel. Sätze fortsetzen
Spielbeschreibung. Der Therapeut nennt einen Satz (z. B. „Im Zoo gibt es große Elefanten"), das nächste Kind greift das letzte Wort aus diesem Satz auf und bildet einen neuen Satz (z. B. Elefanten leben in Afrika), den wiederum das nächste Kind mit dem letzten Wort (Afrika) in entsprechender Weise ergänzt.
Der *Übergang zur nächsten Trainingseinheit* erfolgt, wenn die flüsternde Selbstinstruierung gelungen und der Text weitgehend fehlerfrei ist.

DIKTAT: **Wie ein Dieb sich selbst verriet** (zitiert nach Tolstoi 1971, S. 120)

Ein Dieb war nachts bei einem Kaufmann auf den Speicher geschlichen. Er raffte Pelze und Leinwand zusammen und wollte schon wieder hinuntersteigen, stolperte aber über eine Schnur und fiel mit Gepolter hin. Der Kaufmann hörte den Lärm und ging auf den Speicher. Als der Dieb jemanden kommen hörte, legte er die Sachen auf ihren Platz zurück und sah sich nach einer Stelle um, wo er sich verstecken konnte. Sein Blick fiel auf einen großen Ballen von Tabakblättern. Der Dieb wühlte den Ballen auseinander und bedeckte sich mit dem Tabak. Er hörte den Kaufmann ganz dicht an sich vorbeistapfen, aber der bemerkte nichts. Als dann der Kaufmann die Treppe hinuntersteigen wollte, dachte der Dieb: Jetzt werde ich alles zusammenraffen und durch das Fenster steigen. Doch da verspürte er plötzlich vom Tabak einen Kitzel in der Nase, der zum Niesen reizte. Er strengte sich an, aber er konnte das Niesen nicht unterdrücken. Der Kaufmann hörte, wie jemand „hatschi, hatschi" machte. Er kehrte zurück und nahm den Dieb fest.

DIKTAT: **Rheinfähre gesunken** (zitiert nach Schmidt 1973, S. 112)

Plötzlich ging ein Ruck durch das Schiff. Die Autos auf der Ladefläche wurden aufeinander geschoben. Bersten von Blech und Holz war zu hören. Dann legte sich die Rheinfähre auf die Seite und sank in wenigen Minuten. Das war um 21.20 Uhr.

Bereits um 21.33 Uhr ratterten die Fernschreiber der Nachrichtenagenturen. Reporter rufen dreimal täglich bei Polizei, Feuerwehr und anderen Dienststellen an, um zu hören, was anliegt. Am nächsten Morgen sind die Titelseiten der Tageszeitungen gefüllt mit fetten Meldungen des Unglücks. Die Bildzeitung verwendet für die Überschrift acht Zentimeter hohe Buchstaben: „Margitta versank vor den Augen ihrer Mutter". Die seriöse „Frankfurter Allgemeine Zeitung" hält sich weitgehend an den Text der Nachrichten-Agentur. Auf der ersten Seite erscheint eine kurze Meldung: „Rheinfähre nach Kollision mit Frachter gesunken". Auch in Osnabrück macht das Unglück Schlagzeilen, denn hier hat der verantwortliche Redakteur herausgefunden, daß der Kapitän der Fähre Osnabrücker war. Illustrierte drucken Wochen später ausführliche Bildberichte. Das Fachblatt der Deutschen Binnenschiffahrt nimmt das Unglück zum Anlaß für die Frage: „Sind Fähren auf dem Rhein noch zeitgemäß?" Der Redakteur stellt fest, daß die Verkehrsdichte auf dem Rhein so zugenommen hat, daß die kreuzenden Fähren zu einer akuten Gefahr für den Frachtverkehr und damit für die gesamte Volkswirtschaft geworden sind.

DIKTAT: **Sind die Bremsen in Ordnung?** (zitiert nach Plickat 1980)

Jeder Autofahrer weiß, daß er durch unvorhergesehene Ereignisse gezwungen werden kann, ganz plötzlich zu bremsen. Wie kommt es nun, daß es dem einen Fahrer schneller gelingt, dasselbe Fahrzeug zum Stehen zu bringen, als einem anderen?

Um dieses Problem zu lösen, müssen wir uns mit zwei Größen vertraut machen, mit denen sich die Zeit und der Weg zwischen dem Erkennen eines Hindernisses und dem Stillstand des Autos ausrechnen lassen.

Die erste Größe heißt Reaktionszeit. Sie umfaßt rund eine Sekunde, kann aber auch länger sein, wenn ein Fahrer alt ist, nachlässig fährt oder gar verbotenerweise alkoholische Getränke getrunken hat. Die zweite Größe ergibt sich aus der Intensität der Bremsung. Bei richtig eingestellten Bremsen und guter trockener Straße sollte die Bremswirkung etwa 70 % betragen. Auf das Verhältnis der beiden Größen wird später noch eingegangen.

11. Trainingseinheit – verinnerlichte Reaktionsverzögerung

Ziel. Die Kinder sollen die Signalkarte bzw. Stop-Instruktion als verinnerlichtes Signal nutzen. Sie sollen also allein aufgrund einer ikonisierten Vorstellung (vorgestellte Signalkarte) und der verbalen Selbstanweisung ihre Reaktion verzögern und zu einer kontrollierten Aufgabenbearbeitung gelangen, wobei die Reaktionsverzögerung nicht nur zur Überprüfung der Lösungsergebnisse, sondern auch gegebenenfalls zum Korrigieren des eigenen Vorgehens eingesetzt wird.
Material. Bautürme (Anzahl der Würfel – Lösung: 9, 11, 12, 15, 16, 18,16, 24, 28, 26, 29, 37)
Anforderung. Die Aufgabenlösung besteht darin, die Anzahl der Würfel zu ermitteln. Dies verlangt ein differenziertes und systematisches Vorgehen, wobei die Lösung nicht mehr direkt (z. B. durch Abzählen), sondern nur durch eine quasi strategische Veranschaulichung gefunden werden kann.

Diese elfte Trainingseinheit stellt gleichzeitig den *Übergang zum Strategietraining* dar. Dies kommt auch in den hier verwendeten Materialien zum Ausdruck, die bereits ein weitgehend strategisches Vorgehen erfordern.
Kontingenzen. Ein Tauschverstärker für die richtige Lösung, die unter offensichtlicher Reaktionsverzögerung zustande kommt. Es erfolgt kein Verstärkerentzug mehr.

1. Einleitende Erläuterung

Der Therapeut verweist darauf, daß die letzte Sitzung des Basistrainings ansteht. Er bespricht mit den Kindern, daß sie sich die Stop-Anweisung nun nicht mehr flüsternd, sondern im „Kopf" geben sollen: „Wenn es schwierig wird, sollt ihr also möglichst intensiv ‚Stop – aufpassen' denken".

Hierzu erarbeitet der Therapeut mit den Kindern, wie man deutlich und greifbar „denkt".

T.: Wißt ihr wie man möglichst „intensiv denkt"?
K.: ...
T.: (sammelt die Antworten der Kinder). Klar, ihr könnt an die Signal-Karte denken, an den Wikinger, an das Straßenschild und seine Farben. Dann wird sehr deutlich, was mit der Stop-Anweisung gemeint ist. Was könnt ihr noch tun, um die Stop-Anweisung deutlich werden zu lassen?
K.: ...
T.: Ja klar, ihr könnt an die Stimme denken, die sagt, „Stop – hier muß ich aufpassen!". Ihr könnt euch an den Ton der Stimme erinnern, die „Stop – aufpassen" sagt. Könnt ihr das?
K.: ...
T.: Nun habe ich noch eine Frage. Bisher haben wir das Stop-Signal häufig nach einem Satz oder der Bekanntgabe einer Lösung gebraucht. Wann sollen wir bei diesen Aufgaben „Stop – aufpassen" denken?
K.: ...
T.: (sammelt die Antworten der Kinder; moderiert sie zugunsten eines individuell problembezogenen Einsatzes des „Stop – Denkens"). „Ja, wenn wir irgendwie aus dem Gleis kommen, wenn es nicht recht vorangeht und leicht Fehler passieren, dann denken wir „Stop – hier muß ich aufpassen!".

2. Übungsphase der Kinder

Der Therapeut stellt die Aufgabe und läßt die Kinder üben. Er beobachtet, ob und wie die Kinder die Selbstanweisung „Stop – denken" eingesetzt haben.

3. Besprechen des Stop – Denkens

Der Therapeut berichtet seine Beobachtungen und fragt nach den Erfahrungen des „Stop – Denkens". Er verstärkt verbal den richtigen Einsatz des „Stop – Denkens".

4. Spielerischer Ausklang

Spiel. Mensch-ärgere-Dich-nicht

Der Therapeut vereinbart am Ende dieser 11. Trainingseinheit den „spielerischen Ausklang" für die 12. Trainingseinheit (Abschluß des Basistrainings).

Der *Übergang zur 12. Trainingseinheit* erfolgt, wenn die Reaktionsverzögerung völlig selbständig und ohne Unterstützung durch die Signalkarten gelingt.

1

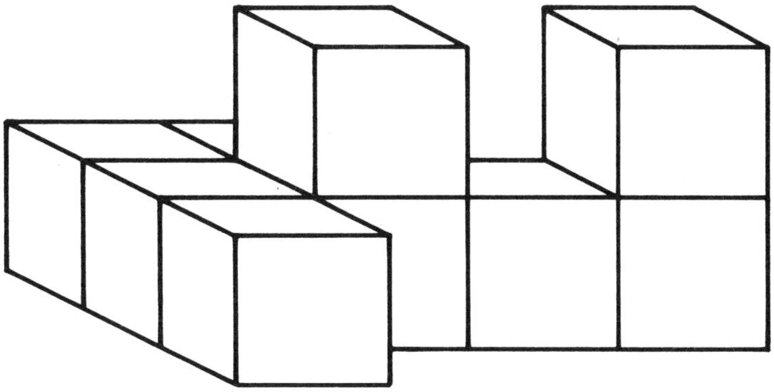

2

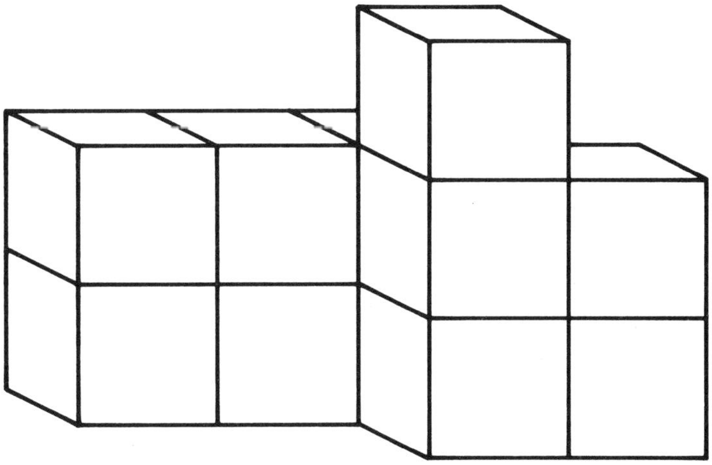

3

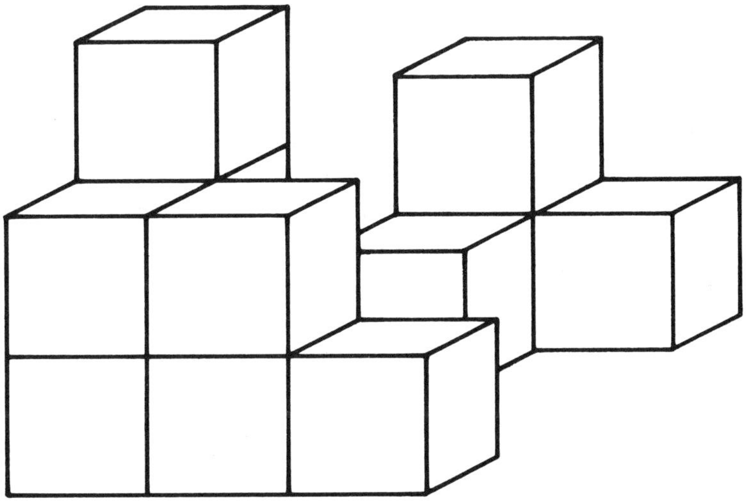

4

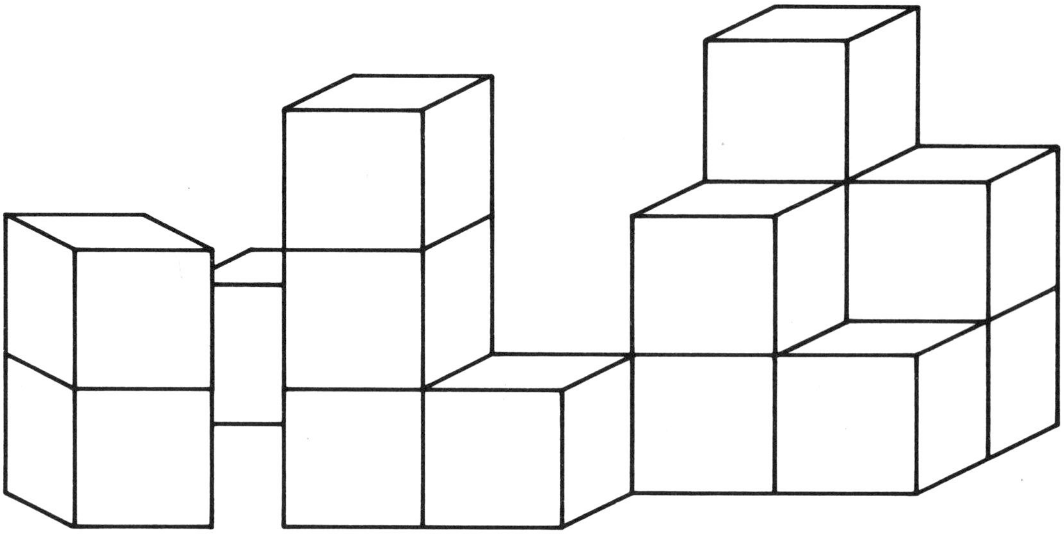

5

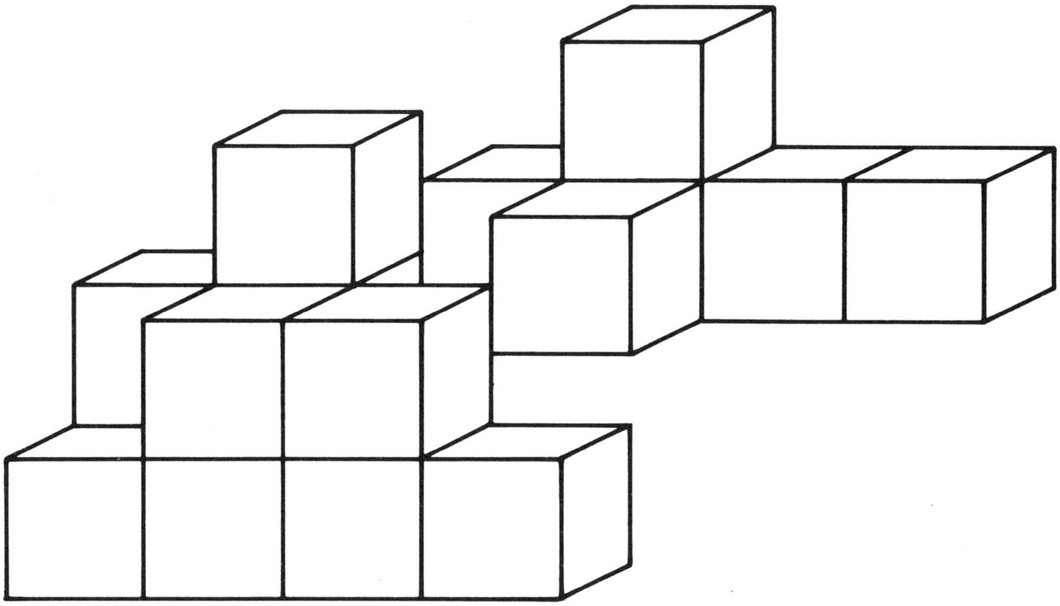

6

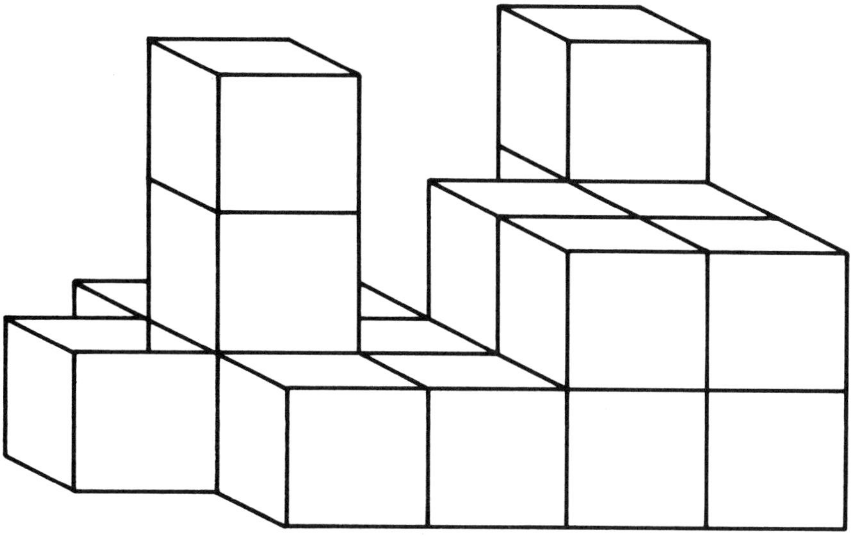

7

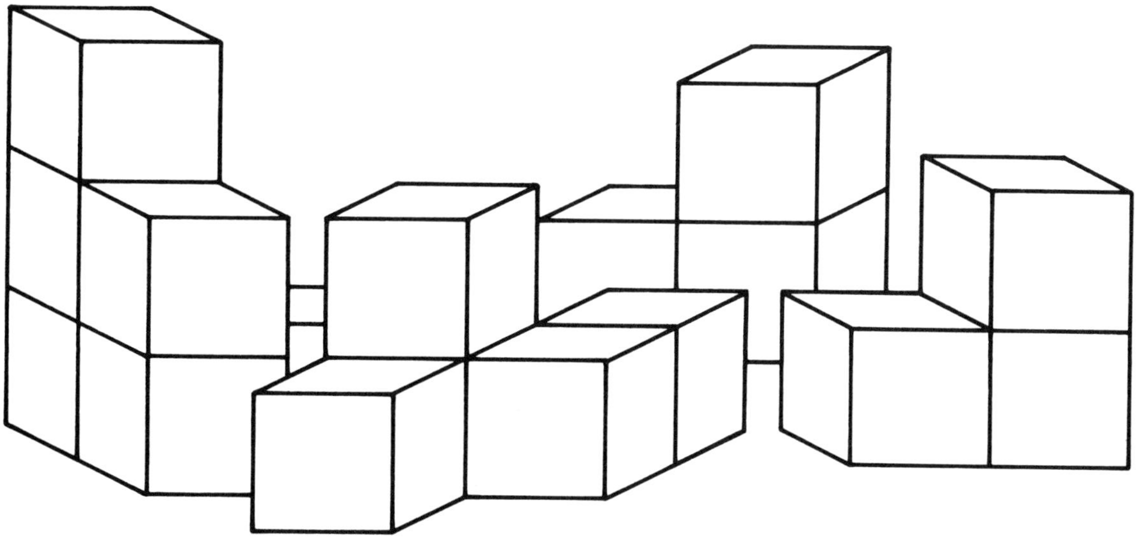

8

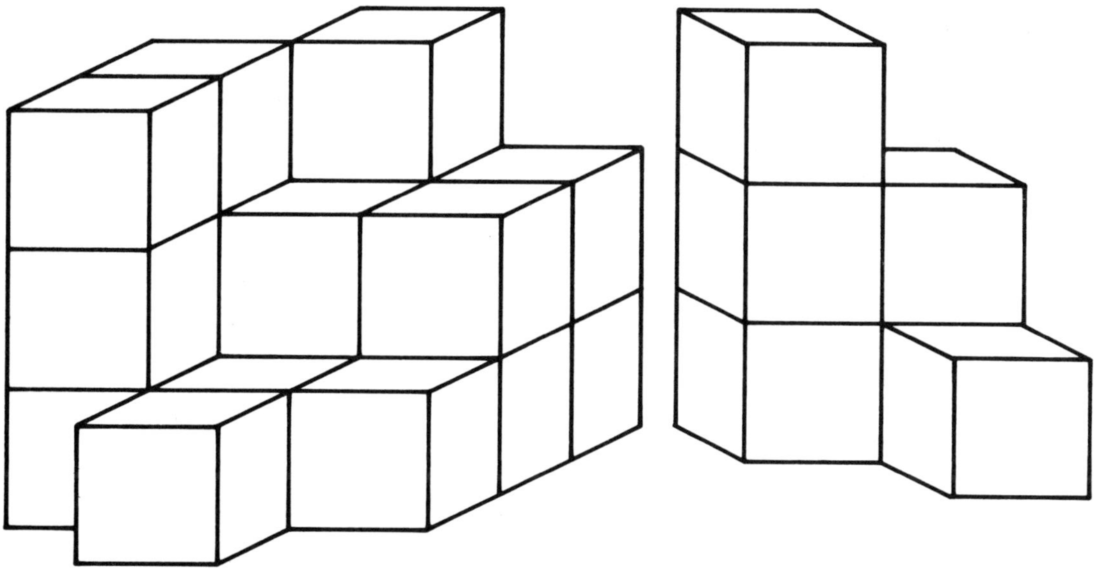

9

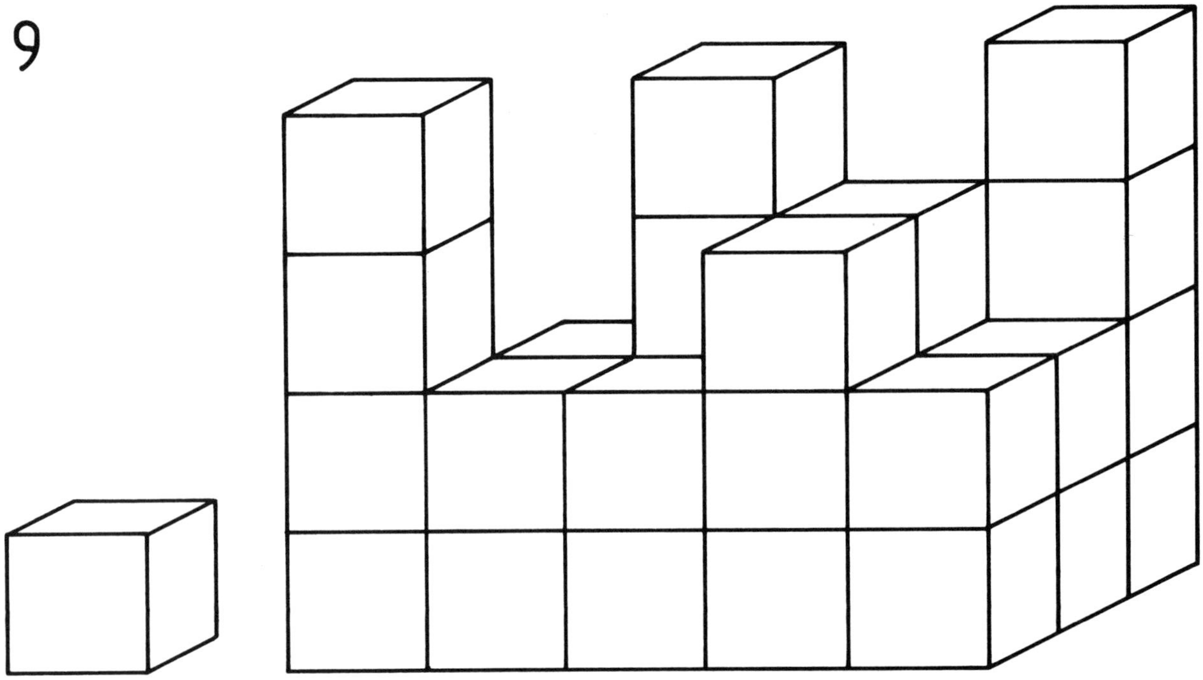

10

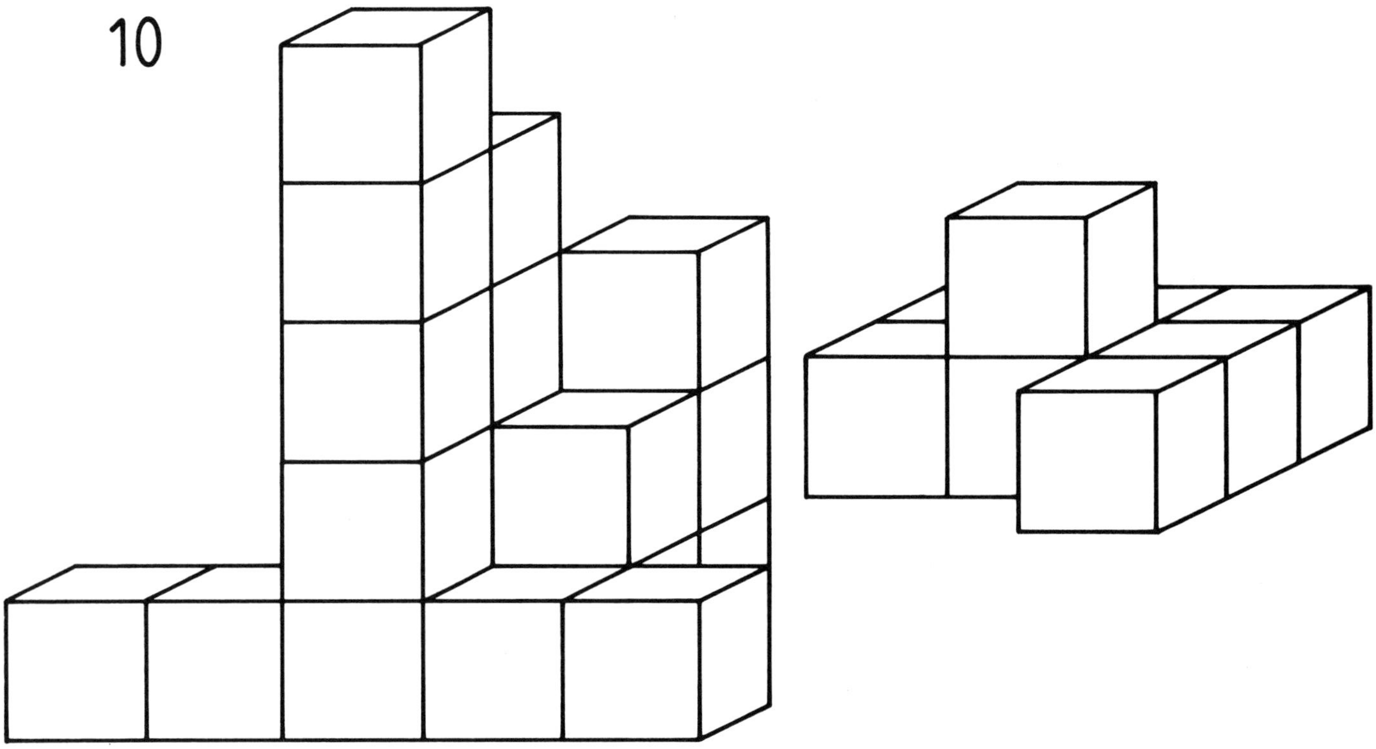

11

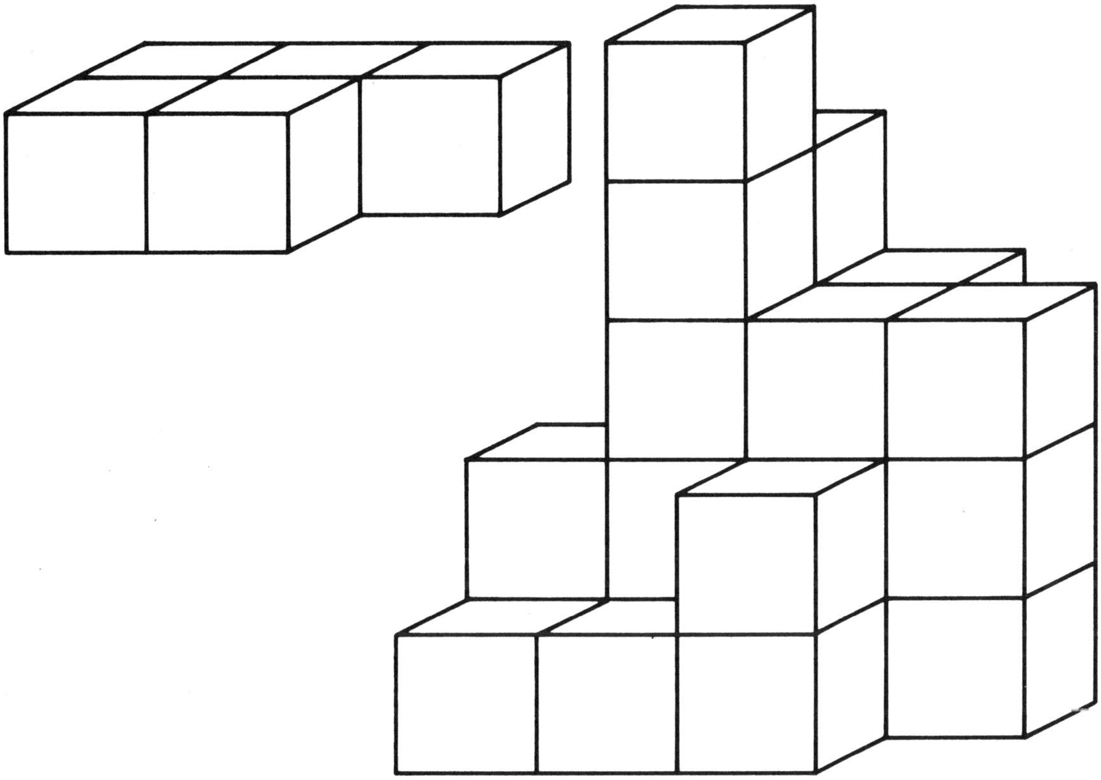

12

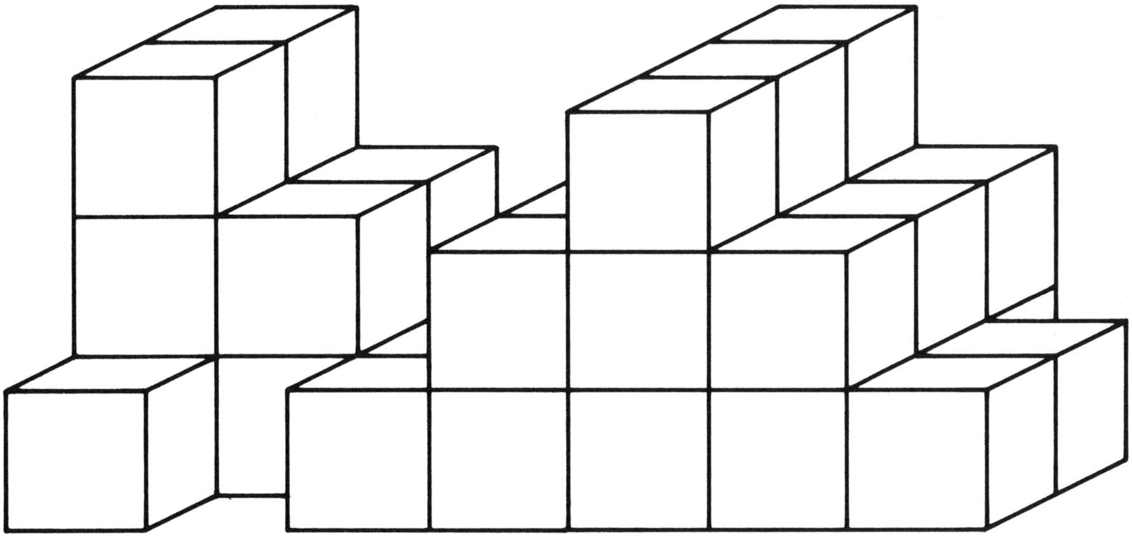

12. Trainingseinheit – Ablenkung

Ziel. Die Kinder sollen die Reaktionsverzögerung (Stop-Anweisung) unter ablenkenden Bedingungen anwenden
Materialliste. Zuordnungsaufgaben
Anforderung. Diese Aufgaben werden unter partiellen Störbedingungen (Radiomusik) gelöst. Die Kinder sollen die Reaktionsverzögerung bzw. das Stop-Signal einsetzen, um diese Ablenkung auszublenden bzw. sich dagegen zu immunisieren.
Kontingenzen. Es erfolgt keine Verstärkung mittels des Münzverstärkungs-Systems mehr; vielmehr setzt der Therapeut explizit verbale Verstärkungen ein, wenn es den Kindern gelingt, mit den ablenkenden Bedingungen zurecht zu kommen.

1. Einleitende Erläuterungen

Der Therapeut erklärt, daß man nicht immer gute Bedingungen zum Arbeiten vorfindet, weil andere stören oder weil sich im Umfeld „etwas tut" bzw. etwas zu hören ist. Er arbeitet mit den Kindern heraus, daß es in diesen Situationen darauf ankommt, *abweichende Gedanken* mit einem Stop-Signal zu unterbrechen und sich wieder ganz auf seine eigentliche Aufgabe zu konzentrieren.

Die Erfahrungen der Kinder hierzu werden erörtert.

2. Bearbeitung der Aufgaben

Der Trainer läßt die Kinder die Aufgaben bearbeiten; er beobachtet, wie sie mit der Ablenkung umgehen. Insbesondere achtet er darauf, ob die Kinder internalisierte Stop-Signale nutzen.

3. Besprechung des „Stop-Denkens" bei Ablenkungen

Die Kinder berichten ihre Erfahrungen im Umgang mit der Ablenkung; insbesondere wird darauf geachtet, ob und wie sie ausgeblendet werden konnten. Der Trainer verstärkt verbal den richtigen Einsatz des Stop-Denkens und arbeitet mit den Kindern die allgemeine Nützlichkeit des Vorgehens heraus.

4. Spielerischer Ausklang – Selbstgewählte Aktivität

Hier wird ein in der vorherigen Sitzung vereinbartes Spiel genannt.
Falls das Training für einzelne Kinder mit dieser Sitzung endet, kann auch ein kleines Fest gefeiert werden, bei dem beispielsweise etwas gemeinsam unternommen wird (z. B. Basteln, Kochen).

Übergang zur nächsten Trainingseinheit: Bei bisher befriedigendem Trainingsfortschritt wird das Training entweder in ausgeblendeter Weise weitergeführt (zwei Trainingseinheiten im Abstand von 2 und 3 Wochen) oder zum Therapiebaustein Wissensvermittlung (Kapitel 11) übergegangen.

Wenn dagegen strategische Defizite fortbestehen, so empfiehlt es sich, zum Therapiebaustein Strategietraining überzugehen.

9 Therapiebaustein: Strategietraining

Das Strategietraining ist für Kinder angemessen, die die grundlegenden Basisfertigkeiten beherrschen und auch über grundlegende Selbststeuerungsfertigkeiten verfügen. Diese Kinder zeichnen sich im wesentlichen durch ein wenig planvolles Vorgehen und die mangelnde Beherrschung übergeordneter Strategien aus.

Das Strategietraining ist auch für Kinder gedacht, die das Basistraining erfolgreich durchlaufen haben (siehe Kapitel 5.3 „Das Trainingsprogramm als flexible Handlungsanweisung").

9.1 Ziele und Überblick

Die Kinder sollen im Strategietraining lernen,
- sich zu Beginn ihrer Handlung die relevanten Ziele sowie die verschiedenen Elemente der Problem- oder Aufgabensituation zu vergegenwärtigen.
- ihr Verhalten *im voraus zu planen* und an einer übergeordneten Strategie zu orientieren (z. B. die Anforderungen analysieren, das eigene Vorgehen planen, die eigenen Handlungen überprüfen).
- ihr Verhalten durch zunächst offene, später verdeckte *Selbstinstruktionen* zu regulieren (steuern).
- Selbstanweisungen und Strategien zu erwerben, um mit *Ablenkungen,* Fehlern und Frustrationen beser umgehen zu können.

Um diese Ziele zu erreichen, werden vier verschiedene therapeutische Verfahren eingesetzt:
- Die Demonstration förderlicher Vorgehensweisen *(„kognitives Modellieren"):* Die Kinder beobachten ein Vorbild, das das Lösungsvorgehen demonstriert und dabei die handlungsleitenden Gedanken laut ausspricht (vgl. Kapitel 7.1);
- Die Anleitung der Kinder zur *verbalen Handlungsregulation* (Selbstinstruktionstraining): Den Kindern werden Selbstverbalisierungen demonstriert, die sie für ihre eigene Handlungsregulation übernehmen sollen. Sie leiten dabei zunächst ihre Handlungen laut verbalisierend an und überführen diese verbalen Selbstanweisungen zunehmend in ein „internes Sprechen" (vgl. Kapitel 7.1).
- Die *Bearbeitung* divergenter Anforderungen, so daß die förderlichen Vorgehensweisen zunächst an einfachen Anforderungen ausgebildet und auf zunehmend komplexe und differenzierte Handlungsvollzüge übertragen werden. Die Anforderungen sind nach solchen transfertheoretischen Gesichtspunkten zusammengestellt (vgl auch Abbildung 8).
- *Signalkarten* veranschaulichen die relevante Problemlösestrategie; sie stellen die einzelnen Problemlöseschritte verkürzt und formelhaft als Bild dar (Visualisierung).

Das Strategietraining besteht aus insgesamt 13 Trainingseinheiten, die folgende Schwerpunkte setzen:
- Einführung in das Training und Ableitung von Bearbeitungsstrukturen (1. Einheit)
- Bearbeitung von Zuordnungsaufgaben (1.–5. Einheit)
- Reihungen bilden und logische Zusammenhänge erkennen (6. und 7. Einheit)
- Organisationsprinzipien ableiten und befolgen (8.–10. Einheit)
- Übertragung dieser Vorgehensweisen auf Schulinhalte (11.–13. Einheit)

Die nachstehende Tabelle gibt die einzelnen Trainingsinhalte und deren Ziele im Überblick wieder.

Tabelle 2: Das Strategietraining im Überblick

Trainings-einheit	Materialtyp	Ziele
1	Film Thorsten Signalkarten Zuordnungsaufgabe (Differix)	Erwerb von *Wissen* über Aufmerksamkeitsstörungen; Vermittlung einer allgemeinen Handlungsstruktur Erwerb einer Bearbeitungsstruktur
2	Zuordnungsaufgabe (Schau genau)	Vertiefung der Bearbeitungsstruktur
3	Zuordnungsaufgabe (Simile)	Flexibler Einsatz des lauten Denkens
4	Zuordnungsaufgabe (Simile)	Kooperative Aufgabenbearbeitung
5	indirekte Zuordnungsaufgaben	Überleitung zu den Reihungsaufgaben
6	einfache Reihenbildungen (Fortsetzungen)	Übertragung der Bearbeitungsstruktur auf einen neuen Anforderungstyp
7	mehrschrittige Reihenbildung („Wie geht es weiter?")	mehrschrittige Handlungen ausführen (übergeordnete Planung vornehmen)
8	Reihenbildung nach einem vorgegebenen Organisationsprinzip (Papa Moll)	Informationen aufnehmen und danach handeln
9	Reihenbildung nach einem abgeleiteten Organisationsprinzip (Papa Moll)	ein Organisationsprinzip ableiten und befolgen
10	Reihenbildung im schlußfolgernden Denken	ein abstraktes Organisationsprinzip ableiten
11	Diktattext bzw. Fehlersuche	das bisherige Vorgehen auf schulische Inhalte übertragen
12	Gedichtlernen	eine Lernhandlung organisieren
13	Sachbuchtext	strukturiert und schlußfolgernd mit Lernmaterial umgehen

9.2 Die Signalkarten

Folgende Problemlöseschritte werden als Signalkarten eingesetzt:

Was ist meine Aufgabe? Die Kinder bestimmen das Ziel ihres Handelns und beschreiben darauf bezogen den Ausgangspunkt (z. B. Aufgabenelemente).

Kenne ich etwas Ähnliches? Die Kinder überlegen, ob sie auf Vorerfahrungen mit vergleichbaren Problemen zurückgreifen können (deklaratives Wissen).

Wie soll ich vorgehen? Ich mache mir einen Plan! Die Kinder organisieren ihr Verhalten voraus planend.

Sorgfältig und bedacht vorgehen! Die Kinder nehmen sich vor, überlegt zu arbeiten.

Halt, stop! Überprüfen! Ist es so richtig? Die Kinder überprüfen den eigenen Arbeitsprozeß bzw. ihre Ergebnisse.

Das habe ich gut gemacht! Die Kinder schreiben sich selbst am Ende der Bearbeitung Kompetenz zu und ermutigen sich für die nächste Aufgabe.

Die Signalkarten werden nach Maßgabe der kognitiven Verarbeitungsmöglichkeiten der Kinder eingesetzt:

- Bei jüngeren Kindern (bis acht Jahren) werden die Signalkarten auf die vier wichtigsten Strukturierungsmomente beschränkt (Was ist meine Aufgabe? Ich mache mir einen Plan! Sorgfältig und bedacht vorgehen! Halt überprüfen;
- bei älteren Kindern werden alle Signalkarten eingesetzt.

Die Signalkarten arbeiten mit der Figur *„Felix Helikopter"*, der von seinem Vetter *„Daniel Düsentrieb"* lernen will, wie er mit schwierigen Aufgaben besser zurecht kommt.
Daniel Düsentrieb ist den Kindern zumeist aus Comic-Geschichten bekannt und für sie positiv besetzt. Felix Helikopter ist dort noch nicht aufgetaucht. Für die Identifikationsanregung ist dies jedoch *kein Nachteil*. Das Kind kann sich zwanglos in Felix Helikopter hineinversetzen, da es auch etwas von Daniel Düsentrieb lernen will/kann.
Hinweis: Falls Daniel Düsentrieb den Kindern nicht bekannt ist, bringt ihnen der Therapeut diese Figur nahe (z. B. in der Kennenlernphase: Comic ausleihen, daraus lesen u. ä.).
Daniel Düsentrieb hat viele „geniale" Ideen, die jedoch oft durcheinander geraten und deshalb richtig geleitet und organisiert werden müssen.
(*Hinweis:* Dies wird in den Comic-Geschichten durch die Figur des Helferleins geleistet, die als Kontroll- und Organisationsinstanz auftritt.)
Um es seinem Vetter leichter zu machen, Probleme zügig und richtig zu lösen, hat Daniel Düsentrieb aufgeschrieben (und ein paar Bilder dazu gemalt – Signalkarten), worauf Felix dabei achten muß.

Zum Einsatz der Signalkarten. Die Bedeutung der Signalkarten wird den Kindern über folgende Schritte vermittelt:

- Die Signalkarten werden den Kindern zunächst über eine Geschichte nähergebracht und in ihrer Bedeutung für die Kinder erörtert.
- Der Therapeut demonstriert zunächst mit seinem eigenen Handeln, daß er sich an diesen Strategien orientiert.
- Die Kinder werden angehalten, ihre Handlungen ebenfalls an den Signalkarten auszurichten.
- Die Kinder illustrieren (veranschaulichen) sowohl das Handeln des Therapeuten, als auch eines anderen Kindes, indem sie dessen Tätigkeit mit dem Hochhalten (Vorzeigen) der Signalkarten strukturieren.

Im Strategietraining wird ein *Vertrag* mit den Kindern geschlossen (vgl. Abbildung 8), wobei eine Ausfertigung beim Therapeuten bleibt und die andere das Kind erhält.

Abbildung 8: Vertrag zum Strategietraining

zwischen und

Wir treffen uns immer am
um Uhr.

Wir wollen bei unseren Treffen lernen, <u>wie</u> man
Aufgaben besser lösen kann.

Dazu sprechen wir immer zuerst darüber,
wie man Aufgaben und Probleme lösen kann

Manchmal macht dies vor.
Wir üben dann an verschiedenen Aufgaben.
Dabei benutzen wir Tricks und lernen
laut zu denken.

Am Ende unseres Treffens werden wir dann
gemeinsam spielen.

Eine Ausfertigung dieses Vertrages erhält
und nimmt sie mit nach
Hause. Das andere Exemplar bleibt bei
Beide bringen ihren Vertrag
zu jedem Treffen mit. bringt
zusätzlich immer die Tricks mit.

Name des Kindes (Therapeut/in)

1. Trainingseinheit – Ziele und Struktur des Trainings

Ziel: Die Kinder sollen sich ein praktikables und handlungsrelevantes Wissen über Aufmerksamkeitsstörungen erarbeiten. Ferner werden alle in der Therapie eingesetzten Signalkarten vorgestellt und den Kindern in ihrer Funktion erklärt.

Am Ende der Sitzung sollen die Kinder ein „ikonisiertes" Bild von Aufmerksamkeitsstörungen haben und die Trainingsziele positiv einschätzen.

Material: Videofilm „Thorsten", Plakat, Filzstift, Differix, Signalkarten.

Anforderung: Die Kinder analysieren mit unterstützenden Fragen des Therapeuten das aufmerksamkeitsgestörte Verhalten eines etwa gleichaltrigen Kindes (Thorsten). Dies erfordert genaue Wahrnehmungsleistungen sowie die begriffliche Wiedergabe des Beobachteten. Aus diesen Beobachtungen leiten die Kinder ab, wie man stattdessen vorgehen könnte.

Dies wird dann an einer Zuordnungsaufgabe (Differix) umgesetzt; ihre Bearbeitung verlangt ein genaues, vergleichendes und geordnetes Vorgehen.

1. Vermittlung von Wissen über die Aufmerksamkeitsstörung

Trainer (T.): „Ich zeige euch einen Film über einen Jungen, der sich vornimmt, eine schwierige Aufgabe zu lösen. Der Junge verheddert sich sehr in dieser Aufgabe und macht viele Fehler. Er ist mit sich unzufrieden. Auch seine Lehrer sind nicht mit ihm zufrieden. Und seine Eltern sagen, daß er sich mehr Mühe geben sollte. Der Junge möchte sich schon mehr Mühe geben; nur weiß er nicht so genau, wie er das anstellen soll.
Wir schauen jetzt den Film einmal an und sprechen darüber, warum sich der Junge verheddert und weshalb er so viele Fehler macht.
Anschließend wollen wir darüber sprechen, was er besser machen könnte".

Filmbeschreibung. Ein Junge, etwa neun Jahre alt, ist zunächst im Unterricht zu sehen. Er wirkt unkonzentriert und kann an der Tafel eine Rechenaufgabe nicht lösen. Seine Lehrerin sagt, daß er planlos und selten überlegt an seine Aufgaben herangeht. Dadurch mache er auch viele Fehler. Sie verdeutlicht das an einer Mathematikarbeit, die Thorsten geschrieben hat.

Später macht Thorsten Hausaufgaben. Er macht bereits beim Abschreiben einer Aufgabe viele Fehler. Bei der Bearbeitung geht er unsystematisch vor (nicht von links oben nach rechts unten) und löst die Aufgabe letztendlich sehr schnell.

Und auch beim Lösen einer Differix-Aufgabe unterlaufen ihm viele Fehler. Beim Anlegen der Überprüfungsfolie stellt er fest, daß sehr viele Fehler zusammengekommen sind. Er sagt laut: „Mist! Schon wieder nicht geklappt!" und wischt das Material schnell vom Tisch, so daß man die Anzahl der Fehler nicht erkennen kann.

In der Schlußsequenz ist er zuvor verärgert und hilflos, zeigt aber eine gewisse Einsicht. Er sagt: „Ich glaube, die Lehrerin hat schon recht, wenn sie sagt, daß ich viele Fehler vermeiden könnte. Ich weiß aber nicht, wie ich das anstellen soll."

Der Trainer moderiert das anschließende Gespräch in folgender Weise (s. Modellierungsdialog; Kapitel 7):

a) *Austausch über den Film:* Was denkt ihr über diesen Jungen und seine Aufgabenlösung? Mögliche negative Zuschreibungen (z. B. der ist doof) werden auf die Verhaltensebene überführt (z. B. T.: Wie kommt ihr darauf, daß er doof ist? K.: Weil er so blöde Fehler macht? T.: (Fehler nennen lassen). Wie könnte er diese Fehler vermeiden? K.: ...).

b) *Zusammenfasssung der bisherigen Diskussion:* Ihr sagt, der Junge macht unnötige Fehler, er fühlt sich unzufrieden und ärgerlich. Er geht sehr ungeordnet vor und macht deshalb auch viele Fehler.

c) *Verhaltensnahe Beschreibung der Aufmerksamkeitsstörung:*
T.: Könnt ihr mir sagen, wie es zu diesen Fehlern kommt? Was macht der Junge denn?

Der Trainer moderiert die Beiträge der Kinder, indem er sie auf die nachstehenden Diskussionspunkte bezieht:
- Der Junge vergewissert sich nicht, was er tun soll (Zielbestimmung). Er paßt im Unterricht nicht auf und weiß nicht „was Sache ist".
- Er schaut sich die Aufgabe gar nicht näher an (Analyse der Ausgangssituation).
- Er geht nicht planvoll vor.
- Er arbeitet zu schnell.
- Er überprüft nicht mehr, ob er tatsächlich richtig „liegt".

Der Trainer notiert die Ergebnisse auf einer Flip-Chart. Er läßt dabei ausreichend Platz,um später das förderliche Vorgehen daneben schreiben zu können.

d) *Was könnte der Junge anders machen?*

T.: Der Junge war mit sich nicht zufrieden, sondern hat sich über sich selbst geärgert. Wißt ihr, wie er seine Fehler vermeiden könnte und zufriedener werden kann?
Der Trainer moderiert die Beiträge der Kinder auf die folgenden Interventionsziele hin:
- geordnet vorgehen
- langsam machen
- überprüfen.

Diese Ziele werden auf das Plakat rechts neben die Beschreibung des aufmerksamkeitsgestörten Verhaltens geschrieben.

Der Trainer diskutiert diese Vorschläge der Kinder, wobei er insbesondere herausarbeitet, was es heißt, geordneter vorzugehen:

T.: Was bedeutet es eigentlich, wenn man geordneter (regelhafter) vorgeht?
K.: ...
T.: Richtig, ... der Reihe nach tun! Woraus ergibt sich denn diese Reihenfolge?
K.: ...

Der Trainer arbeitet heraus, daß man sich nach dem Ziel der Tätigkeit frägt, die Aufgabe analysiert, einen Plan zur Handlungsdurchführung faßt, diesen Plan abarbeitet und sein Ergebnis überprüft. Eine wesentliche Voraussetzung dafür ist ein ruhiges und bedachtes Vorgehen.

Diese Aspekte werden in kindgemäßer Sprache erarbeitet und auf dem Plakat rechts neben dem fehlerhaften Vorgehen des Kindes notiert.

2. Einführung der Signalkarten

T.: Wir haben jetzt gesehen, was Thorsten falsch gemacht hat und besprochen, was er besser machen könnte. Wir haben gesagt, daß er organisierter und planvoller vorgehen soll.
Schauen wir uns jetzt einmal einige Bilder (Signalkarten) an, die zeigen, wie man geordnet vorgehen kann.
T.: Wer von euch kennt Daniel Düsentrieb?
K.: ...
T.: (sammelt die Antworten der Kinder, greift sie auf und ergänzt sie gegebenenfalls)
Und was ist das für einer, Daniel Düsentrieb? Was macht er?
K.: ...
T.: Er ist ein Erfinder, er erfindet immer neue Dinge. Zuerst denkt er sich diese Dinge aus und dann baut er sie.
K.: ...
T.: Ich möchte euch einmal zeigen, wie das Daniel Düsentrieb macht, wenn er etwas erfindet. Meine Geschichte handelt davon, daß Daniel Düsentrieb seinem Vetter Felix Helikopter erklärt, wie er das anstellen muß, wenn er eine Filmkamera bauen will.

T.: Dazu hat Daniel Düsentrieb einige Tricks auf Karten gemalt, damit der Felix sieht, was der Reihe nach zu tun ist (Abbildung 9 zeigen). Der erste Trick heißt *„Ich will anfangen"* (Signalkarte vorlegen). Felix Helikopter geht dann fröhlich an die Arbeit; er weiß, daß es klappen wird, wenn er sich an die Tricks von Daniel Düsentrieb hält.

K.: ...

T.: Der zweite Trick besteht darin, daß sich Felix Helikopter dann fragt *„Was ist meine Aufgabe?"* (Abbildung 10). Er fragt sich, was überhaupt seine Aufgabe ist und welches Ziel er erreichen möchte. Wißt ihr noch, was Daniel Düsentrieb dem Felix zeigen will?

K.: ...

T.: Er will ihm zeigen, wie er eine Filmkamera bauen kann. Jetzt fragt er sich als nächstes (Abbildung 11), wie soll ich vorgehen? Ja, wie mache ich das denn nur, eine Filmkamera zu bauen? Ganz klar, ich mache mir einen Plan!
(Trainer analysiert mit den Kindern die Signalkarte „Wie soll ich vorgehen?").
Es ist sehr wichtig, sich einen Plan zu machen, denn sonst verheddere ich mich oder mache Fehler. Aber, wie komme ich zu einem Plan?

K.: ...

T.: Ich frage mich, wie hier Felix Helikopter: *„Kenne ich etwas Ähnliches?"* (Abbildung 12). Hier denkt er an einen Fotoapparat, den er schon einmal gebaut hat. Wozu ist denn dieser Trick gut?

K.: ...

T.: Er erinnert sich daran, daß er schon eine ähnliche Aufgabe gelöst hat. Und die Aufgabe wird leichter für ihn, weil er jetzt besser weiß, wie er die neue Aufgabe lösen kann.
Wie könnte der Plan von Felix Helikopter, eine Filmkamera zu bauen, denn aussehen?

K.: ...

T.: Ein wichtiger Teil des Plans ist außerdem „Sorgfältig und bedacht vorgehen!" (Signalkarte – Abbildung 13 vorlegen). Daniel Düsentrieb weiß sehr gut, daß Felix Helikopter oft viele Ideen hat und sich manchmal nicht an seinen Plan hält. Deshalb rät er dem Felix, besonders sorgfältig vorzugehen. Er soll so bedächtig wie eine Schildkröte arbeiten und sich bei Schwierigkeiten fragen, wie es weitergehen könnte. Dies ist sehr wichtig. „Wenn ich sorgfältig und bedacht vorgehe, übersehe ich nichts und vergesse nicht so schnell. Ich bleibe auf dem richtigen Weg und kann mein Ziel besser erreichen." Deshalb: „Sorgfältig und bedacht vorgehen".

K.: ...

T.: Felix Helikopter beginnt also jetzt damit, seine Kamera zu bauen. Aber, was ist ihm denn jetzt passiert? (Signalkarte „Halt! Stop! Überprüfen!" Zeigen; Abbildung 14). Hat denn Felix Helikopter wirklich eine Kamera gebaut? Oder was ist das?

K.: ...

T.: Nein, das ist keine Kamera! Ein wichtiger Trick ist also, daß ich mir – genau wie Felix Helikopter – sage: „Stop! Ist es so richtig?" Er hält dann inne, macht eine Pause und denkt über das nach, was er bisher gemacht hat.

K.: ...

T.: Dieser Trick ist also dazu gut, daß ich sehe, wie weit ich bin. Ob es richtig ist, was ich tue. Was muß Felix Helikopter denn jetzt tun, um seinen Fehler wieder auszubügeln?

K.: ...

T.: Richtig. Er schaut sich noch einmal seinen Plan an! Er fragt sich noch einmal, was er tun wollte und wo der Fehler liegt. Außerdem macht er langsam und denkt genau darüber nach, was er tut! Felix Helikopter verbessert also seinen Fehler und was sehen wir hier? (Signalkarte „Das hab ich gut gemacht!" zeigen).

K.: ...

T.: Felix Helikopter ist es gelungen, die Filmkamera zu bauen; er sieht sich die fertige Filmkamera an, lobt sich selbst und sagt: „Das hab ich gut gemacht". Er hat die Kamera fertig gebaut und ist mit seiner Arbeit zufrieden (Abbildung 15).
Dieser Trick von Felix Helikopter heißt also: sich auch mal loben und mit seiner Arbeit zufrieden sein.

K.: ...

T.: Er weiß, daß er die Aufgabe gut lösen kann, er kann stolz auf sich sein und Mut für andere Aufgaben haben.
„Das also sind die Tricks, die Daniel Düsentrieb seinem Vetter Felix Helikopter erklärt hat." (Weiter betont der Therapeut den „Werkzeugcharakter" der Signalkarten (Tricks) sowie ihren allgemein verbindlichen

Charakter:) „Ihr wißt ja, Daniel Düsentrieb ist ein Mann mit sehr vielen Ideen. Wißt ihr beispielsweise, welche Ideen Daniel Düsentrieb in den Geschichten so hat?“

K.: ...

T.: (greift die Antworten der Kinder auf und stellt die Vielfältigkeit der Ideen von Daniel Düsentrieb heraus). Damit Daniel Düsentrieb diese Ideen verwirklichen kann, benutzt er diese Tricks.
Was würde denn passieren, wenn Daniel Düsentrieb sie nicht nutzen würde?

K.: ...

T.: (arbeitet heraus, daß die Ideen ungeordnet umgesetzt würden und die Erfindungen Fehler hätten). Wozu sind die Tricks denn überhaupt gut?

K.: ...

T.: (arbeitet heraus, daß Daniel Düsentrieb mit den Tricks seine Ideen organisiert und damit seine Handlungen „auf die Reihe kriegt“). Die Tricks helfen also, das Richtige zu tun und weniger Fehler zu machen. Und so hat es auch der Felix Helikopter von ihm gelernt.

3. Modelldemonstration

Der Therapeut demonstriert die von ihm vorgestellte Strategie (Tricks) innerhalb eines Handlungsablaufes. Er verdeutlicht die Problemlöseschritte anhand der Signalkarten, die er handlungsstrukturierend einsetzt. Dabei geht er langsam vor und beobachtet, inwieweit ihm die Kinder folgen. Die Aufmerksamkeit der Kinder wird durch eine spannende Redeweise, Stimmodulation, Blickkontakt und direkte Ansprache auf die eigene Person bzw. die Aufgabe fokussiert.

Ausgangssituation: Differix-Tafel („Katze und Maus“), zwei Lösungskarten (Nr. 3 und Nr. 4), die Signalkarten in ihrer zeitlichen Reihenfolge.

Modelldemonstration: „Ich will euch jetzt einmal zeigen, wie ich eine Aufgabe löse und dabei die Tricks anwende, die der Felix Helikopter von Daniel Düsentrieb gelernt hat.
Ich denke jetzt an den ersten Trick (Signalkarte „Was ist meine Aufgabe?“) und frage mich, „was ist meine Aufgabe?“

Beschreibung der Aufgabensituation: „Hier ist eine große Tafel mit neun kleinen Bildern darauf. Auf jedem Bild sehe ich eine Katze und eine Maus. Aber jedes Bild sieht ein bißchen anders aus.
Dann habe ich hier kleine Kärtchen, auf denen auch immer eine Katze und eine Maus abgebildet sind. Jede kleine Karte paßt genau zu einem Bild auf der Tafel.

Zielbestimmung: „Meine Aufgabe ist es, genau das Bild auf der großen Tafel zu finden, das zu dem kleinen Bildchen in meiner Hand paßt. Wie soll ich das denn machen? (Signalkarte „Wie soll ich vorgehen?“).

K.: ...

Lösungsplan: T.: „Richtig! Ja, ich mache mir einen Plan! Also: Ich nehme immer ein kleines Kärtchen in die Hand und vergleiche es mit jedem Bild auf der Tafel. Ich fange links oben an und gehe der Reihe nach vor! Ich schaue genau hin und ...(Signalkarte „langsam machen“)?“

K.: ...

T.: „Ich gehe sorfältig und bedacht vor, bedacht wie eine Schildkröte (suggestive Sprachgestaltung)“.

Verbalisierung des Lösungsprozesses: „Ich vergleiche dieses Kärtchen (den Kindern zeigen) mit dem ersten Bildchen auf der großen Tafel. (Der Trainer deutet im folgenden mit dem Finger jeweils auf das gemeinte Detail).
Hier sitzt die Maus rechts neben der Katze, hier links neben der Katze. Jetzt weiß ich schon, daß diese beiden Bilder nicht gleich sind.
Ich sehe mir jetzt das zweite Bildchen auf der Tafel an: Hier sitzt die Maus rechts neben der Katze und hier auch. Hier hat die Maus einen ausgerollten Schwanz, aber hier hat sie einen eingerollten Schwanz. Die beiden Bilder sind also (Kinder durch Blickkontakt und direkte Ansprache miteinbeziehen!) nicht gleich.
Ich denke an meinen Plan und gehe zum nächsten Bild: Hier sitzt die Maus rechts von der Katze und hier auch. Hier hat die Maus den Schwanz ausgerollt und hier auch. Das könnte das richtige Bild sein.
Aber: Welchen Trick von Daniel Düsentrieb verwenden wir noch, um ganz sicher zu sein, daß das auch stimmt? (Signalkarte „Halt – Stop – überprüfen!“)“.

K.: ...

Prüfprozess: T.: „Ja! Halt – Stop – überprüfen! Ich überprüfe, ob das so richtig ist. (Der Therapeut nimmt eine erneute, verkürzte Aufgabenbewältigung – ggf. unter Einbeziehung der Kinder – vor.) Die Maus sitzt auf

beiden Bildern rechts von der Katze (zeigen), der Schwanz der Maus ist eingerollt. Jetzt habe ich alles noch einmal überprüft und weiß, daß es das richtige Bild zu diesem Kärtchen ist.
Kompetenzzuschreibung: Ich lege das Kärtchen drauf und kann zu mir sagen ... (Signalkarte Kompetenzzuschreibung zeigen): „Das habe ich gut gemacht!".

Im Anschluß daran legt der Therapeut unter Einbeziehung der Kinder die zweite Aufgabenkarte (Nr. 4). Er bezieht die Kinder ein, indem er die wichtigsten Lösungsschritte in einer erneuten Modelldemonstration vorgibt und die Verbalisierung sowie die Ausgestaltung der Lösungsschritte den Kindern überläßt (z. B. T.: Was ist meine Aufgabe? – Die Kinder geben hierauf die Antwort).

4. Übungsphase der Kinder
Im Anschluß an diese Modelldemonstration bearbeiten die Kinder eigene Aufgaben in folgender Reihenfolge:

1. Jedes Kind erhält abwechselnd eine Karte zu der Tafel „Katze und Maus", die es laut verbalisierend unter Einhaltung der Problemlösestrategie legt. Der Therapeut strukturiert sein Vorgehen anhand der Signalkarten bzw. durch eigene Selbstverbalisierungen (externe Verhaltenssteuerung – s. Kapitel 7). Falls diese Problembearbeitungen der Kinder zunächst noch unzureichend sind, nimmt der Therapeut zwischendurch eine erneute Modelldemonstration vor.
2. Im Anschluß daran erhalten die Kinder eine eigene Aufgabentafel (Blume bzw. Drachen), die zwei Kinder nach folgendem Modus bearbeiten: Jedes Kind legt abwechselnd jeweils eine Karte unter lauter Selbstverbalisierung und Nutzung der Signalkarten (der Therapeut ordnet die Lösungskarten dabei in folgender Reihenfolge an: 3, 4, 6, 2, 5, 8, 9, 7, 1, um allzu redundante Such- bzw. Verbalisierungsprozesse zu vermeiden).
3. In einer weiteren Sitzung werden die anderen Tafeln von Differix jeweils komplett bearbeitet.

5. Spielerischer Ausklang – Spiel mit zuordnendem Charakter
Spiel: „Blinde Kuh" (Ravensburger Spiele Nr. 00-193-4):

Spielbeschreibung: Die Kinder ertasten blind (unter einer Maske) Gegenstände und identifizieren sie. Das Spiel verlangt insofern eine Zuordnung, als ein Gegenstand zu erkennen, mit einem gespeicherten Inhalt (Begriff – kognitive Repräsentation) in Übereinstimmung zu bringen und zu benennen ist.
Durchführung/Hinweise: Das Spiel wird ohne Wettbewerbscharakter gespielt: Kinder, die den Gegenstand falsch benennen, werden nicht vom weiteren Spielverlauf ausgeschlossen; die Anzahl richtiger oder falscher Zuordnungen wird nicht registriert.

Der *Übergang zur 2. Trainingseinheit* erfolgt dann, wenn sich die Kinder in ihrem Vorgehen an den Signalkarten orientieren und dabei die wesentlichsten Elemente dieser Strategie verbalisieren.

Abbildung 9: „Ich will anfangen“

Abbildung 10: „Was ist meine Aufgabe?“

Abbildung 11: „Ich mache mir einen Plan“

Abbildung 12: „Kenne ich etwas ähnliches?“

Abbildung 13: „Sorgfältig und bedacht vorgehen!“

Abbildung 14: „Halt! Überprüfen!“

Abbildung 15: „Das habe ich gut gemacht!“

2. Trainingseinheit – Vertiefung der Bearbeitungsstrategie

Ziel: Die Kinder sollen die Strategie jetzt bei strukturell sehr ähnlichen, aber komplexeren Aufgaben anwenden (naher Transfer).
Material: „Schau genau" (Ravensburger Spiel Nr. 60550212 – Legetafeln Apfel und Birne, Fische, Frösche), Signalkarten.
Anforderung: Die in dieser Sitzung verwendeten Zuordnungsaufgaben erfordern die Einhaltung der bisher demonstrierten Strategie (geordnetes sequentielles Vorgehen, Einhaltung von Prüfprozessen und Verbalisierung von Problemlöseschritten). Die Aufgaben sind unterschiedlich schwer, so daß im Verlauf der Trainingseinheit auch sehr komplexe Aufgaben eingeführt werden können.

Das eingesetzte Spiel („Memory") verlangt ebenfalls differenzierte Zuordnungen (z. B. geordnetes, sequentielles Vorgehen; Speicherung der bisherigen Ergebnisse).

1. Einleitende, allgemeine Erläuterungen

Der Therapeut stellt das verwendete Material („Schau genau") vor. Er hebt hervor, daß die gleichen „Tricks" wie in der vorausgegangenen Therapieeinheit erforderlich sind und geht diese Tricks mit den Kindern durch:

T.: Ich habe heute ein neues Spiel, bei dem es wieder darauf ankommt, der Reihe nach vorzugehen und genau zu prüfen, was man tut. Für dieses Spiel sind die gleichen Tricks wie beim letzten Spiel wichtig. Wißt ihr noch, welche Tricks wir beim letzten Mal benutzt haben?
K.: ...
T.: (zeigt die Signalkarten zu den „Tricks", die die Kinder nennen. Er ergänzt die nicht genannten Strategien bzw. korrigiert falsche Nennungen).

Anschließend weist der Trainer auf die Bedeutung des *„lauten Denkens"* hin:
T.: Letztes Mal haben wir geübt, laut zu denken. Wozu ist „dieses laute Denken" denn gut?
K.: ...
T.: (Trainer sammelt die Äußerungen der Kinder und modelliert sie zugunsten folgender Einsichten: Nicht so leicht durcheinandergeraten, weniger Fehler machen, sorgfältiger vorgehen, Unterschiede zwischen den Kärtchen und den Bildtafeln besser erkennen, wissen, wo ich stehe, langsamer und genauer vorgehen etc.)
Nachteile des lauten Denkens (z. B. andere halten einen für doof, das ist etwas für Papageien,) werden zugunsten der Erkenntnis, daß das laute Denken ein Hilfsmittel für schwierige Situationen ist, mit den Kindern besprochen.

2. Modelldemonstration

Der Therapeut legt zunächst zwei Deckkärtchen (Nr. 6 und Nr. 8); ein *Kind strukturiert* seinen Lösungsprozeß, indem es die vom Therapeuten anzuwendenden Strategien („Tricks") anhand der Signalkarten visualisiert (die entsprechende Signalkarte hochhalten).

(Instruktion: „Ihr wißt, Daniel Düsentrieb hat seinem Vetter Felix Helikopter erklärt, worauf er besonders achten muß, wenn er Probleme löst oder Erfindungen machen will. Jetzt sollst Du mir mit den ‚Tricks' auf den Bildern (Signalkarten) zeigen, worauf ich aufpassen muß. Du hältst die richtige Signalkarte immer dann hoch, wenn ich diesen Trick gerade gebrauche. Ich lerne es wie der Felix.")

3. Übungsphase der Kinder

Die Kinder bearbeiten das Material unter drei Bedingungen:
1. Sie arbeiten abwechselnd an der Legetafel „Apfel und Birne". Hierbei beobachtet der Therapeut ihren Lösungsprozeß und korrigiert Fehler durch Parallelsteuerung.
2. Die Kinder bearbeiten jeweils alleine eine Legetafel unter Einsatz der Signalkarten. Eine teils reduzierte (flüsternde) Selbstinstruierung wird bei korrektem Vorgehen akzeptiert.

3. Je zwei Kinder bearbeiten zusammen eine Tafel und legen abwechselnd die Kärtchen. Sie leiten ihr Vorgehen durch Selbstanweisungen an und strukturieren ihr Handeln mit Hilfe der Signalkarten. Der Trainer koordiniert gegebenenfalls ihre gemeinsame Aufgabenbearbeitung und gibt prozeßorientierte Hilfen (Parallelsteuerung).
4. Am Ende des Bearbeitungsprozesses überprüfen die Kinder ihre Lösung mit Hilfe der Schablone. Die richtigen Zuordnungen werden vom Trainer verstärkt; bei falschen Zuordnungen verweist er darauf, daß die Kinder die Strategien („Tricks") nicht genügend beachtet haben.

4. Spielerischer Ausklang

Spiel: Strukturiertes Memory.

Spielbeschreibung: Es wird ein Memory verwendet, das relativ einfach strukturierte und thematisch ähnliche Bilder umfaßt (z. B. Ravensburg Nr. 00-356-3). Dies Spiel wird wie folgt organisiert: Der Therapeut ordnet die Memory-Karten in einem 4×4-Raster an (größeres Plakat mit einer entsprechenden Rasterung) und verteilt die Memory-Paare über diese Fläche. Ziel des Spieles ist es, daß sich die Kinder die aufgedeckten Karten anhand dieses Rasters merken. Gegebenenfalls thematisiert der Therapeut die Ähnlichkeit mit den bisherigen Zuordnungsaufgaben (Differix, „Schau genau").

Der *Übergang* zur 3. Therapieeinheit erfolgt, wenn es den Kindern gelingt, die Tafel unter Beachtung der Signalkarten nahezu fehlerfrei auszulegen.

3. Trainingseinheit – Flexibler Einsatz des „Lauten Denkens“

Ziel: Die Kinder sollen erkennen, daß das bisherige Vorgehen auch für ihr Alltagshandeln nützlich ist und die Therapieinhalte auf andere Lebensbereiche übertragen. Ferner wird der flexible Einsatz des lauten Denkens (flüsternde bzw. offene Selbstverbalisierung) eingeübt.
Material: Vier unterschiedlich schwierige Legetafeln aus Simile (Verlag Jugend und Volk, Wien; ISBN 3-7141-5434-5), Signalkarten.
Die Kinder bearbeiten abwechselnd je zwei Tafeln (jüngere Kinder: Schiff, Hubschrauber, Fesselballon, Autobus, Lokomotive, Oldtimer; Kinder ab acht Jahren Spinne, Schildkröte, Heuschrecke, Schnecke, Schmetterling, Marienkäfer bzw. schwierigere Legetafeln).
Anforderung: Das schwierigere Übungsmaterial erfordert ein gut strukturiertes Vorgehen sowie eine gewisse Frustrationstoleranz. Dies ist auch für die gemeinsame Aufgabenbearbeitung in der Übungsphase sowie beim spielerischen Ausklang notwendig.

1. Einleitende, allgemeine Erläuterungen

Der Therapeut stellt die Allgemeingültigkeit der Signalkarten heraus (Modellierungsdialog) und behandelt dabei folgende Punkte mit den Kindern:

1. Die Kinder nennen zunächst die Strategien.
2. Der Therapeut arbeitet mit ihnen ihre Nützlichkeit („Werkzeugcharakter“) heraus. Dabei erörtert er mit den Kindern:
   a) Wofür diese Strategien zu gebrauchen sind;
   b) wo die Kinder diese Strategien bereits in ihrem Alltag eingesetzt haben bzw. einsetzen können;
   c) welche Erfahrungen sie damit gemacht haben.

Dabei wird verdeutlicht, daß die „Tricks“ (Signalkarten) auch für Situationen außerhalb der Therapie nützlich sind, z. B.:

T.: Die Tricks von Daniel Düsentrieb gelten nicht nur für das Üben hier bei uns; auch in der Schule, beim Basteln oder im Umgang mit anderen Kindern sind sie wichtig. Wo können wir die Tricks noch anwenden?
K.: ...
T.: (Der Therapeut sammelt die Aussagen der Kinder und begründet anhand ihrer Beispiele die Bedeutung und den Nutzen der Tricks). Ja, beim Hausaufgabenmachen sind sie auch von Nutzen. Was helfen sie uns denn dabei?
K.: ...
T.: (Der Therapeut erarbeitet den handlungsstrukturierenden Charakter der Strategien und verdeutlicht, daß ansonsten die Fehler zunehmen. Die Nützlichkeit jeder einzelnen Signalkarte („Trick“) wird an den Beispielen der Kinder erörtert).

2. Modelldemonstration

Der Therapeut demonstriert eine ausgeblendete (flüsternde) Selbstverbalisierung. Bei Handlungsschwierigkeiten geht er zur offenen Selbstinstruierung über und streicht damit heraus, wie nützlich die Selbstverbalisierungen bei der Handlungsregulierung sind, z. B.:
Bearbeitung der (schwierigen) Tafel „Auto“.
Der Therapeut demonstriert den Bearbeitungsprozeß anhand der Signalkarten

- Was ist meine Aufgabe?
- Kenne ich etwas Ähnliches?
- Wie gehe ich vor?
- Sorgfältig und bedacht vorgehen!
- Halt! Stop! Überprüfen!
- Das habe ich gut gemacht!

Er strukturiert sein Vorgehen zunächst durch flüsternde Selbstanweisungen und die Signalkarten. Sobald er auf Handlungsschwierigkeiten stößt, greift er auf offene Selbstverbalisierungen zurück:

„Halt – stop – überprüfen! (Signalkarte) Hier stimmt etwas nicht, ich vergleiche ganz genau und sage, was ich sehe (Therapeut verbalisiert diesen Lösungsprozeß und plaziert die Karte richtig). Das hab ich gut gemacht! (Signalkarte). Ich sehe, daß ich auch mit schwierigen Aufgaben zurecht komme.“

3. Übungsphase der Kinder

Der Therapeut achtet darauf, daß die Kinder die Selbstanweisungen zunächst flüstern und ihre Handlung anhand der Signalkarten strukturieren: Bei Lösungsschwierigkeiten sollen sie ihren Lösungsprozeß wieder durch offene Selbstanweisungen steuern.

4. Spielerischer Ausklang – Ratespiel

Spiel: „Das ist das Haus vom Nikolaus“

Spielbeschreibung: Ein Kind denkt sich einen Begriff aus sechs Buchstaben aus (z. B. Leiter) und notiert dieses Wort auf einem Zettel (wichtig, um Mogeln zu vermeiden!). Ein zweites Kind soll diesen Begriff durch das Nennen von Buchstaben erraten (z. B. ein „e“).

Wenn das Kind einen falschen Buchstaben rät, wird ein Strich auf einem Blatt gemacht. Diese Striche ergeben insgesamt das „Haus vom Nikolaus“ (das aus acht Strichen besteht), so daß das Kind insgesamt achtmal „daneben“ raten kann (das Spiel ist auch als „Galgenmännchen“ bekannt).

Die Spielrollen werden gewechselt.

Der *Übergang* zur 4. Trainingseinheit erfolgt, wenn komplexere und schwierigere Zuordnungsaufgaben bei Nutzung offener Selbstanweisungen (nahezu) fehlerfrei bearbeitet werden.

4. Trainingseinheit – Selbständiges Arbeiten in der Gruppe

Ziel: Die Kinder sollen Fehler durch den bewußten Rückgriff auf Selbstanweisungen und die Problemlösestrategie vermeiden. Ferner sollen sie lernen, den Bearbeitungsprozeß eines anderen Kindes zu unterstützen.
Material: Simile (für *jüngere Kinder* bis acht Jahre: Legetafeln Spinne, Schildkröte, Heuschrecke, Schnecke, Schmetterling, Marienkäfer; *Kinder ab acht Jahren:* Fuchs, Meisen, Mäuse, Enten, Frösche), Signalkarten.
Anforderung: Die Zuordnungsaufgaben verlangen differenzierte Suchprozesse. Die Aufgaben werden abwechselnd von zwei Kindern bearbeitet, wobei das Kind, das jeweils nicht an der Reihe ist, den Bearbeitungsprozeß des anderen Kindes beobachtet und es bei Schwierigkeiten unterstützen soll (Signalkarten, Selbstanweisungen).

Der spielerische Ausklang (Ratespiel) verlangt ein bedachtes und reflexives Problemlöseverhalten sowie die logische Verarbeitung von Informationen.

1. Einleitende, allgemeine Erläuterungen

Der Therapeut thematisiert den Umgang mit Fehlern und knüpft damit an die vorausgegangene (dritte) Trainingseinheit an. Wichtiges Erkenntnisziel ist hier die Einsicht, das eigene Tun bei Schwierigkeiten durch an sich selbst gerichtete Fragen oder Selbstanweisungen („lautes Denken") zu steuern sowie nochmals eine verkürzte Problemlösung vorzunehmen.

Dies wird mit den Kindern im Modellierungsdialog herausgearbeitet, z. B.:

T.: Letztes Mal haben wir besprochen, was man bei Fehlern oder drohenden Fehlern tun soll. Könnt ihr das noch einmal sagen?
K.: ...
T.: (sammelt die Antworten der Kinder und modelliert sie im Hinblick auf die oben genannten Ziele). Wie kann man den anderen Kindern helfen, damit sie keine Fehler machen?
K.: ...
T.: Ja, die Fehler im Entstehen erkennen und Hinweise geben, daß jemand den Fehler vermeiden kann. Wie können solche Hinweise aussehen?
K.: ...
T.: (sammelt die Antworten und arbeitet die Bedeutung von strukturierenden Hinweisen, Signalkarten heraus).

2. Modelldemonstration

Eine Modelldemonstration durch den Therapeuten entfällt

3. Übungsphase der Kinder

Die Kinder bearbeiten unter flexiblem Einsatz des „lauten Denkens" und der Signalkarten insgesamt drei Tafeln. Sie kooperieren wie folgt:
- Ein Kind legt jeweils zwei Kärtchen, das andere Kind beobachtet diesen Lösungsprozeß.
- Bei Fehlern oder drohenden Fehlern greift das beobachtende Kind strukturierend ein (Parallelsteuerung, Signalkarten).

Der Therapeut beobachtet diese Interaktion und hält sich mit seinen Eingriffen zurück.

4. Spielerischer Ausklang – Ratespiel

Spiel: „Was bin ich".
Spielbeschreibung: Ein Kind denkt sich einen Beruf aus (z. B. LKW-Fahrer, Bäcker, Metzger, Schreiner, Computertechniker) und symbolisiert diese Tätigkeit zunächst durch eine „typische Handbewegung". Das andere Kind soll diesen Begriff durch einengende und möglichst strategische Fragen erfassen. Die Anzahl seiner Rateversuche wird registriert (bei jedem Rateversuch einen Spielstein vor das erste Kind stellen).
Durchführung/Hinweise: Um „Mogeln" zu vermeiden, soll der zu erratende Beruf vorher auf einem Blatt notiert werden.

Der *Übergang zur 5. Trainingseinheit* erfolgt, wenn die komplexeren Zuordnungen bei kooperativer Aufgabenbearbeitung gelingen.

5. Trainingseinheit – Flexibilisierung der bisherigen Bearbeitungsstruktur

Ziel: Die Kinder sollen die bisher bei den Zuordnungsaufgaben verwendete Strategie auf inhaltsähnliche Probleme übertragen. Damit soll die Übertragung des bisherigen Vorgehens auf die nachfolgenden Anforderungen (Reihungen) erleichtert werden.
Material: „Was gehört zu wem?" „Wem fehlt was?" (Zuordnung von Bildsymbolen bzw. verbalen Aussagen zu Personen, Signalkarten.)
Anforderung: Die Aufgaben erfordern nicht mehr (wie bisher) die Zuordnung identischer Teile, sondern die Zuordnung inhaltlich ähnlicher Teile.

1. Allgemeine, einleitende Erläuterungen

Der Therapeut arbeitet mit den Kindern die Bearbeitungsstruktur heraus (Modellierungsdialog):

T.: Schaut euch einmal diese Aufgabe an (Zuordnung von Werkzeugen zu berufsausübenden Personen). Was hat diese Aufgabe denn mit dem bisher Geübten gemeinsam?

K.: ...

T.: (Therapeut sammelt die Antworten der Kinder und stellt das Zuordnungsproblem als relevant heraus). Könnt ihr mir sagen, wie man diese Aufgaben lösen könnte? Denkt dabei bitte daran, was wir bisher geübt haben.

K.: ...

T.: (Therapeut sammelt wiederum die Antworten der Kinder und modelliert sie zugunsten folgender Bearbeitungsstrategie:

- *sich fragen,* „was ist meine Aufgabe?";
- diese *Aufgabe definieren* (das Ziel genauer benennen), z. B. die Aufgabe ist dann richtig gelöst, wenn alle Werkzeuge oder Gegenstände den richtigen Personen zugeordnet sind und mit der Nummer der entsprechenden Person versehen wurden;
- im Bearbeitungsablauf einem *Plan* (von links oben nach rechts unten) folgen, jede Teilaufgabe systematisch abarbeiten und die Lösung noch einmal überprüfen;
- sorgfältig und *bedacht* vorgehen;
- im Falle von Handlungsschwierigkeiten („wenn ein *Fehler* droht") offene Selbstanweisungen nutzen und die Handlung in Einzelschritten bewältigen.

2. Modelldemonstration

Der Therapeut setzt diese Bearbeitungsstrategie im kognitiven Modellieren um.

3. Übungsphase der Kinder

Die Kinder bearbeiten

1. zunächst jeweils abwechselnd eine Teilaufgabe auf dem Aufgabenbogen.
2. einen kompletten Antwortbogen (bei Kindern mit ausreichenden Lesefertigkeiten kann hier auch das Aufgabenblatt „Zuordnung von Texten zu Bildern" eingesetzt werden).

4. Spielerischer Ausklang – Paradoxe Zuordnung

Spiel: „Entgegengesetzt"
Spielbeschreibung: Ein Kind benennt einen bestimmten Körperteil, deutet jedoch auf einen anderen. Der Mitspieler soll umgekehrt den Körperteil, auf den nur gedeutet wurde, benennen und auf den Körperteil, der genannt wurde, deuten (z. B.: Das erste Kind sagt „Fuß" und deutet auf die Stirn; das zweite Kind nennt die „Stirn" und deutet auf den Fuß). Die „richtige" Antwort ergibt sich entgegen einer bestehenden Hierarchie.

Der *Übergang zur 6. Trainingseinheit* erfolgt, wenn ein kompletter Antwortbogen systematisch und weitgehend fehlerfrei bearbeitet wurde.

Wem fehlt was ?

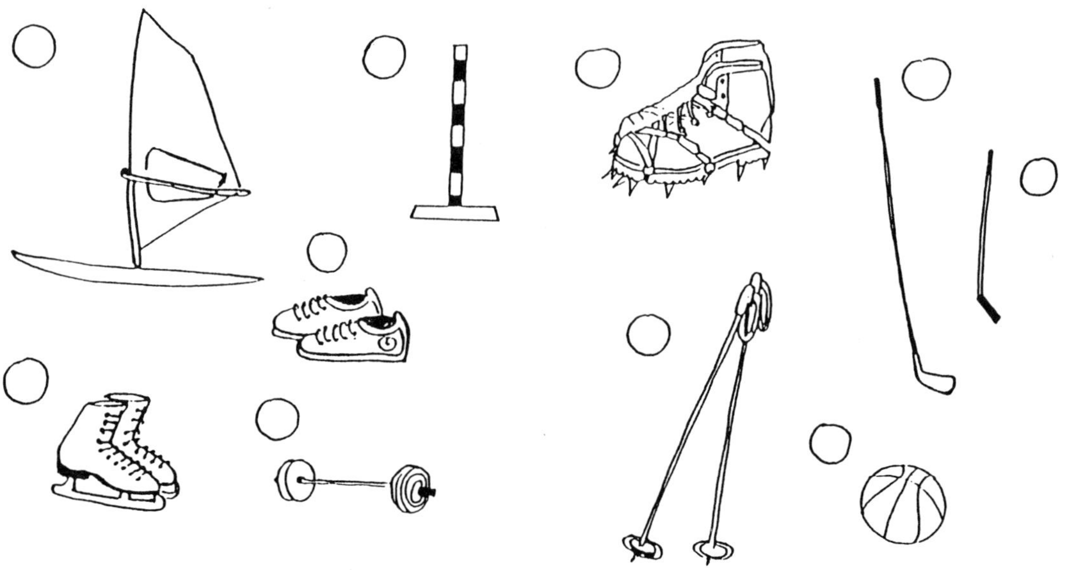

Was gehört zu wem ?

(1)

(2)

(3)

(4)

(5)

(6)

(7)

(8)

(9)

Wer ist wo ?

- ○ Wasser
- ○ Eislaufbahn
- ○ Tennisplatz
- ○ Turnhalle
- ○ Loipe
- ○ Landstraße
- ○ Volleyball-Feld
- ○ Bühne
- ○ Piste

Wer sagt was? Ordne die Nummern zu!

1. „Komm‘ Mutter, ich helfe Dir! Mach‘ langsam und sei vorsichtig, es sind auch nur wenige Schritte bis zum Auto“
2. „Nett, daß du vorbeigekommen bist, um mich abzuholen. Wir sollten jetzt essen gehen“.
3. „Guten Tag Herr Walter! Nett, Sie einmal wiederzusehen. Meine Frau erzählte mir, daß Sie krank waren. Geht es Ihnen schon besser?“.
4. „He Rocky, was machst Du? Ich kann die Leine ja garnicht mehr halten, wenn Du so hoch springst!“
5. „Wir müssen uns beeilen, es fängt gleich an zu regnen! Bernd knöpfe den Mantel zu, sonst bekommst Du noch eine Erkältung!“
6. „Der Brief muß noch heute abgeschickt werden. Bitte schreiben Sie ihn gleich, damit er noch zur Post kommt!“
7. „Schau, das Mädchen mit den kurzen blonden Haaren; sie sieht genauso aus, wie unsere neue Nachbarin. Findest Du nicht auch?“
8. „Achtung, da kommt Herr Müller mit seinem Hund. Sein Hund verträgt sich überhaupt nicht mit unserer Dogge. Laß’ uns schnell weitergehen!“
9. „Gott sei Dank, jetzt haben wir alles eingekauft, was wir für den Kindergeburtstag brauchen. Freut ihr euch auch?“

6. Trainingseinheit – Übertragung der Bearbeitungsstruktur

Ziel: Die Kinder sollen das bisherige Lösungsvorgehen verallgemeinern (abstrahieren); anschließend sollen sie dieses Vorgehen auf strukturell neue Probleme („Reihungen“) übertragen.
Material: „Immer ein Stück mehr“, „die wirkliche Größe“, Signalkarten.
Anforderung: Die Aufgabe besteht darin, Einzelbilder z. B. entsprechend ihrer Größe oder Detailliertheit in einer ansteigenden Reihenfolge anzuordnen. Dazu ist es notwendig, daß die Kinder zunächst alle Einzelbilder mustern sowie den Anfangs- und Endpunkt der Reihe festlegen; dann sollen sie die richtige Reihenfolge durch Vergleiche zwischen den Einzelbildern (multiple Vergleiche) herstellen.

1. Allgemeine, einleitende Erläuterungen

Der Therapeut erörtert die Struktur des bisher vermittelten Vorgehens/der Strategien mit den Kindern (Modellierungsdialog):

T.: Erinnert ihr euch noch an den Film von Thorsten? Welches Problem hatte Thorsten?
K.: ...
T.: (weist das Problem von Thorsten als ein unorganisiertes und ungeordnetes Vorgehen aus). Wißt ihr noch, was wir Thorsten geraten haben?
K.: ...
T.: (sammelt die Antworten der Kinder). Richtig, wir haben Thorsten Hinweise gegeben, wie er geordneter und besser arbeiten kann. Könnt ihr mir sagen, was immer wichtig war, wenn wir hier zusammen Aufgaben gelöst haben?
K.: ...
T.: (Antworten der Kinder sammeln und zugunsten folgender Aussagen moderieren:
- sich nach der Aufgabenstellung fragen (Signalkarte „was ist meine Aufgabe?“);
- in der Beantwortung dieser Frage das Ziel genau bestimmen, „wann ist eine Aufgabe gut gelöst?“;
- die Merkmale einer Aufgabe klären und genau anschauen;
- systematisch und planvoll vorgehen (Signalkarte „Wie gehe ich vor? Ich mache mir einen Plan“);
- immer auch überprüfen, was man gerade tut und ob die Aufgabenbearbeitung richtig ist („Halt! Stop! Überprüfen!“);
- bedacht und sorgfältig vorgehen (Signalkarte „bedacht und sorgfältig!“);
- bei Fehlern innehalten und laut denken.

2. Ableitung der Bearbeitungsstruktur und Modelldemonstration

Der Therapeut legt die Aufgabe („Immer ein Stückchen mehr – Erdbeere“). Er leitet mit den Kindern ab, wie diese Aufgabe unter Beachtung der bisher vermittelten Strategien bewältigt werden kann:

1. Alle Karten der Serie liegen in einer ungeordneten Reihe,
2. Signalkarte: Was ist meine Aufgabe? (genaue Zielbestimmung): Die Bilder so durchnumerieren, daß das Bild mit den meisten Einzelheiten die Nummer 36 erhält und das Bild mit den wenigsten Einzelheiten die Zahl 1. Die Bilder, die dazwischen liegen, erhalten Zahlen von 2 bis 35,
3. Signalkarte „Kenne ich etwas Ähnliches?“: Austausch über die Aufgabenart und mögliche Lösungswege,
4. Signalkarte „Wie gehe ich vor?: Ich mache mir einen Plan!“ (der Therapeut erarbeitet mit den Kindern folgende Lösungsstruktur und setzt den jeweils vorbereiteten Lösungsschritt mit den Kindern zusammen um):
   a) Beschreibung der Bilder;
   b) das vollständige Bild und das Bild mit den wenigsten Details heraussuchen, um den Anfang sowie das Ende der Reihe zu bestimmen (Signalkarten: Bedacht und sorgfältig vorgehen! Halt! Stop! Überprüfen!);
   c) evtl. ein Bild mit mittlerer Detailliertheit bestimmen;
   d) dann die verbleibenden Bilder bestimmen und dabei multipel vergleichen (Signalkarten: Bedacht und sorgfältig vorgehen! Halt! Stop! Überprüfen!).

Ein kompetenteres Kind demonstriert dann, wie eine ähnliche Aufgabe gelöst wird; es verbalisiert dabei sein Vorgehen offen und strukturiert sein Vorgehen anhand der Signalkarten (Problemlöseschritte).

3. Übungsphase der Kinder

1. Abwechselnde Bearbeitung der inhaltsähnlichen Aufgaben (Frosch, Vogel) unter offener Selbstverbalisierung und Einsatz der Signalkarten (ggf. prozeßorientierte Hilfen des Therapeuten).
2. Bearbeitung der Aufgabe „Die wirkliche Größe“; dies stellt eine Schwierigkeitssteigerung dar, weil nicht die abgebildete Größe die Reihe definiert, sondern die erinnerte, tatsächliche Größe reihenbildend ist.

4. Spielerischer Ausklang – Strategiespiel

Spiel: „Vierer-Reihe“ (z. B. Simba-Toys Nr. 610 1068)

Spielbeschreibung: Dieses Spiel setzt das Prinzip der Reihenbildung fort. Zwei Spieler plazieren innerhalb eines Spielgerüstes Spielsteine so, daß entweder in der Waagerechten oder Senkrechten (bei älteren Kindern auch in der Diagonalen) jeweils vier Spielsteine nebeneinander zu liegen kommen. Der Gegenspieler versucht ebenfalls, eine derartige Reihe herzustellen und gleichzeitig zu verhindern, daß der andere Spieler eine „Vier-Steine-Sequenz“ schafft. Damit spielen beide Spieler gegeneinander und es kommt darauf an, eine eigene Reihe strategisch gut zu plazieren.

Das Spiel ist dann beendet, wenn eines der Kinder eine Vierer-Reihe hergestellt hat.

Durchführung/Hinweise: Zunächst sollte der Therapeut mit einem Kind spielen. Dann spielen reihum zwei Kinder miteinander.

Der *Übergang zur 7. Trainingseinheit* erfolgt, wenn auch die komplexere Reihenbildung gelungen ist.

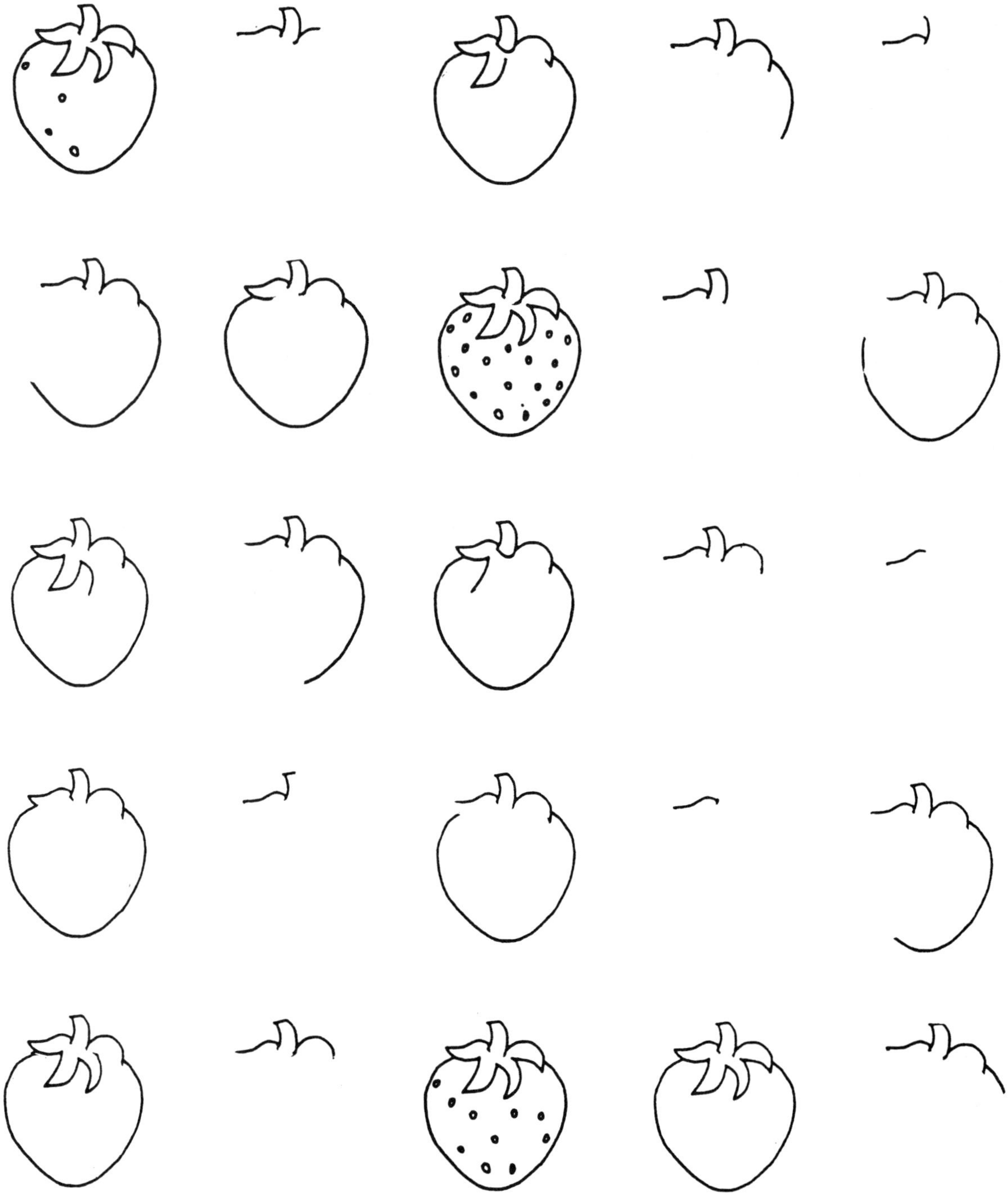

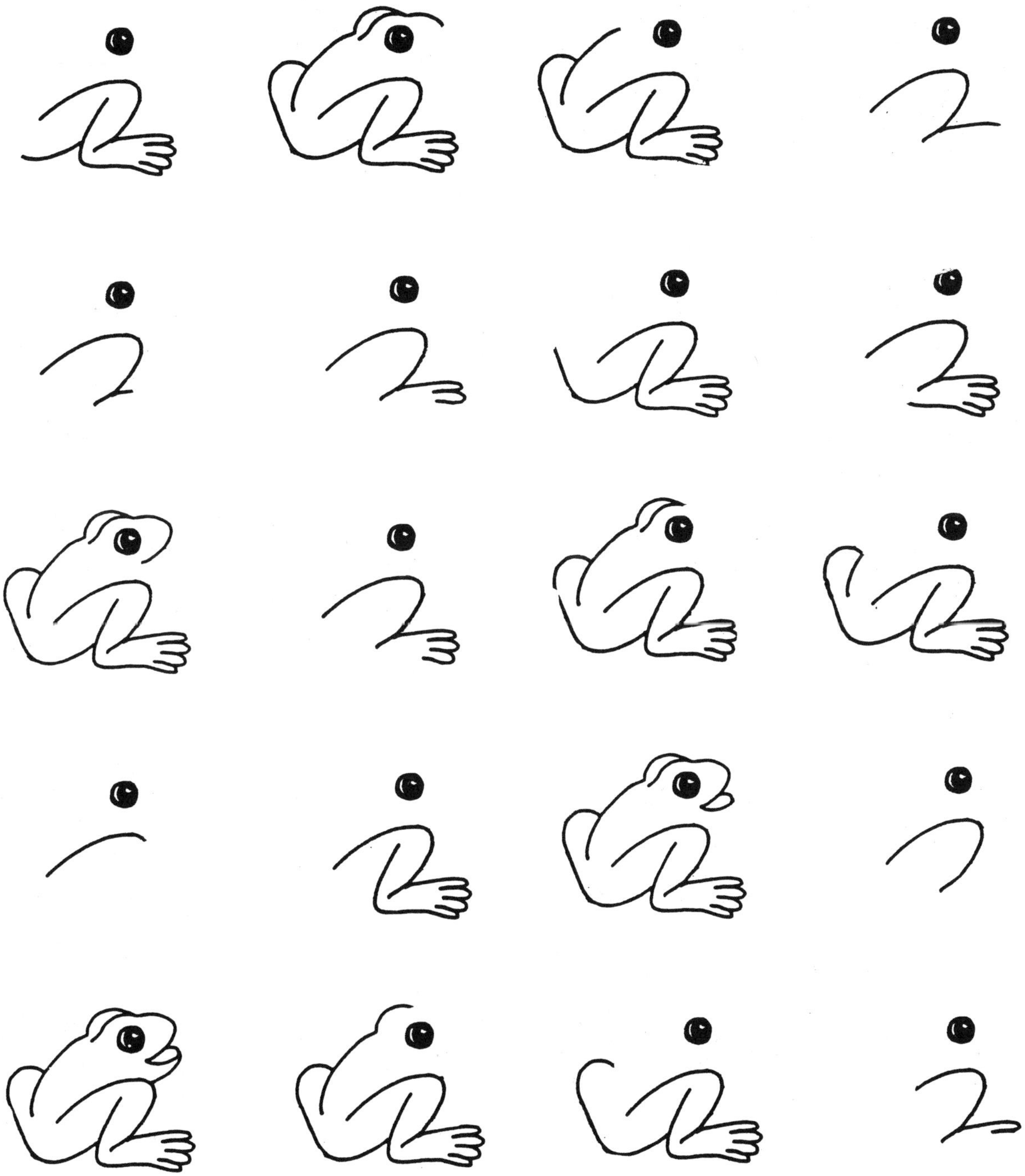

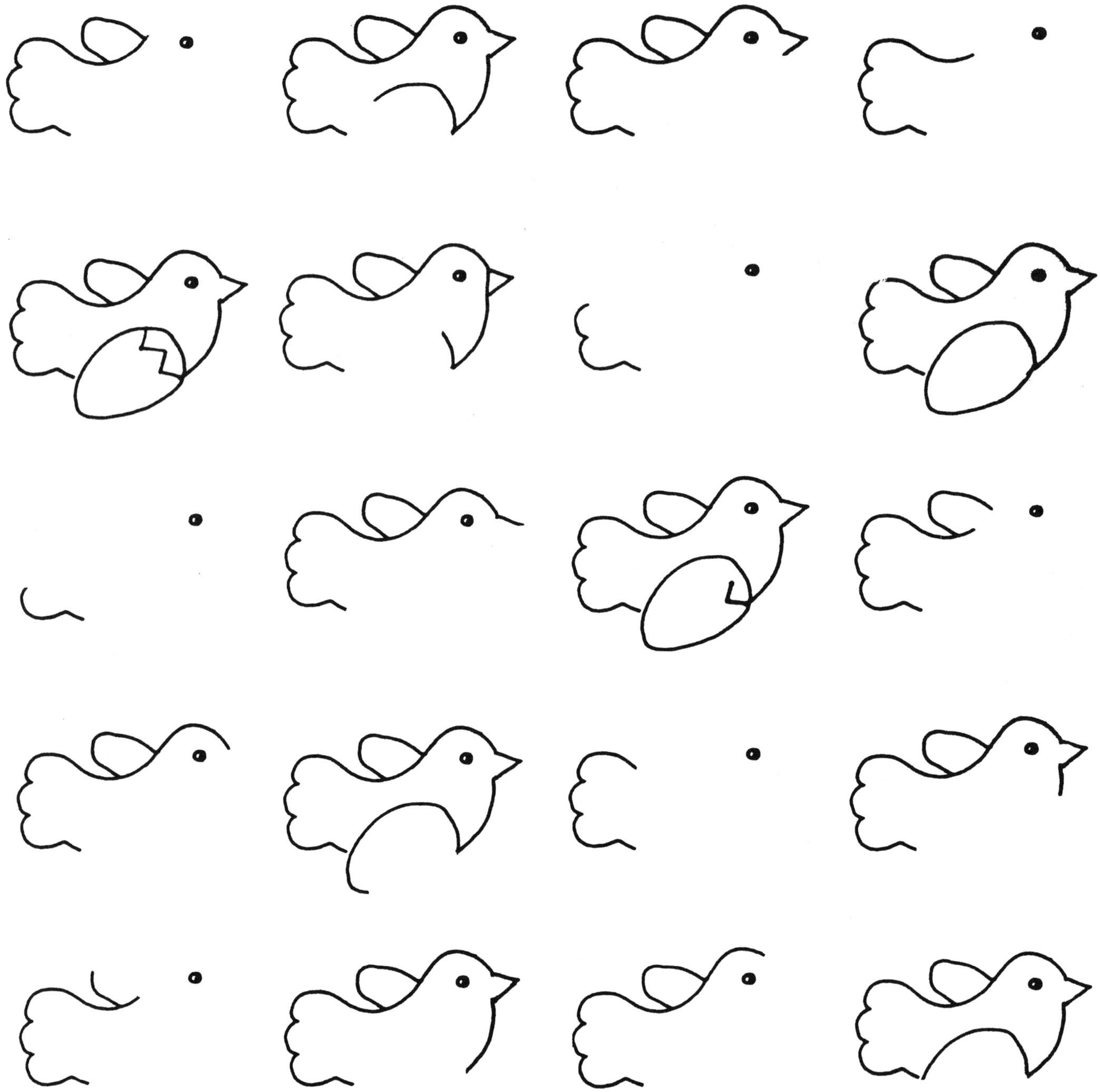

7. Trainingseinheit – Übergeordnete Pläne ableiten

Ziel: Die Kinder sollen ein mehrschichtiges, hierarchisches Planungsverhalten ableiten und umsetzen.
Material: Vier Kartenserien aus dem Spiel „Wie geht es weiter?“ (Materialset); Signalkarten; „Contact“ (Ravensburger Spiele Nr. 60555044).
Anforderung: Das Aufgabenmaterial besteht aus einer Kartenserie von sechs bis sechzehn Kärtchen, auf denen jeweils ein Motiv (z. B. ein Schiff) mit unterschiedlich vielen Details abgebildet ist. Diese Kärtchen sollen in einer Reihe mit zunehmend mehr Details angeordnet werden. Dazu muß eine Karte jeweils mit mehreren anderen verglichen werden (multiple Vergleiche). Dies erfordert eine differenzierte Planung sowie genaue Prüfprozesse.

1. Allgemeine, einleitende Erläuterungen

Der Therapeut bestimmt mit den Kindern aus einer übergeordneten (metakognitiven) Sichtweise das Wesentliche des bisherigen Lösungsvorgehens.

T.: Die Tricks helfen uns, besser mit schwierigeren Aufgaben zurecht zu kommen. Welche Vorteile haben unsere Tricks?
K.: ...
T.: Der Therapeut sammelt die Antworten der Kinder und modelliert sie zugunsten folgender Aussagen:
- komplexe Probleme werden in kleinere Schritte aufgeteilt;
- schwierigere Aufgaben werden dadurch besser bearbeitbar;
- das laute Denken führt dazu, daß die eigene Tätigkeit bewußter sowie bedachter ausgeführt wird;
- der „Trick“, bei Fehlern innezuhalten und laut zu denken, führt dazu, daß man sich nicht in Fehlern festrennt.

Diese Schlußfolgerungen werden mit den Kindern anhand ihrer eigenen Erfahrungen in der Therapie oder im Alltag diskutiert.

2. Ableitung des Vorgehens im Modellierungsdialog

Die nachstehende Bearbeitungsstruktur zur Kartenserie (Schiff) wird mit den Kindern abgeleitet:
a) die Fragestellung bestimmen und die Ausgangssituation der Aufgabe klären;
b) alle Karten der Serie in eine Reihe legen;
c) die Karten mit den *meisten Details* heraussuchen („Endkarte“); dazu wird die Karte mit den vermutlich zahlreichsten Details ausgewählt; im direkten Vergleich mit allen anderen Karten wird geprüft, ob sie tatsächlich die meisten Details enthält.
d) die Karte mit den wenigsten Details („Anfangskarte“) in gleicher Weise herausfinden;
e) eine zunächst noch hypothetische Reihe legen (diese Reihe wird unter den beiden „Endkarten“ gelegt);
f) diese hypothetische Reihe wird detailliert mittels multipler Vergleiche (jede Karte wird mit jeder anderen verglichen) überprüft und ggf. verändert.

Diese Bearbeitungsstruktur wird anhand heuristischer Fragen (Signalkarten) abgeleitet:

T.: Hier liegen verschiedene Karten, was müssen wir uns zuerst fragen?
K.: ...
T.: Richtig, wir nutzen die erste Signalkarte („Was ist meine Aufgabe?“) und bestimmen, was wir tun sollen. Was sollen wir tun?
K.: ...
T.: (der Therapeut erörtert mit den Kindern mögliche Zielsetzungen und arbeitet die zutreffende heraus – bei jeder nachfolgenden Karte muß ein Detail hinzukommen.) Welche Frage müssen wir uns dann stellen?
K.: ...
T.: Kenne ich etwas Ähnliches? (Signalkarte). (Therapeut sammelt Vorerfahrungen der Kinder und erörtert, ob sie für die Ableitung dieser Bearbeitungsstruktur bedeutsam sind). Richtig! Aus der letzten Sitzung „Immer ein Stück mehr“. Welche Frage ist jetzt wichtig?
K.: ...

T.: Richtig, wie gehe ich vor (Signalkarte zeigen)? Wir machen uns einen Plan. Wie könnte unser Plan aussehen?
K.: ...
T.: (der Therapeut sammelt hier wiederum die Vorschläge und moderiert sie zugunsten der oben stehenden Bearbeitungsstruktur).
K.: ...
T.: Was ist denn wichtig, wenn wir jetzt an diese Aufgabe herangehen?
K.: ...
T.: (der Therapeut arbeitet heraus, daß handlungssteuernde Momente – die Signalkarten „Bedacht vorgehen" sowie „Überprüfen" – förderlich sind).

3. Übungsphase der Kinder

Die Kinder lösen reihum eine Aufgabe unter offener Selbstverbalisierung und Einsatz der Signalkarten. Sie setzen diese Bearbeitungsstruktur dann in einer erneuten Bearbeitung bei verdeckten (flüsternden) Selbstanweisungen und teilweise offener Strukturierung durch Signalkarten um.

4. Spielerischer Ausklang – „Reihen" fortsetzen

Spiel: „Contact" (Ravensburger Spiele Nr. 60555044).
Spielbeschreibung: Die Spieler vervollständigen mittels Bildkarten eine Landschaft, wobei die Paßgenauigkeit der anzulegenden Bildkarten zu beachten ist.
Durchführung/Hinweise: Alle Kinder der Trainingsgruppe sowie der Therapeut spielen gemeinsam, wobei zunächst mittels einzelner Karten der Anfang einer Landschaft gelegt wird. Alle Spieler erhalten etwa 14 Karten, die sie reihum anlegen.

Der *Übergang* zur nächsten Trainingseinheit erfolgt, wenn die Kinder die abstraktere Planungsidee in ihrem Handeln weitgehend fehlerfrei umsetzen können. Falls dies noch nicht gelingt, sollte eine ergänzende Trainingssitzung (evtl. mit reduzierter Kartenanzahl) durchgeführt werden.

8. Trainingseinheit – Reihenbildung nach einem vorgegebenen Prinzip

Ziel: Die Kinder sollen eine Geschichte in ihrer zentralen Aussage erfassen und sie dann als Bilderreihe wiedergeben.
Material: Sechs Bildserien („Papa Moll" – Schubi-Lehrmittel), sechs entsprechende Geschichten (vgl. Anhang 1), Tonband , Signalkarten.
Anforderung: Zunächst müssen sich die Kinder den Ablauf der Geschichte merken; dann geben sie die Geschichte beim Legen der Bilderreihe wieder.

Dazu sind zentrale Informationen aufzunehmen, zu speichern und planvoll wiederzugeben.

Im spielerischen Ausklang („Willi geht über die Grenze") gilt es umgekehrt, eine verborgene Information zu erraten.

1. Allgemeine, einleitende Erläuterungen

Der Trainer legt den Kindern das Aufgabenmaterial vor; er erläutert die Aufgabe und das Aufgabenmaterial:

T.: Könnt ihr euch noch an unser letztes Treffen („Wie geht es weiter?") erinnern? Was haben wir denn da gemacht?
K.: ...
T.: (arbeitet heraus, daß mittels Bildkarten eine richtige Reihenfolge hergestellt wurde). Woher wußten wir eigentlich, was die richtige Reihenfolge bei „Wie geht es weiter?" war?
K.: ...
T.: (arbeitet heraus, daß sich die Reihenfolge aus der Gesamtheit der Karten ergibt – das Prinzip „Es kommt immer ein Detail hinzu"). Ist es bei diesen (zeigen) Bildkarten genauso?
K.: ...
T.: (sammelt die Antworten der Kinder und arbeitet mit den Kindern heraus, daß sich die Anordnung dieser Bilder aus einer zentralen Idee – dem Ablauf der Geschichte – ergibt). Woher wissen wir aber, welche Geschichte diese Bilder erzählen?
K.: ...
T.: (arbeitet mit den Kindern heraus, daß man sich aufgrund eigener Erfahrungen den Ablauf rekonstruiert). Wir werden uns unsere Arbeit etwas erleichtern. Deshalb habe ich die Geschichten, die zu den Bilderkarten gehören, bereits auf dieses Tonband gesprochen. Wir
- hören zuerst die Geschichte vom Tonband;
- merken uns diese Geschichte gut;
- dann legen wir die Bildkarten so, daß sie die Geschichte erzählen.

2. Modelldemonstration

Aufgabengestaltung (Serie Nr. 2 „Ostereier"): Der Therapeut behält die Anfangskarte dieser Bildgeschichte; die restlichen sechs Bildkarten dieser Serie werden mit mehreren Bildkarten anderer Bildserien vermischt und auf dem Tisch verteilt. Die Aufgabe besteht jetzt darin, aus etwa 20 Karten, *die* sechs Bildkarten herauszufinden, die zur Geschichte gehören und die Geschichte mit diesen sechs Bildkarten zu legen.

Bearbeitungsstruktur:
- sich die Tonband-Geschichte anhören,
- die Geschichte abschnittweise nacherzählen und
- dabei die passenden Bildkarten heraussuchen,
- überprüfen, ob diese Bildkarten-Anordnung stimmt (durch erneutes Nacherzählen der Geschichte anhand der gelegten Kartenreihe).

Der Therapeut modelliert diese Bearbeitungsstruktur anhand folgender Aussagen:
Aufgabenstellung: „Was ist meine Aufgabe? (Signalkarte)

Ich weiß, ich soll die Geschichte, die ich jetzt vom Tonband höre, mit diesen Bildkarten nachlegen. Wie gehe ich dabei vor? (Signalkarte).

Lösungsplan: Ich höre mir die Geschichte zuerst genau an, damit ich sie verstehe.
Danach suche ich die Bildkarten heraus, die die Geschichte darstellen. Ich gehe bedacht und sorgfältig vor (Signalkarte) und überprüfe genau, was ich tue (Signalkarte).

Informationsentnahme: „Ich höre mir die Geschichte ganz genau an. Beim Anhören merke ich mir, wer in der Geschichte vorkommt, und was er tut (Therapeut hört die Geschichte vom Tonband ab).
K.: ...
T.: Was ist jetzt meine Aufgabe? (Signalkarte)
K.: ...
T.: Ja, ich will diese Geschichte mit den Bildern wiedergeben. Dazu muß ich aus diesen Bildern (zeigen) die Karten herausfinden, die genau das wiedergeben, was ich eben vom Tonband gehört habe. Wie mache ich das? (Signalkarte)
K.: ...

Bilderreihe herstellen:
T.: Zuerst suche ich die Anfangskarte heraus. Dazu erzähle ich mir noch einmal den Anfang meiner Geschichte. Wie war noch einmal der Anfang?
K.: ...
T.: (wiederholt den Anfang der Geschichte und erzählt sie jetzt abschnittsweise; ordnet jedem Abschnitt seiner Erzählung eine Bildkarte zu).
K.: ...
Prüfprozeß (Wenn alle Bildkarten zusammengelegt sind):
T.: Was kommt jetzt? Richtig. Halt – überprüfen ! (Signalkarte) Wie mache ich das nur, Überprüfen?
K.: ...
T.: Ich erzähle mir die Geschichte noch einmal (Therapeut oder ein Kind tut dies.) Ist es nun eine sinnvolle Geschichte?
K.: ...
T.: Stimmt die Reihenfolge der Bilder mit meiner Geschichte überein?
K.:...

Kompetenzzuschreibung:
T.: Das habe ich gut gemacht (Signalkarte).

3. Übungsphase der Kinder
Die Kinder bearbeiten jeweils zwei Bilderserien. Sie setzen die eingangs demonstrierte (Informationsentnahme)-strategie in offene Selbstinstruierung um. Im wesentlichen ist dabei:
- die Aufgabe definieren (eine vom Tonband gehörte Geschichte mit den entsprechenden Bildkarten nachlegen und die gehörte Reihenfolge wiedergeben);
- die Informationsentnahmestrategie befolgen (sich merken, wer in der Geschichte vorkommt und was wichtig ist);
- die Geschichte vor dem Anlegen eines Bildes abschnittsweise nacherzählen;
- die gelegte Bilderserie anhand einer erneuten (verkürzten) Erzählung überprüfen (stimmt die Reihenfolge der Bilder mit meiner Geschichte überein?).

Der Therapeut unterstützt die Kinder dabei (Visualisierung der Informationsentnahmestrategie, prozeßorientierte Hilfen).

4. Spielerischer Ausklang – Identifizieren einer zentralen Idee
Spiel: „Willi will über die Grenze".
Spielbeschreibung: Ein Spieler denkt sich zu einer Person spezifische Merkmale aus (sechs Kennzeichen wie Farbe der Socken, Schuhe, Art der Bekleidung, Haarfarbe, Aussehen etc.). Der zweite Spieler soll diese Merkmalskonstellation durch gezieltes Fragen herausfinden. Er fragt beispielsweise danach, ob Willi mit einem Hemd über die Grenze kommt. Falls dies zutrifft, antwortet der erste Spieler: „Willi kommt in einem Hemd über die

Grenze". In den weiteren Fragen gilt es jetzt beispielsweise herauszufinden, welche Farbe dieses Hemd hat. Das Spiel ist beendet, wenn alle Merkmale von Willi definiert sind; er kommt dann „über die Grenze". Der Fragesteller muß in diesem Spiel erfolgversprechenden Hypothesen gezielt nachgehen.

Durchführung/Hinweise: Die Merkmalkonstellation des ersten Spielers wird schriftlich fixiert, um spätere Konflikte zwischen beiden Kindern (z. B. durch „Mogeln") zu vermeiden. Das Spiel wird reihum gespielt, wobei der Therapeut zuerst fragt, um das Vorgehen zu veranschaulichen.

Der *Übergang zur 9. Trainingseinheit* erfolgt, wenn diese Bearbeitungsstruktur befolgt werden kann. Falls dies nicht in befriedigendem Maße gelingt, sollte eine erneute Modelldemonstration gegeben und ggf. mit reduzierter Bilderkartenzahl gearbeitet werden.

9. *Trainingseinheit – Ein Organisationsprinzip ableiten*

Ziel: Die Kinder sollen aus Bildkarten eine Geschichte legen. Dies verlangt, die zentrale Idee (Organisationsprinzip) der Geschichte abzuleiten, die Bildkarten gezielt zu analysieren und im Legen der Bildgeschichte Überprüfungen vorzunehmen. Die Kinder sollen mithin ein vergleichsweise abstraktes Organisationsprinzip herausfinden und hypothesengeleitet umsetzen.
Material: Sechs Bildserien aus „Papa Moll", Signalkarten. „Schau genau"; „Wem fehlt was?"; „Immer ein Stück mehr", „Wie geht es weiter?".
Anforderung: Die Problembewältigung erfordert zunächst eine genaue Analyse der einzelnen Bildkarten sowie die Bestimmung des zentralen Inhaltes, der diesen Karten gemeinsam ist. Sodann müssen Hypothesen gebildet und im eigenen Handeln überprüft bzw. verändert werden. Insgesamt verlangt die Aufgabe ein sorgfältiges, zeitlich geordnetes Vorgehen.

1. Allgemeine, einleitende Erläuterungen

Der Therapeut erörtert mit den Kindern die Anforderung der bisherigen Aufgaben. Er arbeitet ihr deklaratives Wissen (Wissen über Aufgaben und förderliche Bewältigungsstrategien) heraus und bringt damit ihre bisherigen Therapieerfahrungen auf ein metakognitives Niveau. Der Therapeut vermittelt anhand ausgewählter Übungsmaterialien („Schau genau", Wem fehlt was?", „Immer ein Stück mehr", „Wie geht es weiter?") die zentrale Idee der bisherigen Intervention. Er legt den Kindern diese Materialien der Reihe nach vor und klärt mit ihnen (Modellierungsdialog),
- welche Bewältigungsstrategien für die Bearbeitung dieser Aufgaben erforderlich sind;
- welche Anforderungen diese Aufgaben stellen;
- welche Gemeinsamkeiten zwischen diesen Aufgaben bestehen bzw. worin sie sich unterscheiden.

Das Verarbeitungsniveau der Kinder ist natürlich vom Alter abhängig. Bei jüngeren Kindern begnügt sich der Therapeut deshalb damit, daß die Verarbeitungsstrategie im Wortlaut genannt wird; bei älteren Kindern werden dagegen eher abstraktere Einstufungen (z. B. bei „Schau genau": Das ist eine Zuordnungsaufgabe, bei der man sehr genau und systematisch vorgehen muß") erwartet; z. B.:

T.: Ihr erinnert euch noch an dieses Spiel (Differix); wißt ihr noch, wie es heißt?
K.: ...
T.: Was war denn besonders wichtig bei der Lösung dieses Problems?
K.: ...
T.: (Therapeut sammelt die Antworten der Kinder und arbeitet folgende Momente heraus: Bestimmung der Aufgabe und der Zielsetzung; Befolgung eines Planes – systematisches Vorgehen von links oben nach rechts unten; bedachtes und sorgfältiges Arbeiten; Überprüfung einer Kartenzuordnung; bei Fehlern und Frustrationen die Handlung verlangsamen und durch offene Selbstverbalisierung steuern.) Ist das bei dieser Aufgabe („Wem fehlt was?") ähnlich?
K.: ...
T.: (sammelt wiederum die Antworten der Kinder und modelliert auf die Antwort hin, daß die gleichen Prinzipien – wenn auch flexibler – gültig sind.) Ihr erinnert euch sicher noch an diese Aufgabe? („Wie geht es weiter?"). Könnt ihr mir sagen, was dabei besonders wichtig ist?
K.: ...
T.: (Therapeut sammelt wiederum die Antworten der Kinder und modelliert sie zugunsten folgender Bearbeitungsstruktur: Bestimmung des Anfangs- und Endpunktes der Reihe; sorgfältiges Mustern der Bilder; einem Plan folgen; langsam vorgehen; überprüfen.) Ich sehe, ihr seid gute Problemlöser!
K.: ...
T.: Heute habe ich wieder Bildkarten von Papa Moll mitgebracht. Wir hören jetzt aber keine Geschichte vom Tonband. Wir müssen also selbst herausfinden, welche Geschichte diese Bilder (zeigen) erzählen. Welche ähnlichen Aufgaben kennt ihr schon?
K.: ...
T.: (der Therapeut sammelt die Antworten der Kinder und fragt sie, was ähnlich daran ist. Er moderiert das Gespräch auf folgendes Ziel hin: Die Bildkarten stellen eine Reihe dar, deren Organisationsprinzip erschlossen werden muß. Dabei gehen wir ähnlich wie bei den Reihungsaufgaben vor.)

2. Modelldemonstration

Der Therapeut verdeutlicht im Modellierungsdialog, daß vier Bedingungen beachtet werden müssen:

- Präzise Definition der *Zielsetzung:* Die Karten sollen so aneinandergelegt werden, daß eine fortlaufende und sinnvolle Geschichte entsteht.
- Musterung der Ausgangssituation: Vor dem Anordnen werden alle Bildkarten *beschrieben.*
- Annäherung an das zentrale Organisationsprinzip: Zu diesen Bildkarten wird eine *gemeinsame Überschrift* formuliert.
- Aufrufen von Vorerfahrungen: Eigene Erfahrungen zum Inhalt der Bildkarten rekapitulieren.
- Die eigene Handlung strukturieren: Das *Anfangsbild* der Bildergeschichte wird herausgesucht und im Sinne der o. g. Überschrift beschrieben, die anderen Bildkarten werden unter Nutzung der Vorerfahrungen angelegt.
- Überprüfung Lösung: Anhand der gelegten Bildkarten die Geschichte erzählen. Ist diese Geschichte sinnvoll, d. h. entspricht sie dem tatsächlichen Zeitablauf? Würden andere die Geschichte auch so erzählen?

Diese Strategie wird dann vom Therapeuten oder einem kompetenten Kind bei offener Selbstverbalisierung und Nutzung der Signalkarten demonstriert.

3. Übungsphase

Die Kinder bearbeiten abwechselnd zwei bis drei Bildserien. Sie gehen dabei nach der zuvor erarbeiteten und demonstrierten Strategie vor und arbeiten bei offener Selbstverbalisierung und Einsatz der Signalkarten.

Der Therapeut achtet darauf, daß die oben genannte Strategie genau eingehalten wird. Falls die Kinder nicht damit zurecht kommen, greift er mit prozeßorientierten Hilfen ein.

4. Spielerischer Ausklang

Spiel: „Solitär“

Spielbeschreibung: Das Spiel wird auf einem Spielbrett mit fünf Quadraten (jeweils 3 × 3) durchgeführt. Diese Quadrate sind im Kreuz angeordnet und mit Stiften besetzt, wobei die mittlere Position freibleibt. Durch Überspringen wird jeweils ein Solitär-Stein ausgeschieden. Das Ziel des Spieles besteht darin, daß zum Schluß nur noch ein Spielstein in der Mitte übrig bleibt.

Durchführung/Hinweise: Das Spiel wird reihum gespielt; um soziale Schwierigkeiten (Ungeduld, Weglaufen, Dreinreden) zu vermeiden, wird die Reihenfolge vorher vereinbart. Die Kinder, die nicht an der Reihe sind, werden aufgefordert, ihre Meinung über das beobachtete Lösungsvorgehen am Ende eines Spiels bekanntzugeben.

Der *Übergang zur 10. Trainingseinheit* erfolgt, wenn die Ausgangssituation (Bildkarten) ausführlich beschrieben und eine Lösungsannäherung erreicht wurde.

10. Trainingseinheit – Übertragung auf abstrakte Probleme

Ziel: Die Kinder sollen das bisherige Vorgehen auf vergleichsweise abstrakte Probleme übertragen, die eine ausführliche Analyse des Ausgangszustandes, Hypothesenbildung sowie das Erkennen eines Organisationsprinzips verlangen. Eine Überprüfung des eigenen Vorgehens im direkten Handeln ist dabei nicht möglich, so daß vor allem die gedankliche Handlungsorganisation gefördert wird.
Material: „Logische Reihen", Signalkarten, Spiel „Mastermind".
Anforderung: Die Aufgabe besteht darin, die begonnene Reihe fortzusetzen und das richtige Lösungskästchen herauszufinden. Dies erfordert zunächst eine genaue (beschreibende) Analyse der Aufgabenmomente sowie die Ableitung des Organisationsprinzips. Hierfür sind die genaue Aufgabenbestimmung, die Überprüfung und Konkretisierung der Zwischenergebnisse und das laute Denken hilfreich. Das im spielerischen Ausklang verwendete „Mastermind" verlangt ähnliche Kompetenzen.

1. Allgemeine, einleitende Erläuterungen

Der Therapeut geht mit den Kindern die Strategie der vorausgegangenen (neunten) Trainingseinheit durch. Er erarbeitet mit ihnen, daß
- die Analyse der Ausgangssituation (Bildkarten),
- die Formulierung einer gemeinsamen Überschrift (als erste Annäherung an das Organisationsprinzip) sowie
- die Überprüfung einer vorgeschlagenen Lösung (durch das Nacherzählen der Geschichte)

förderlich sind. Er legt dar, daß sich die heutigen Aufgaben in Einzelpunkten sehr eng an diese Bearbeitungsstruktur anlehnen.

2. Modelldemonstration

Der Therapeut erarbeitet mit den Kindern folgende Vorgehensweise (Modellierungsdialog):
- Die Aufgabe definieren (Signalkarte „Was ist meine Aufgabe?").
- Beantwortung dieser Frage und Zielsetzung: Ich soll unter den fünf Antwortmöglichkeiten *das* Kästchen heraussuchen, das genau zu den drei Kästchen auf der linken Seite paßt.
- Lösungsplanung (Signalkarten „Wie gehe ich vor?", „Kenne ich etwas Ähnliches?"): Genaue Beschreibung der Aufgabenelemente und (hypothesenbildende) Beschreibung der Antwortmöglichkeiten.
- Bewältigungsverhalten (Signalkarte „bedacht und sorgfältig vorgehen!"): Aufrechterhaltung eines bedachten Arbeitsstiles; lautes Denken bei Handlungsschwierigkeiten.
- Lösungsannäherung (Signalkarte „Halt! Stop! Überprüfen!"): Verbalisierung möglicher Hypothesen und deren Überprüfung innerhalb eines verkürzten Problemlöseprozesses.
- Bekanntgabe des Ergebnisses.
- Kompetenzzuschreibung.

Diese Bearbeitungstrategie wird von einem Kind bzw. von dem Trainer demonstriert, z. B.

Aufgabenbestimmung: Was ist meine Aufgabe (Signalkarte)? Ich suche unter den fünf Antwortmöglichkeiten das Kästchen, das genau zu den drei Aufgabenkästchen auf der linken Seite paßt.
Ich kreuze dann an, welche Antwortmöglichkeit die richtige ist.
Lösungsplanung: Wie gehe ich vor (Signalkarte)? Ich mache mir einen Plan. Mein Plan sieht folgendermaßen aus:
Ich beschreibe zuerst, was ich in den Aufgabenkästchen sehe; ich beschreibe auch, was ich in den Antwortkästchen rechts daneben sehe.
Dann beschreibe ich auch die Antwortmöglichkeiten auf der rechten Seite. Ich sage auch hier genau, was ich sehe.
Wenn mir einfällt, was die richtige Lösung sein könnte, überprüfe ich noch einmal genau (Signalkarte), ob das auch stimmt.
(Therapeut oder Kind führen diesen Lösungsweg beispielsweise an Aufgabe Nr. 5 aus: *Beschreibung der Aufgabenelemente:* Ich sehe ein Kästchen mit einem Kreis; dann ein Kästchen mit zwei Kreisen, die den gleichen Mittelpunkt haben, und dann drei Kreise, die wieder den gleichen Mittelpunkt haben. Es ist also immer ein Kreis hinzugekommen.

Beschreibung der Lösungsmomente: Jetzt sehe ich ein Kästchen mit drei Ellipsen; ein Kästchen mit vier Kreisen, wobei aber der innere Kreis verrutscht ist; ein Kästchen mit vier Kreisen und dann noch ein Kästchen mit vier Ellipsen, die aber alle verrutscht sind, und zuletzt eine Art Zielscheibe.
Verbalisierung des Lösungsprinzips (Hypothese): Bei der Aufgabe ist immer ein Kreis dazugekommen, außerdem haben die Kreise den gleichen Mittelpunkt und Abstand.
Die richtige Lösung könnte also (c) sein.
Überprüfung der Lösung: Ich überprüfe noch einmal ganz genau und frage mich, ob (c) wirklich hineinpassen würde.
Überprüfung als verkürzte Problemlösung (Signalkarte „Halt! Stop! Überprüfen!"): Ein Kreis im ersten Kästchen, zwar mit gleichem Abstand im zweiten und drei Kreise im dritten Kästchen und dann müssen vier Kreise mit gleichem Abstand und gleichem Mittelpunkt erscheinen.
Formulierung des Lösungsprinzips: Es kommt immer ein Kreis dazu, sonst ändert sich nichts.
Bekanntgabe der Lösung: (c) ist die richtige Lösung.
Kompetenzzuschreibung (Signalkarte „Das habe ich gut gemacht!"):

3. Übungsphase

In der Übungsphase bearbeiten die Kinder bei genauer Einhaltung dieser Strategie und offener Selbstverbalisierung etwa 10 bis 12 dieser Aufgaben abwechselnd.

4. Spielerischer Ausklang – einen Geheimcode identifizieren

Spiel: „Mastermind"
Spielbeschreibung: Ein Kind steckt aus farbigen Stiften einen Geheimcode, den das andere Kind durch Rateversuche herausfinden soll. Es erhält Rückmeldungen für seine Rateversuche, indem weiße und schwarze Stifte auf ein Antwortbrett gesteckt werden.

Der Geheimcode kann identifiziert werden, wenn der Ratende diese Rückmeldung nützt und sich Zug um Zug der richtigen Lösung annähert (hypothesengeleitetes schlußfolgerndes Denken).
Durchführung/Hinweise: Das ratende Kind wird aufgefordert, seine Rateversuche und Hypothesen durch lautes Denken (offene Selbstverbalisierung) mitzuteilen.

Der *Übergang zur 11. Trainingseinheit* erfolgt, wenn die eigenständige und korrekte Bearbeitung der CFT-Aufgaben gelingt.

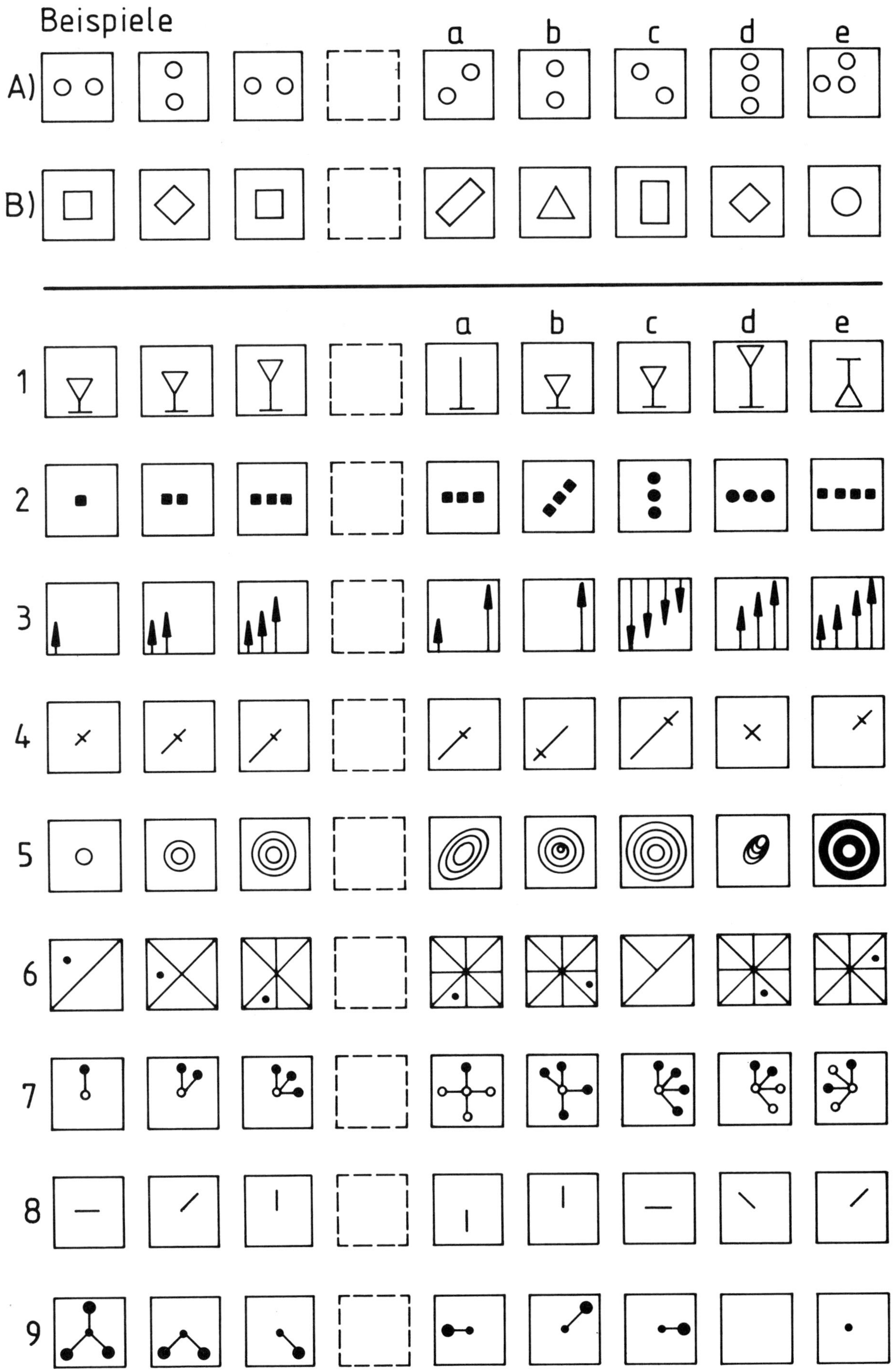
Beispiele
a b c d e
A)
B)
a b c d e
1
2
3
4
5
6
7
8
9

10
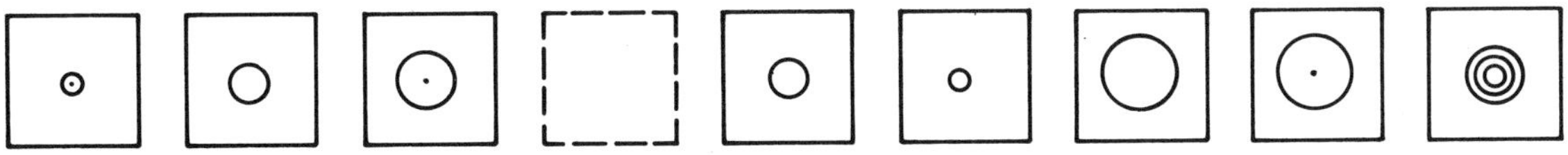

11

12
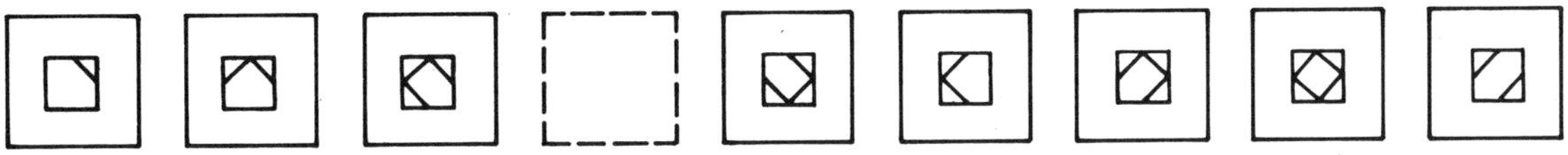

13

14

15

16

17
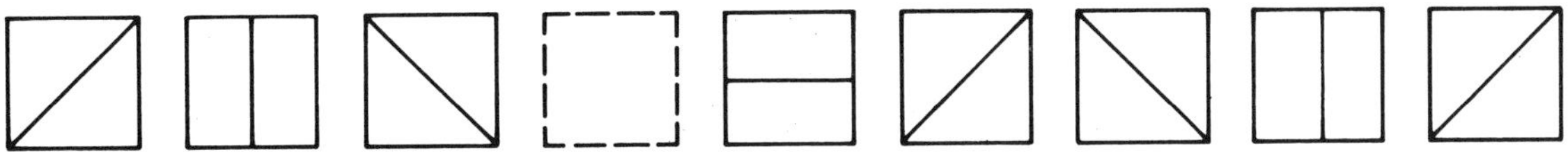

18
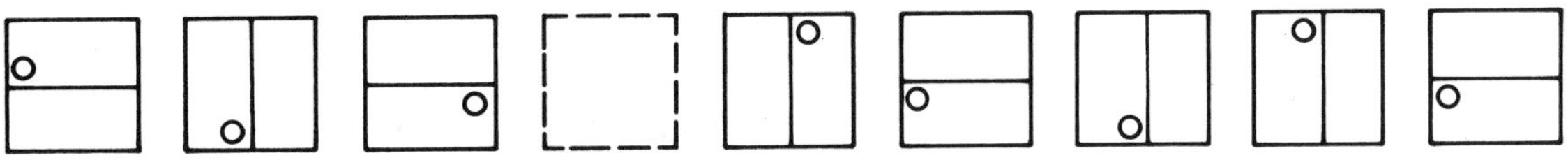

19

20
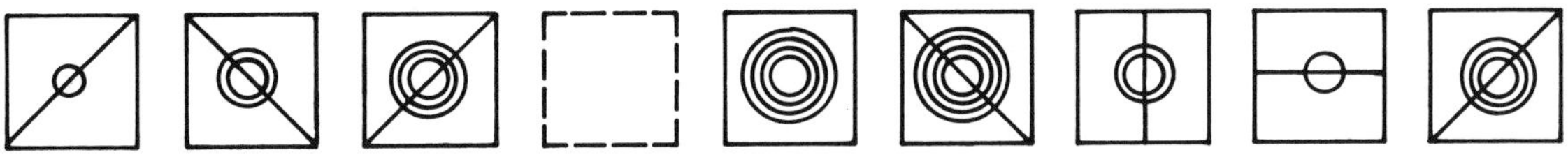

21
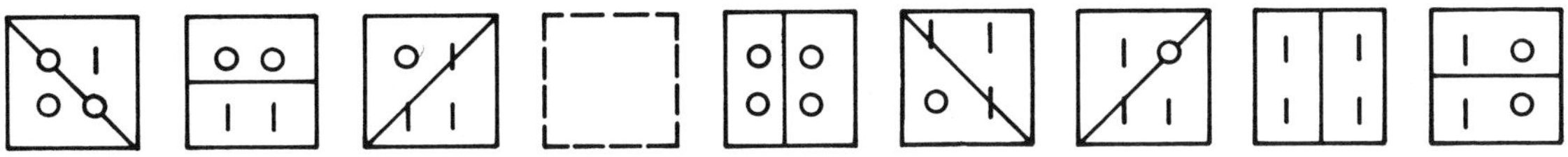

22 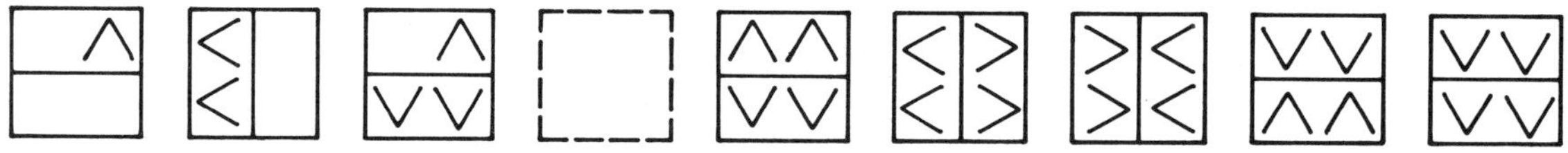

23 

24 

25 

26 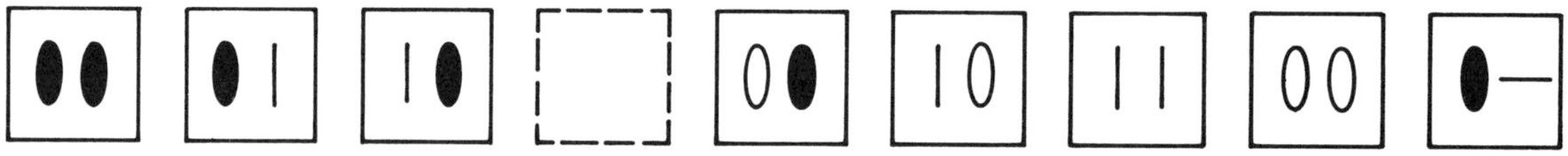

27 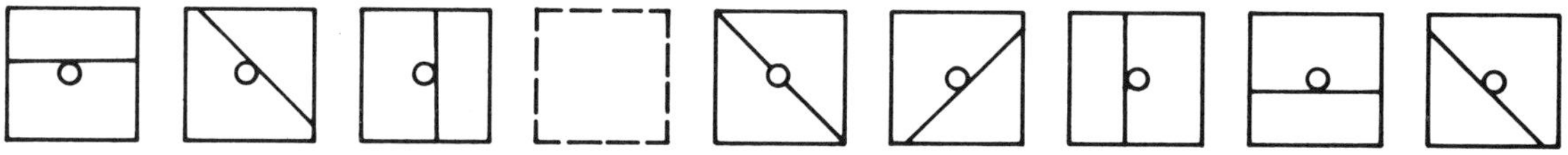

28 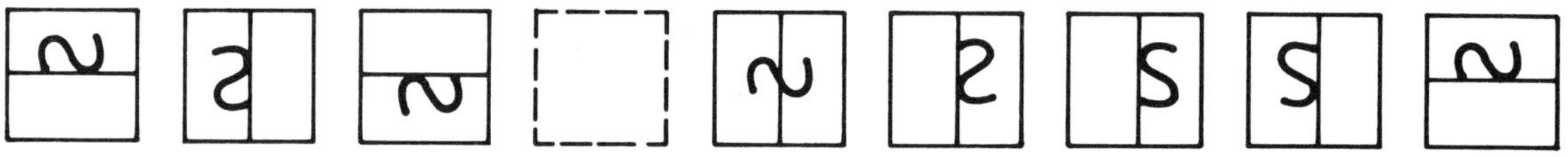

29 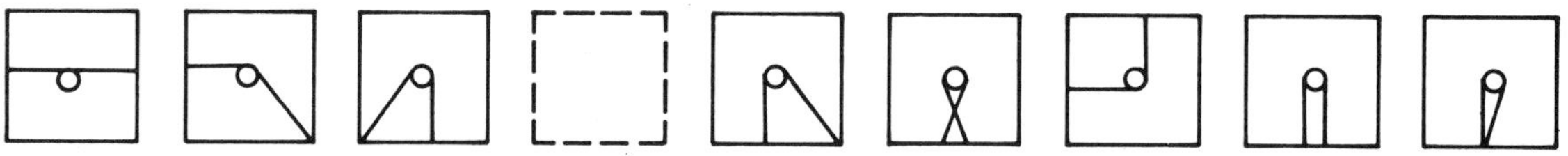

30 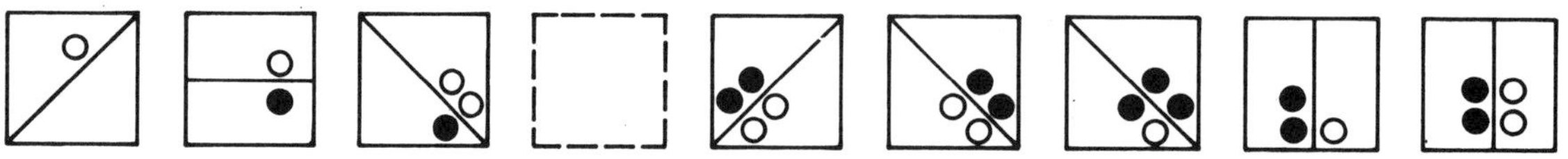

31 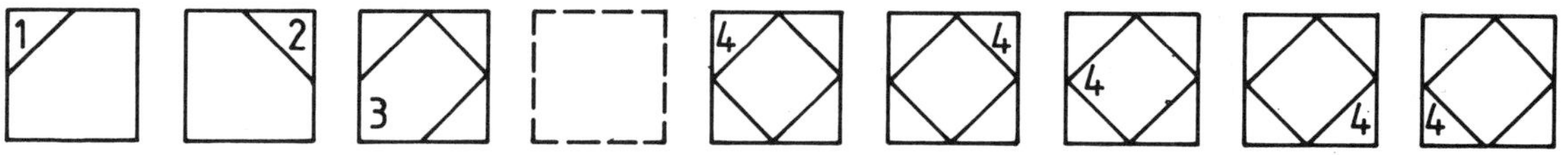

32 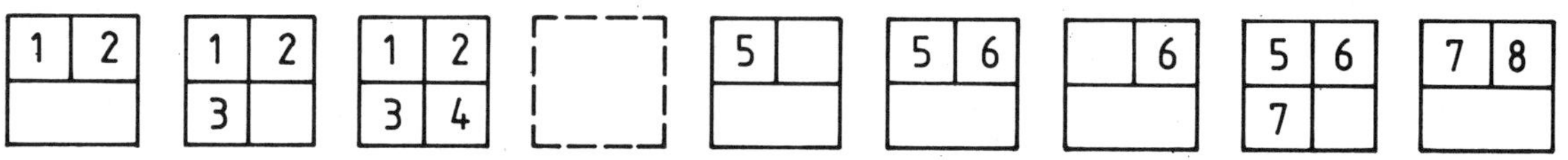

33 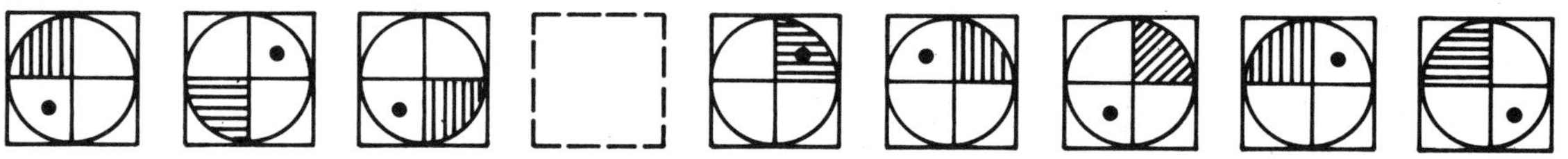

11. Trainingseinheit – Übergang zu schulischen Inhalten

Ziel: Die Kinder sollen die bisherigen Therapieinhalte auf erweiterte Anforderungsbereiche übertragen (z. B. auf die Organisation von Lernschritten bei Sachaufgaben, Texte mittels Informationsentnahmestrategien erschließen).

Sie sollen die Strukturähnlichkeit zwischen den „geübten“ und unbekannten Anforderungen erkennen. Die Trainingseinheit ist folglich auch als Schlußphase des Strategietrainings und als Übergang zum Therapiebaustein „Wissensvermittlung“ bzw. „Vermittlung von Lernstrategien“ (Kapitel 11) konzipiert.

Zeitstruktur: Die Trainingseinheiten 11 bis 13 finden in größerem zeitlichen Abstand statt, wobei folgende Zeitabstände zwischen den einzelnen Sitzungen eingehalten werden:
Abstand zwischen der 11. und 12. Sitzung = 2 Wochen
Abstand zwischen der 12. und 13. Sitzung = 3 Wochen.

Dieses Ausblenden soll die Interventionsfortschritte stabilisieren. Der Therapeut erhält dadurch auch Informationen über die Stabilität der Interventionsfortschritte und über die Veränderung des Alltagsverhaltens des Kindes.

Material: Simile-Aufgaben (s. Trainingseinheit 3); Diktattexte unterschiedlicher Schwierigkeit, Plakat, Ausschnittbögen.

Anforderung: In einem relativ nahen Transferbereich wird das Vorgehen auf Diktatschreiben bzw. Fehlersuche in Texten übertragen.

1. Erkennen von „Strukturähnlichkeit“

Der Therapeut erarbeitet mit den Kindern im Modellierungsdialog, daß sich eine Strukturähnlichkeit zwischen „geübten“ und neuen Anforderungen aus der Vergleichbarkeit des Vorgehens ergibt. Hierzu legt er die Simile-Materialien vor und bittet die Kinder, zu berichten, was bei der Bearbeitung dieser Materialien relevant ist. Sodann wird herausgearbeitet, wie dies auch bei der Fehlersuche in einem Diktattext genutzt werden kann. Folgende Gemeinsamkeiten werden herausgestellt:

- Die Aufgabe definieren.
- Systematisch von links oben nach rechts unten vorgehen.
- Bedacht und sorgfältig vorgehen.
- Die Simile-Vorlage sowie das Wort genau anschauen (Mustern).
- Sich Fragen zum eigenen Vorgehen stellen.
- Die Antwortmöglichkeit mit dem Standardreiz bzw. das geschriebene Wort mit dem gespeicherten Wortbild vergleichen.

Diese Strukturähnlichkeit wird auf einem Plakat festgehalten.

2. Üben der Kinder

Dann diktiert der Therapeut einen Text, der von den Kindern mit Hilfe der genannten Strategie korrigiert wird. Bei Kindern mit motivationalen Problemen oder geringen Rechtschreibkenntnissen wird ein „Fehlertext“ (Text mit Schreibfehlern) gegeben, dessen Fehler sie im Vergleich zu einer korrekten Schreibversion ermitteln sollen.

3. Spielerischer Ausklang

Ausschnittbögen ausschneiden und zusammenkleben.

Der *Übergang zur 12. Trainingseinheit* erfolgt unter zwei Voraussetzungen: a) der angestrebte Transfer gelingt; b) ein ergänzendes Training zur Wissensvermittlung ist nicht vorgesehen.

Hund und Hahn (nach einer alten Fabel)

Ein Hund und ein Hahn waren auf der Wanderschaft Freunde geworden. Als es dunkelte, kamen sie an einen hohlen Baum. Der Hund legte sich zum Schlafen in die Höhlung und der Hahn flog auf einen Ast in der Baumspitze. Sie schliefen gut bis der Morgen kam.

Im Morgengrauen krähte der Hahn, denn er ist ein Frühaufsteher. Daraufhin schlich sich ein Fuchs herbei und rief: „Sänger, dein Morgenruf erfreut mich, laß dich umarmen!“

Der Hahn antwortete: „Aber ja, wecke nur zuerst den Türhüter, der unten in der Höhlung des Stammes schläft, dann kann ich hinabsteigen.“ Da steckte der Fuchs den Kopf in die Höhlung und erblickte den Hund, der gerade aufwachte. Hui, so schnell hatte er noch nie von seiner Beute abgelassen. Er verschwand so rasch und lautlos, wie er gekommen war. Und unsere beiden Freunde konnten ihre Wanderschaft in aller Gelassenheit fortsetzen. Wohl dem, der so einen Türhüter hat!

Richard, der Rabe

Es war einmal ein Rabe, der hieß Richard. Er war im ganzen Land bekannt, weil er besonders klug und weise war. Er wußte über viele Dinge im Tierreich Bescheid. So wußte er, wann der volle Mond erscheint und wann es wieder Sommer wird. Er wußte aber auch, daß es einen bitter kalten Winter mit viel Frost und Schnee geben würde. Deshalb konnte er auch den Tieren raten, besonders viel Vorräte für den Winter anzulegen oder sich einen dicken Winterspeck anzufuttern. Sein Rat wurde von den Tieren gerne angenommen und Richard gab ihnen auch gerne Rat.

Nur mit einem Tier, der Eule, hatte Richard ständig Ärger. Denn die Eule war ebenfalls ein kluges Tier und beide wetteiferten darin, wer der Klügere war. Darüber war ein langer und bitterer Streit zwischen ihnen entstanden. Die Eule sagte deshalb nichts gutes über den Raben. Und Richard schimpfte über die Eule, wo er nur konnte. Er nannte sie sogar dumm und unverschämt.

Mit der Zeit geschah es, daß Richard, nur um Recht zu behalten, immer das Gegenteil von dem behauptete, was die Eule gesagt hatte. Wenn also ein Tier einen Rat von der Eule erhalten hatte, so riet ihm Richard genau das Gegenteil. Und die Eule machte es alsbald genauso. Dadurch wurden beider Ratschläge immer schlechter und unzuverlässiger.

Da kamen die Tiere zusammen und beschlossen, daß die Eule und der Rabe ihre Klugheit auch auf sich selbst anwenden sollten.

Um das zu erreichen, machten sie einen Plan und gingen zuerst zur Eule und dann zum Raben. Sie trugen ihnen vor, daß zwei Tiere im Wetteifer miteinander, wer der Klügere ist, immer schlechtere Ratschläge geben würden. Welchen Rat sie denn zu geben hätten? Sowohl die Eule, als auch der Rabe sagten, daß das höchst unklug sei und die beiden Tiere besser anerkennen sollten, daß man oft den Verstand von zweien braucht, um ein schwieriges Problem zu lösen.

„Ja genau“, sagten die Tiere, „denn in Wirklichkeit habt ihr Euch jetzt selbst beraten und nun solltet ihr Euch auch an Eure eigene Einsicht halten!“ Die Eule und der Rabe waren tief beschämt und beschlossen, ihre Klugheit nun wirklich gemeinsam zu nutzen.

12. Trainingseinheit – Informationen aufnehmen und speichern

Ziel: Die Kinder sollen das bisherige Vorgehen auf schulische Lerninhalte (Gedicht auswendig lernen) übertragen.
Material: „Ich male mir den Winter“; „November“
Anforderung: Diese Kernhandlung ist in einem zeitlichen Verlauf sowie unter Einsatz von spezifischen Strategien zu lösen.

1. Ableitung der Bearbeitungsstruktur

Der Therapeut legt den Kindern ein Gedicht vor und erarbeitet mit ihnen unter Rückgriff auf die bisherigen Therapieinhalte folgende Strategie zum Auswendiglernen:

- das Gedicht durchlesen (Analogie zum Mustern der Aufgabe, z. B. 10. Trainingseinheit)
- sich Fragen zum Inhalt stellen (Analogie zur Informationsentnahmestrategie; 8. Trainingseinheit)
- sich nach den wichtigsten Merkmalen/Inhalten des Gedichtes fragen
- wichtige Sachverhalte „nacherzählen“ (Analogie zur 8.und 9. Trainingseinheit)
- das Lernmaterial strukturieren (Unterabschnitte bilden und markieren; Analogie zur Reihenbildung; 7. Trainingseinheit)
- das Gedicht durch aktives Memorieren und verbales Rehearsal (halblaute Selbstwiederholungen) auswendig lernen (Analogie zum „lauten Denken“, z. B. 1. Trainingseinheit)
- beim Auswendiglernen Pausen einhalten und den erreichten Kenntnisstand durch Zwischenprüfprozesse (freies Memorieren) bestimmen (Analogie: Signalkarte „Halt! Stop! Überprüfen!)

Diese Strategie wird vom Therapeuten und den Kindern in der Gruppe gemeinsam ausgearbeitet.

2. Üben der Kinder

Die Kinder setzten diese Strategie anschließend einzeln an einem Gedicht um. Sie erhalten dabei strukturelle Hilfen durch den Therapeuten.

3. Spielerischer Ausklang

Kochen nach einer Rezeptur (z. B. Pizza, Spaghetti mit Tomatensoße)

In dieser Minute

In der Minute, die jetzt ist –
und die du gleich nachher vergißt,
geht ein Kamel auf allen vieren
im gelben Wüstensand spazieren.

Und auf dem Nordpol fällt jetzt Schnee,
und tief im Titicacasee
schwimmt eine lustige Forelle.

Und eine hurtige Gazelle
springt in Ägypten durch den Sand.
Und weiter weg im Abendland
schluckt jetzt ein Knabe Lebertran.

Und auf dem großen Ozean
fährt wohl ein Dampfer durch den Sturm.
In China kriecht ein Regenwurm
zu dieser Zeit zwei Zentimeter.

In Prag hat jemand Ziegenpeter,
und in Amerika ist wer
der trinkt grad seine Tasse leer,
und in Australien – huhu –
springt aus dem Busch ein Känguruh.

So Hoch im Norden irgendwo,
da hustet jetzt ein Eskimo.
In Frankreich aber wächst ein Baum
ein kleines Stück, man sieht es kaum,
und in der großen Mongolei
schleckt eine Katze Hirsebrei.

Und hier bei uns, da bist nun du
und zappelst selber immerzu,
und wenn du das nicht tätest, wäre
die Welt jetzt stiller als bisher.

Rechlin, E. In dieser Minute. Texte für die Primarstufe (TP 3). Hannover: Schroedel, 1979.

Ich male mir den Winter

Ich male ein Bild,
ein schönes Bild,
ich male mir den Winter.
Weiß ist das Land,
schwarz ist der Baum,
grau ist der Himmel dahinter.

Sonst ist da nichts,
da ist nirgends was,
da ist weit und breit nichts zu sehen.
Nur auf dem Baum,
auf dem schwarzen Baum
hocken zwei schwarze Krähen.

Aber die Krähen,
was tun die zwei,
was tun die zwei auf den Zweigen?
Sie sitzen dort
und fliegen nicht fort.
Sie frieren nur und schweigen.

Wer mein Bild besieht,
wie's da Winter ist,
wird den Winter durch
und durch spüren.
Der zieht einen dicken Pullover an
vor lauter Zittern und Frieren.

Guggenmos, J. Ich male mir den Winter. Texte für die Primarstufe. Hannover: Schroedel, 1979.

Der Radfahrer

Hopp, schon sitzt er fest im Sattel!
Hei, nun flitzt er, klinglingling,
durchs Gedränge, durch die Enge
zwischen Autos, Pferden, Wagen,
klinglingling!
Um ihn trappelt, rumpelt, braust es,
tutet, rattert, knattert, saust es,
doch er kennt nicht Furcht noch Zagen,
biegt sich, schmiegt sich, trampelt, strampelt
auf und nieder, schnell und schneller!
Immer wieder, hell und heller
tönt es: Klinglingling!
Jetzt ist er verschwunden.

Schocke, A. Der Radfahrer. Texte für die Primarstufe (TP 3). Hannover: Schroedel, 1979.

13. Trainingseinheit – Sachbuchtext verarbeiten

Ziel: Die Kinder sollen eine Lernorganisation zur schlußfolgernden Analyse und zur strukturierten Verarbeitung eines Sachbuchtextes entwickeln.
Material: Sachbuchtext, Tafel oder Plakat
Anforderungscharakteristik: Der Sachbuchtext erfordert eine Strategie zur Lernorganisation, die sich an den vermittelten Problemlöseschritten orientieren kann. Die Aufgabe ist komplex und erfordert ein zeitlich geordnetes sowie geplantes Vorgehen, dessen Zwischenschritte überprüft werden müssen.

1. Lernen als problemlösendes Handeln

Der Therapeut arbeitet mit den Kindern heraus, daß Lernen zeitlich geordnete Zwischenschritte und entsprechende Prüfprozesse erfordert. Er klärt in einem Modellierungsdialog die Vorerfahrungen der Kinder mit dieser Art des Vorgehens.

2. Erarbeitung der Bearbeitungsstrategie

Der Sachbuchtext wird vorgelegt und folgende Strategie zur Lernorganisation herausgearbeitet:
- das Lernziel verdeutlichen,
- die Lernschritte planen (Text durchlesen, sich Fragen zum Text stellen, evtl. Begriffe nachschlagen, Notizen machen, Texte neu zielgerichtet lesen),
- Lernergebnisse feststellen (z. B. sich Fragen zum Text stellen, das eigene Vorgehen reflektieren) und Zwischenprüfungen vornehmen sowie
- das Lernverhalten ggf. modifizieren,
- Vertiefung der Lerninhalte durch einen aktiven Umgang mit den Materialien (z. B. Analogieschlüsse ziehen, sich Fragen zum Text sowie zum eigenen Vorgehen stellen, veranschaulichen und Einzelaussagen abstrahieren bzw. konkretisieren, sich Notizen machen, unterstreichen).

3. Üben der Kinder

Die Kinder setzen diese Strategie anschließend um.

4. Spielerischer Ausklang

Spiel: Einen Legobausatz nach Plan zusammenbauen.

Das Strategietraining endet mit dieser Trainingseinheit; die Therapie kann jetzt mit dem *Baustein* individualisierte Wissensvermittlung (Kapitel 11) fortgesetzt werden.

Der Maulwurf

Ein Maulwurf ist 15 cm lang und wiegt etwa 80 g. Seine Augen sind so winzig wie Stecknadelköpfe. Sie liegen wie die Ohren tief in seinem dichten, samtweichen Fell verborgen.

Mit seinem keilförmigen Kopf schiebt er sich flink durch lockeres Erdreich. Bei festerem Boden nimmt er seine kräftigen Vorderbeine zu Hilfe, die wie Grabschaufeln aussehen. Die lockergescharrte Erde schiebt er mit dem Kopf an die Erdoberfläche.

Der Maulwurf ist fast blind. Er kann nur hell und dunkel unterscheiden. Er hat ein gutes Gehör und einen feinen Geruchssinn. Er wittert einen Regenwurm noch durch eine 10 cm dicke Erdschicht. Mit Hilfe seiner feinen Tasthaare am Rüssel spürt er kleinste Erschütterungen im Boden, sogar die Bewegungen eines Käfers. In einer Stunde gräbt er Jagdgänge von 5 bis 10 m Länge.

Der Maulwurf muß täglich mindestens so viel fressen wie er selbst wiegt. Er frißt zwar Regenwürmer, die für den Garten von großem Nutzen sind, vertilgt aber Unmengen an Insekten, Insektenlarven, Käfern, Nacktschnecken und anderen Kleintieren. Was er nicht sofort frißt, trägt er in seine Vorratskammer. Im Winter sucht er seine Nahrung in tieferen Erdschichten. Pflanzenwurzeln nagt er mit seinen spitzen Zähnen nicht an.

Der Maulwurf zitiert nach: Sachunterricht in der Grundschule; Unter der Lupe. Hannover: Schroedel, 1979.

10 Therapiebaustein: Elternanleitung

Die Zusammenarbeit mit den Eltern ist *erfahrungsbezogen* und vermittelt zum größeren Teil Erkenntnisse und Einsichten über Selbstversuche, Gruppengespräche und unmittelbare Handlungsproben. Diese Vorgehensweise wird deshalb gewählt, weil die so erworbenen Eindrücke wirkungsvoller und einprägsamer sind, als beispielsweise Belehrungen oder Vorträge.

Das Basis- sowie das Strategietraining werden jeweils von einer eigenen Elternanleitung begleitet.

10.1 Ziele und Konzeption

Konzeption. Aufmerksamkeitsstörungen gehen oft mit ungeeigneten Erziehungsmaßnahmen der Eltern und eskalierenden Erziehungsschwierigkeiten einher.

Diese Schwierigkeiten müssen jedoch weniger als Ursache für die Probleme der Kinder, als vielmehr als Begleiterscheinung einer insgesamt schwierigen Situation gesehen werden. Die Erziehungsschwierigkeiten der Eltern werden daher vor allem als Ausdruck einer gewissen *Handlungsbeeinträchtigung* der Eltern interpretiert.

Ziele. Die Elternanleitung verfolgt vier Ziele:

- Die Eltern sollen *praktisches Wissen* über Aufmerksamkeitsstörungen erwerben und die Aufmerksamkeitsstörungen des Kindes als Handlungsbeeinträchtigung verstehen;
- sie sollen lernen, das Handeln ihrer Kinder im Alltag in einer Weise zu *unterstützen,* die deren Entwicklung fördert;
- sie sollen durch ein *verändertes Erziehungsverhalten* konfliktreiche Situationen anders gestalten;
- sie sollen schwierige Erziehungssituationen zum Teil anders interpretieren und *konstruktive Ziele* verfolgen.

Die Eltern sollen in ihrer „natürlichen“ Rolle als Eltern zur *Förderung* ihrer Kinder befähigt werden. Sie sollen jedoch *ausdrücklich* nicht als Ko-Therapeuten ausgebildet werden oder Verhaltensweisen eingehen, die mit ihrer Elternrolle unvereinbar sind. Die Elternanleitung stellt ein Training dar und ist nicht mit einer Therapie der Eltern gleichzusetzen.

Indikation. Angesichts dieser Zielsetzungen werden nur solche Eltern einbezogen, deren Erziehungsverhalten nicht grundlegend problematisch ist. Dagegen sollte bei destruktivem und *negativem Erziehungsverhalten* (z. B. generalisierte, negative Wahrnehmung des Kindes; in hohem Maße abträgliche Erziehungshaltungen; durchgängig und überwiegend negative Verstärkungsmuster; Vernachlässigung) eine familientherapeutische Betreuung oder zumindest ein Erziehungstraining (vgl. Innerhofer 1978) vorgeschaltet werden.

10.2 Rahmenbedingungen

Umfang: Für die Elternanleitung sind insgesamt 4–8 Sitzungen zu veranschlagen, wobei sich die Anzahl der Sitzungen aus der Art und dem Umfang der gegebenen Erziehungsschwierigkeiten ableitet.

Adressaten: Die Elternanleitung richtet sich an beide Elternteile; es ist deshalb wünschenswert (jedoch nicht unabdingbar), daß beide Eltern mitarbeiten.

Zeitplan: Die Elternsitzungen beginnen vor der Therapie mit den Kindern und werden therapiebegleitend fortgesetzt. Diese Termine werden mit den Eltern frühzeitig vereinbart und schriftlich bestätigt (Elternanleitung als integraler Bestandteil der Behandlung der Kinder).

Jede Elternsitzung dauert etwa 1,5 Stunden.

Die Elternanleitung wird in ihrer standardisierten Form in Gruppen von 3–8 Personen sowie als problemorientierte Einzelberatung angeboten. Die Arbeit in der Gruppe ist vor allem dann sinnvoll, wenn vergleichbare

Interessen und Probleme zu erwarten sind (z. B. ähnliche Erziehungsschwierigkeiten, ähnliche Verhaltensprobleme bei den Kindern, altersgleiche Kinder, vergleichbarer sozioökonomischer Hintergrund).

10.3 Die Eltern über Diagnose und Therapie informieren

- **Ziele**

Den Eltern wird zunächst die Diagnose „Aufmerksamkeitsstörung" erläutert. Dabei sollen sie auch Wissen darüber erwerben, wodurch eine Aufmerksamkeitsstörung bedingt sein kann und ihre persönlichen Hypothesen mit dem Therapeuten diskutieren. Die Eltern werden ferner über die angestrebte Therapie (Ziele, Abfolge der Sitzungen, Organisation) informiert; sie sollen die Intervention mit dem Therapeuten besprechen können.
Material. Gegebenenfalls Aufzeichnungen aus der Diagnostikphase (z. B. Protokolle, Videoaufzeichnungen von Arbeitsproben); Überblick über das Basis- bzw. Strategietraining (Tabelle 1 bzw. 2).

Abbildung 16: Vereinfachtes Modell zu der Entstehung und den Folgen von Aufmerksamkeitsstörungen

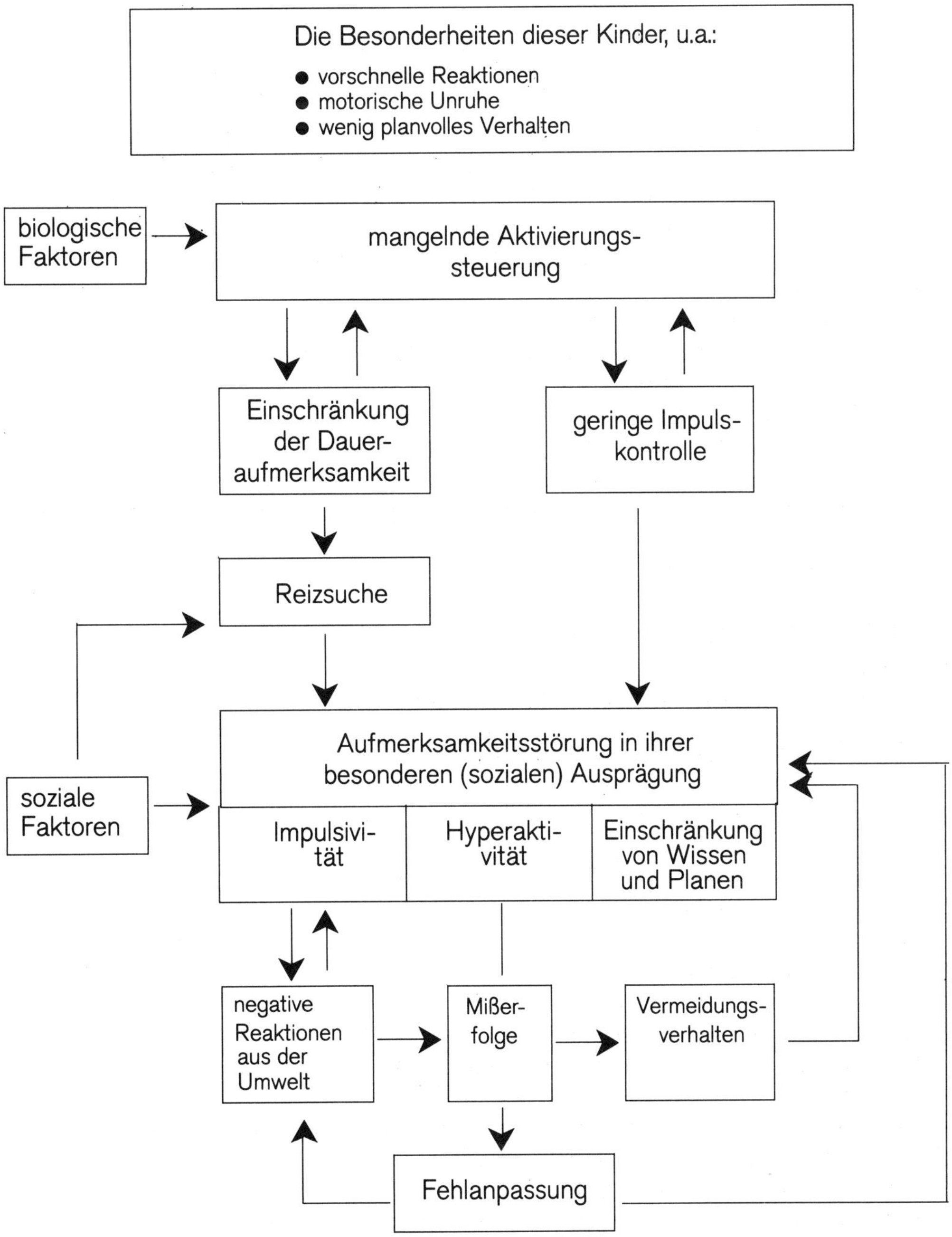

- **Erläuterung der Diagnose**

Der Therapeut berichtet zunächst die Ergebnisse zur Diagnostik mit dem Kind; u. a.
- erklärt er das Vorliegen einer Aufmerksamkeitsstörung; er veranschaulicht dies anhand der Befunde;
- informiert er anhand des Kapitels 1 sowie der Abbildung 16 über das Wesen der Aufmerksamkeitsstörung,
- berichtet er über Einzelheiten der individuellen Aufmerksamkeitsproblematik (z. B. soziale Schwierigkeiten, Erziehungsprobleme, Lernstörungen, Wissens- und Strategiedefizite, Regulationsdefizite).

Das Gesamtbild wird mit den Eltern diskutiert. Im Sinne des Diathese-Streß-Modells werden aktuelle Erziehungsschwierigkeiten und Verhaltensweisen des Kindes als „Fehlanpassungen" interpretiert (s. Abbildung 16).

- **Informationen zur Therapie**

Bei Übereinstimmung mit den Eltern hinsichtlich der Diagnose erläutert der Therapeut die Ziele des Aufmerksamkeitstrainings; er bespricht die Ziele und Organisation der Elternanleitung und vereinbart die entsprechenden Termine:
- Therapieziele im Basistraining (Illustration anhand der Abbildung 7)
  - Einübung von Basisfertigkeiten (genau zuhören, genau hinschauen, genaue Wiedergabe des Wahrgenommenen),
  - Einübung von Reaktionskontrolle sowie der Fähigkeit zu kontrollierterem Handeln (Unterbrechen ungeeigneter und vorschneller Reaktionsgewohnheiten, Einhalten einer Reflexionsphase),
  - Die Verinnerlichung dieser Reaktionsverzögerung und zunehmende Selbststeuerung des eigenen Verhaltens.
- Therapieziele im Strategietraining
  - sich die Ziele sowie die Aufgabenstellung zu Beginn klar machen,
  - das eigene Vorgehen im voraus planen,
  - das eigene Verhalten durch Selbstanweisung steuern,
  - das bedachte Vorgehen auf schulische Anforderungen übertragen.
- Mitarbeit/Einbeziehung der Eltern
  - Ziele der Elternanleitung (Unterstützung der Kinder im Alltag, Wissen um die Aufmerksamkeitsproblematik, Austausch unter den Eltern),
  - Notwendigkeit der Mitarbeit der Eltern (z. B. besserer Transfer, Entwicklungsförderung),
  - Organisation der Elterntreffen (viermaliges Gruppentreffen, Bekanntgabe der Termine, Ablauf der Sitzungen).

10.4 Die Elternsitzungen zum Basistraining

Die Gruppen-Sitzungen finden jeweils mit den Eltern statt, deren Kinder gemeinsam an der Therapie teilnehmen.

1. Sitzung: Aufmerksamkeitsstörung als Handlungsbeeinträchtigung

Ziele. Sich kennenlernen; erproben, daß Aufmerksamkeit eine komplexe Handlung ist; Wissen über die Aufmerksamkeitsstörung und ihre Folgewirkungen erwerben.
Material. Abbildung 16 „Vereinfachtes Entstehungsmodell zur Aufmerksamkeitsstörung"; Abbildung 7; zwei Items des Aufmerksamkeitstests (Abbildung 1); Flipchart
Ablauf.
- Vorstellen der Eltern
- Bekanntgabe des Sitzungsverlaufes
- Aufmerksamkeitsstörung als Handlungsbeeinträchtigung
- Entstehung und Folgen einer Aufmerksamkeitsstörung.

- **Aufmerksamkeitsstörung als Handlungsbeeinträchtigung (20 Minuten)**

Der Therapeut lädt zu einem Selbstversuch ein, um herauszufinden,
- was Aufmerksamkeit ist und
- wie man sich das Zustandekommen von Aufmerksamkeitsstörungen erklären kann.

Hierzu zeigt er den Eltern (wenn möglich als Dia) die beiden in Abbildung 1 dargestellten Items des Dortmunder Aufmerksamkeitstestes (evtl. auch Differix)

Instruktion: „Dies ist eine Aufgabe, deren Lösung Aufmerksamkeit verlangt. Sie sehen hier oben einen sogenannten Standardreiz sowie sechs Antwortmöglichkeiten, die sich leicht vom Standardreiz unterscheiden. Ihre Aufgabe ist es, aus den sechs Antwortmöglichkeiten diejenige herauszufinden, die genau so aussieht, wie der Standardreiz. Bitte versuchen Sie, diese Aufgabe zu lösen. Achten Sie dabei zum Beispiel darauf, wohin ihr Blick geht; achten Sie auch darauf, was gedanklich in Ihnen vorgeht".

Diese Instruktion wird am *Beispielitem* erläutert, um sicher zu gehen, daß die Eltern die Instruktionen verstanden haben. Der Therapeut präsentiert dann das „kritische" (zweite) Item, an dem der Selbstversuch durchgeführt wird.

Nach einer angemessenen Bearbeitungszeit (etwa 40 Sekunden) fragt der Trainer reihum, wie die Aufgabe gelöst wurde. Er bittet die Eltern, ihren Bearbeitungsprozeß möglichst detailliert zu schildern. Dabei achtet er darauf, daß die Eltern das Bewältigungsverhalten als Prozeß, d. h. im zeitlichen Verlauf, beschreiben.

Als wesentliche Momente dieses *Bearbeitungsprozesses* werden von ihm herausgestellt:
- Die *Musterung des Standardreizes.* Dies bedeutet auf der Verhaltensebene, daß der Standardreiz mit den Augen „abgetastet" wird und seine wesentlichsten Merkmale veranschaulicht werden.
- Die *systematische und hypothesenbildende Musterung* (scanning) der sechs Antwortmöglichkeiten.
- Der *Ausschluß* eher unwahrscheinlicher Lösungsalternativen, was gleichzeitig mit einer *Präzisierung* der variierenden Objektmerkmale (z. B. Form und Anzahl der Blütenblätter, Form des Blattes) einhergeht.
- Der *systematische Vergleich* einer favorisierten Antwortalternative mit dem Standardreiz und letztlich die Lösungsbekanntgabe.

Mit den Eltern wird erarbeitet, daß Aufmerksamkeit folglich
- die Verknüpfung *einzelner Verhaltensakte* (z. B. Blickbewegung, Mustern des Standardreizes, Mustern der Antwortalternative, systematisches Vergleichen) nach Maßgabe eines übergeordneten Zieles ist.
- *keine Fähigkeit* des Menschen ist, die entweder prinzipiell vorhanden oder nicht vorhanden ist, sondern
- ein Verhalten ist, das jemand *herstellt.*

In der Diskussion mit den Eltern wird herausgestellt, daß diese Aufmerksamkeitsleistung an verschiedene Voraussetzungen gebunden ist:
- Die *Unterdrückung einer vorschnellen Reaktion,* die aus einem ersten Impuls heraus erfolgt und lediglich eine auf den „ersten Blick richtige Lösung" nennt. Diese Lösung erscheint oft eher als ein Raten.
- Die Aufrechterhaltung einer gewissen *Wachheit* während der Aufgabenbewältigung, um Fehler zu erkennen und den eigenen Lösungsweg einzuhalten. Bei der Ausführung geht diese Wachheit mit handlungssteuernden und handlungsorganisierenden Fragen einher, die der Betreffende an sich selbst richtet (z. B. Wo stehe ich jetzt? Habe ich etwas übersehen?).
- Die Verfügbarkeit von *Vorerfahrungen und Wissen,* denn im Aufmerksamkeitsprozeß wendet sich ein Mensch gezielt einzelnen Aspekten einer Situation zu und läßt andere außer acht. Dieses gezielte Vorgehen ist wissensabhängig.

Diese Aussagen werden mit den Eltern diskutiert sowie anhand von Praxisbeispielen und Verhaltensbeobachtungen der Eltern bzw. des Therapeuten veranschaulicht (z. B. Informationen aus der Diagnostikphase, Erfahrungen der Eltern).

Der Therapeut faßt diesen Sitzungsabschnitt in *Schlüsselaussagen* zusammen (vorbereitete Flipchart oder Plakat):
- Aufmerksamkeit wird hergestellt.
- Aufmerksamkeit besteht aus einzelnen Verhaltensschritten, die zielgerichtet aufeinanderfolgen.
- Aufmerksamkeit ist an einzelne Voraussetzungen gebunden (nicht vorschnell handeln, wach sein, sich Fragen stellen, Vorerfahrungen aufrufen).

Kurze Pause von etwa 10 Minuten

• Die Entstehung einer Aufmerksamkeitsstörung (30 Minuten)

Der Therapeut erläutert in einem kurzen Vortrag die Entstehung sowie die Folgen der Aufmerksamkeitsstörung (Genesemodell aus Kapitel 3.1 und 3.4) in verständlicher und anschaulicher Form.

Die *Ziele* des Kurzvortrages:
- eine Vorstellung über die Aufmerksamkeitsstörung vermitteln,
- zeigen, wie die komplexen Folgen der Aufmerksamkeitsstörung entstehen (Erziehungsschwierigkeiten, Stimmungslabilität, geringes Selbstwertgefühl),
- Verständnis für aufmerksamkeitgestörte Kinder wecken,
- Ausblick auf die Therapie mit den Kindern geben.

Inhalte des Kurzvortrages (Stichworte):
- *Überblick* über den Kurzvortrag (advanced organizer; siehe oben: Ziele).
- *Aufmerksamkeit als Handlung* und Aufmerksamkeitstörung als Handlungsbeeinträchtigung („Aufmerksamkeit ist keine Fähigkeit, die man quasi ein für alle Mal besitzt. Vielmehr stellen wir Aufmerksamkeit dadurch her, daß wir unser Tun auf ein Ziel ausrichten. Kinder, denen derartige Aufmerksamkeitsleistungen weniger gut gelingen, bezeichnen wir als aufmerksamkeitsbeeinträchtigt. Gemeint ist damit im Grunde genommen nur, daß ihnen zielgerichtete Handlungen, die Abwägungen, Entscheidungen sowie eine gewisse Stetigkeit erfordern, weniger gut gelingen, als dies in ihrer Altersgruppe üblich ist. Diese Kinder sind also weniger erfolgreich, wenn es darum geht, die Aufmerksamkeit herzustellen, die von ihnen erwartet wird“).
- *Die Entstehung und die Folgen einer Aufmerksamkeitsstörung* (Der Therapeut erläutert das vereinfachte Entstehungsmodell; eine gewisse Zurückhaltung ist bei der Erörterung der biologischen Faktoren geboten).

• **Aussprache und Diskussion mit den Eltern.**
In der verbleibenden Zeit werden diese Inhalte mit den Eltern erörtert.

2. Sitzung: Basisprozesse und Verstärkung

Zeitpunkt. Nach der 3. Sitzung mit den Kindern
Ziele. Wissen über Basisprozesse vermitteln; die Eltern befähigen, prinzipielle Basisfertigkeiten im Alltag zu unterstützen; den Eltern die Verstärkungsprinzipien des Basistrainings vermitteln.
Material. Zuordnungsaufgabe (z. B. Differix, „Schau genau“); Videoaufzeichnung
Ablauf.
- Bekanntgabe der Sitzungsinhalte durch den Therapeuten
- Basisprozesse und ihr Stellenwert
- Unterstützung der Basisprozesse durch die Eltern
- Mit dem Kind über Schwierigkeiten sprechen
- Austausch der Eltern untereinander.

• **Die Basisprozesse und ihr Stellenwert (Dauer 10 Minuten)**
Der Therapeut informiert über die nachstehenden Punkte:

> *Was sind Basisprozesse?* „Basisprozesse sind Formen einer grundlegenden Orientierung. Sie spielen eine große Rolle für das zielgerichtete Handeln und sind die Voraussetzung für weitere Entwicklungsfortschritte des Kindes.
>
> Basisprozesse sind beispielsweise: „genau hinschauen“, „genau zuhören“, „genau beschreiben“, „genaue Wiedergabe des Wahrgenommenen“ (ggf. durch Arbeitsmaterialien oder Filmausschnitte verdeutlichen).
>
> Die Basisprozesse sind eine Art „Grundbaustein“ für die weitere Entwicklung. Komplexere Tätigkeiten (z. B. Rechenaufgaben lösen) können daran scheitern, daß sich das Kind nicht gut genug orientiert (z. B. sich die Rechenoperationen nicht hinreichend verdeutlicht).

• **Unterstützung der Basisprozesse durch die Eltern (40 Minuten)**
Diese Maßnahmen werden in drei Schritten abgeleitet:
Videofilmdemonstration (ggf. Rollenspiel mit den Eltern). Ein aufmerksamkeitsgestörtes Kind bearbeitet ein komplexes Labyrinth bzw. eine Zuordnungsaufgabe. Der Therapeut unterstützt diesen Bearbeitungsprozeß durch prozeßorientierte Hinweise (s. unten).

Die Eltern sollen a) den Bearbeitungsprozeß des Kindes beobachten und
b) die prozeßorientierten Hilfen bestimmen.

Es wird herausgearbeitet, welche Hilfen angemessen sind.

Ableitung der Unterstützungsmöglichkeiten. Mit den Eltern wird herausgearbeitet, daß Basisprozesse durch die nachstehenden Hilfen unterstützt werden (Die Eltern sollen außerhalb des Trainings nicht gezielt mit den Kindern arbeiten; sie sollen aber bei üblichen Abläufen (z. B. Hausaufgaben, alltägliche Routinen, gemeinsamen Spielen) verschiedene Verhaltenshinweise berücksichtigen):

- Basisprozesse durch *Reaktionsverzögerung* erleichtern (z. B. Halt-Stop! Zuerst genau zuhören, genau hinschauen etc.)
- *grundlegende Orientierung* des Kindes durch Fragen vorstrukturieren (z. B. Was ist die Aufgabe? Wie gehst Du vor?).
- die Basisprozesse im Ablauf unterstützen (u. a. *genau hinschauen:* beim Lesen Zeilen abdecken, Sichtfenster einführen; das Kind anhalten, sein Blickverhalten durch „mitzeigen" zu steuern; bei Suchprozessen das Suchfeld durch eine Rasterung unterteilen);
  genau zuhören: bei Gesprächen/Anweisungen Blickkontakt zum Kind halten; seine Aufmerksamkeit durch Lächeln zentrieren, verständlich-eindeutige Informationen geben;
  genaue Wiedergabe: eine komplexe Information abschnittweise wiedergeben lassen, für eine Erzählstruktur sorgen.

Erleichternde Verstärkungen, u. a.

- auf das Kind eingehen, *Kontakt* zu ihm herstellen,
- *positive Ansätze* des Kindes verstärken (Lob, Zuwendung, Bestätigung) und nicht nur auf Fehler des Kindes reagieren (z. B. bei Fehlern, „jetzt schau doch mal genau hin!").

Erleichternde Situationsgestaltungen, u. a.

- für eine *ruhige und entspannte Atmosphäre* sorgen (z. B. Radio ausschalten, Ablenkungen reduzieren, ausreichend Zeit haben).
- möglichst *ablenkungsfreie,* räumliche Gestaltung des Arbeitsplatzes bei Hausaufgaben (keine Spielsachen auf dem Schreibtisch, Schreibtisch nicht am Fenster, Hausaufgaben nicht während des Spielens anderer Kinder).
- eindeutige und *konkrete Forderungen* stellen bzw. Anweisungen geben.

Übertragung auf das Alltagsverhalten der Eltern. Übertragungen auf das Alltagsverhalten werden mit den Eltern erörtert und konkretisiert sowie gegebenenfalls im Rollenspiel erprobt.

10 Minuten Pause.

- **Austausch der Eltern untereinander**

Dieser Austausch sollte sich schwerpunktmäßig mit dem Thema „über Fehler oder Schwierigkeiten mit dem Kind sprechen" beschäftigen. Die Eltern sollen ihre Erfahrungen dazu austauschen.

3. Sitzung: Reaktionsverzögerung und Entwicklungsintervention

Zeitpunkt. Zwischen der 6. und 8. Therapiesitzung mit den Kindern.
Ziele. Über die kontrollierte Aufgabenbearbeitung (Reaktionsverzögerung) informieren; die Idee der Entwicklungsintervention erläutern; förderliches Hilfeverhalten einüben.
Material. Stop-Signal-Karte, gegebenenfalls Videoaufzeichnungen
Ablauf.

- Bekanntgabe des Sitzungsverlaufs
- Reaktionsverzögerung und deren Übertragung auf den Alltag
- Erläuterung des Prinzips „Entwicklungsintervention"
- Strukturierung von „familiären Standardsituationen".

• **Reaktionsverzögerung und Übertragung auf den Alltag (20 Minuten)**
Der Therapeut führt die Funktion und den Einsatz der Stop-Signalkarte vor; er benutzt hierzu eine Videoaufzeichnung aus der Kindertherapie oder – falls dies nicht möglich ist – führt zusammen mit einem Elternteil deren Einsatz im Rollenspiel vor.

Den Eltern wird dann die Funktion der Reaktionsverzögerung (Nutzung der Antwortlatenz zur Überprüfung der Lösung) erläutert.

Übertragung der Reaktionsverzögerung auf den Alltag. Der Therapeut verweist hierbei darauf, daß sich aufmerksamkeitsgestörte Kinder häufig auf eine „Verhaltensschiene" begeben, an deren Ende sie immer hektischer und ineffizienter vorgehen. Dies verdeutlicht er ggf. durch Erfahrungen der Eltern mit den Kindern bzw. durch Beispiele, die ihm in der bisherigen Arbeit mit Kindern bekannt geworden sind.

Als eine Hilfe hierfür erarbeitet der Therapeut mit den Eltern die Bedeutung des Stop-Signals. Er erörtert mit den Eltern alltagspraktische Möglichkeiten, um mißlingende Handlungsabläufe zu unterbrechen (z. B. das Kind kurz aus der Situation herausnehmen, eine entspannende Interaktion einleiten, eine Visualisierung einfügen – sich wie eine Schildkröte verhalten und bei Gefahr zum Nachdenken in den Panzer zurückkriechen; Petermann & Petermann 1992 etc.)

• **„Entwicklungsintervention" und förderliches Hilfeverhalten (40 Minuten)**

„Entwicklungsintervention heißt, daß wir uns in der Therapie die Frage stellen, wie ein Kind in seiner Entwicklung vorankommen kann. Es geht also nicht darum, ein mißliebiges Verhalten (z. B. Fehler, motorische Unruhe) zu unterdrücken. Vielmehr sollen solche Hilfen in der Therapie und im Alltag gegeben werden, die das Wissen, die Fähigkeit und das Selbstbewußtsein des Kindes fördern.
Die Frage heißt also nicht, wie können wir ein problematisches Verhalten des Kindes verringern, sondern, wie können wir künftig förderliches Verhalten des Kindes ausbilden.
Dies bedeutet auch, daß wir bei unseren Hilfen auf die langfristige Ausbildung von Wissen, Können und Selbstvertrauen achten müssen. Welche Ziele sollten diese Hilfen verfolgen?"

Förderliches Hilfeverhalten der Eltern. Der Therapeut erläutert, daß förderliches Hilfeverhalten vor allem auch eine Frage der (langfristigen) Zielsetzung ist. Er erörtert solche strukturierenden Ziele und leitet mit den Eltern Möglichkeiten ab, dies im Alltag umzusetzen:
- Wohlwollen und Akzeptanz dem Kind gegenüber zeigen.
- Im eigenen Verhalten Ruhe und eine gute Strukturiertheit verwirklichen.
- Verstehen, daß das Kind zu vorschnellen und ineffizienten (oft falschen, ungeschickten, emotional betroffenen) Verhaltensweisen neigt.
- Erkennen, daß das Kind zwar aufmerksam ist, seine Aufmerksamkeit jedoch auf andere Sachverhalte richtet als die, die von Erwachsenen als wesentlich erachtet werden.
- Erkennen, daß das Kind vor allen Dingen bei „langweiligen" bzw. wenig spannenden Inhalten Aufmerksamkeitsprobleme hat.
- Wissen, daß das Kind Aktivierungsschwankungen (z. B. Stimmungsschwankungen, Schwankungen der Wachheit) ausgesetzt ist.

Strukturierung „familiärer Standardsituationen". Mit den Eltern werden Strukturierung, insbesondere der Hausaufgabensituation sowie familiäre Rituale (z. B. aufstehen, zu Bett gehen, gemeinsames Essen) besprochen.

10 Minuten Pause.

• **Austausch der Eltern untereinander** zum familiären Zusammenleben, Beendigung der Elternzusammenkünfte.

10.5 Die Elternsitzungen zum Strategietraining

1. Sitzung: Wissen um Aufmerksamkeitsstörungen

Zeitpunkt. Nach der 1. Therapiesitzung mit den Kindern
Ziele. Aufmerksamkeit als komplexe Handlung erfahren; Aufmerksamkeitsstörungen als Beeinträchtigung der Handlungsorganisation und -regulation sehen; wissen, wie Kinder zur Handlungsorganisation gelangen.
Material. 2 Dias aus Abbildung 1; Flipchart, Therapiematerialien (Papa-Moll, Differix, „Schau genau" etc.)
Ablauf.
- Vorstellen der Eltern
- Bekanntgabe des Sitzungsverlaufs
- Aufmerksamkeitsstörung als Beeinträchtigung der Handlungsregulation und –organisation
- Verdeutlichung strategischer Defizite (Kurzvortrag)
- Austausch der Eltern über ihre Kinder.

• **Aufmerksamkeitsstörung als Beeinträchtigung der Handlungsorganisation (20 Minuten)**
Der Therapeut legt hier eine Aufgabe aus dem Dortmunder Aufmerksamkeitstest vor (s. a. Elternsitzungen zum Basistraining) und bittet die Eltern zu einem *Selbstversuch.*

Der Lösungsweg der Eltern wird anschließend rekonstruiert und es wird mit ihnen gemeinsam herausgearbeitet, daß
- Aufmerksamkeit *hergestellt* wird.
- Aufmerksamkeit in einzelnen *Verhaltensschritten* realisiert wird, die *zielgerichtet* aufeinander folgen.
- Aufmerksamkeit auch ein *geplantes Verhalten* (Strategie) verlangt.
- aufmerksamkeitsgestörte Kinder eine förderliche Handlungsabfolge nicht einhalten (Beeinträchtigung der Handlungsorganisation).

Diese Aussagen werden als Schlüsselbegriffe auf einer *Flipchart* notiert.

• **Verdeutlichung strategischer Defizite (Kurzvortrag) (30 Minuten)**

„Ein Teil der aufmerksamkeitsgestörten Kinder geht an kompliziertere und länger andauernde Tätigkeiten, wie eine Hausarbeit planen, ein Diktat abschreiben oder länger an einer Bastelei dran bleiben, sehr unsystematisch heran.
Diese Tätigkeiten zeichnen sich vor allen Dingen dadurch aus, daß vielfältige Dinge zu koordinieren sind (z. B. eine bestimmte Reihenfolge einhalten) und ein planvolles Vorgehen günstig ist.
Aufmerksamkeitsgestörte Kinder zeichnen sich dadurch aus, daß sie in ihrem Handeln nur unzureichend übergeordneten Plänen folgen. Dieser Plan kann sehr einfach sein (z. B. Standardreiz genau anschauen, die Lösungsalternativen mustern, die Lösungsmöglichkeiten systematisch einengen).
Es ist sehr leicht einzusehen, daß jemand, der diesem Plan nicht folgt, auch nicht zu günstigen Lösungen gelangt, sondern viel eher seine Anstrengungen abbricht, ärgerlich wird, sich anderen Dingen zuwendet oder einfach nur Fehler macht. Wenn dies gehäuft auftritt, sind wir geneigt, den Betreffenden als aufmerksamkeitsgestört zu bezeichnen".

Der Therapeut verdeutlicht diese Aussagen durch Praxisbeispiele.

Was ist eine Strategie (ein Plan)? Die Eltern bearbeiten in der Gruppe weitere Aufgaben (z. B. Differix, Papa Moll-Bildgeschichten, Suchaufgaben), zu denen sie die relevanten Handlungsstrategien (planvolles Vorgehen) ableiten. Die Planungsangaben der Eltern werden
- nach ihrem Abstraktionsgehalt diskutiert (z. B. Differix von links nach rechts vorgehen vs. einem Metaplan folgen),
- abschließend auf eine Flipchart geschrieben.

10 Minuten Pause.

• **Austausch der Eltern** über Verhaltensbesonderheiten ihrer Kinder. Der Therapeut moderiert dieses Gespräch und verweist (bei Gelegenheit) auf die eingeschränkte Planhaftigkeit des kindlichen Verhaltens.

2. Sitzung: Prozeßorientierte Hilfen

Zeitpunkt. Nach der 3. Sitzung mit den Kindern
Ziele. Die Eltern sollen Wissen über allgemeine Handlungsstrategien erwerben und die Problemlösestrategie (Signalkarten) als „Eckpunkte" prozeßorientierter Hilfen nutzen.
Material. Ravenaufgabe (Abbildung 17), Signalkarten, over-head-Projektor
Ablauf.
- Bekanntgabe der Sitzungsinhalte
- Erarbeitung einer kognitiven Strategie
- Jemanden mit einer Hilfe auf den richtigen Weg schicken.

• **Erarbeitung einer (kognitiven) Strategie (Dauer 15 Minuten)**
Der Therapeut legt die *Ravenaufgabe* (Abbildung 17) vor und instruiert die Eltern („Wählen Sie unter den acht Lösungsmöglichkeiten die Antwort, die das obenstehende Muster am besten vervollständigt; beobachten Sie bitte dabei ihren Lösungsweg"). Er weist die Eltern darauf hin, daß diese Aufgabe sehr schwierig ist. (Bearbeitungszeit 2 Minuten.)

Bei der Bearbeitung dieser Aufgabe ergeben sich drei Möglichkeiten:
1. Einige Eltern haben die richtige Lösung gefunden: Der Therapeut arbeitet mit diesen Eltern zusammen heraus, wie sie zur richtigen Lösung gelangt sind. Dabei sollen auch die anderen Eltern zur richtigen Lösung geführt werden, ohne daß ihnen die Lösung bekanntgegeben wird.
2. Alle Eltern nennen falsche Lösungen: Der Therapeut führt die Eltern über eine kognitive Modellierung sukzessiv zur richtigen Lösung.
3. Niemand hat eine Lösung gefunden: Der Therapeut modelliert hier ebenfalls die richtige Lösung.

Abbildung 17: Beispielaufgabe aus dem Standard Progessive Matrices (Raven 1958)

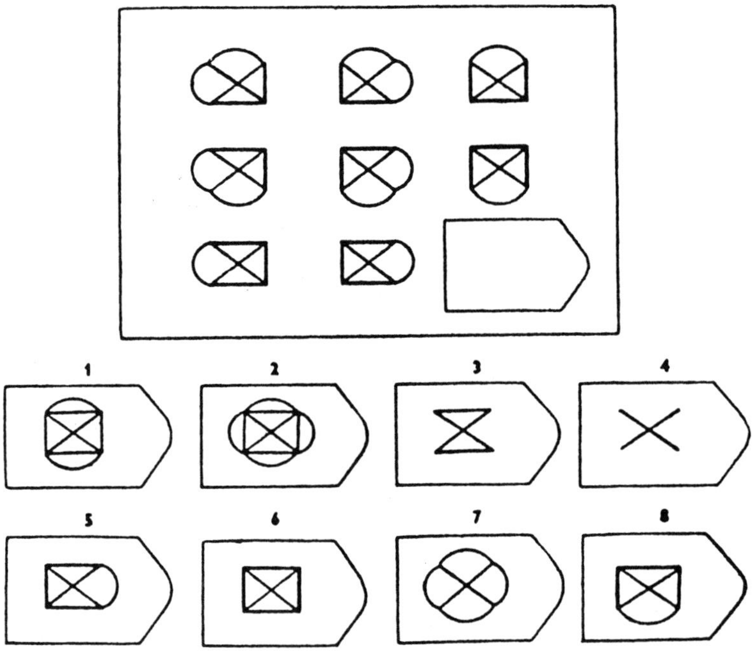

Strategie zur Raven-Aufgabe

Analyse des Ausgangspunktes: Ich habe hier oben eine Aufgabe, die aus jeweils drei Objekten besteht. Ein Objekt fehlt in dem Kästchen unten rechts. Außerdem habe ich hier acht Antwortmöglichkeiten. Ich weiß, daß die richtige Antwortmöglichkeit darin enthalten sein muß.

Zielbestimmung: Ich soll also das fehlende Kästchen durch eines der acht Kästchen hier unten ergänzen. Dieses Kästchen soll die Logik der obigen Aufgabe richtig fortsetzen.

Problemannäherung: Wie mache ich das jetzt am besten? Ich schaue mir zunächst die einzelnen Aufgabenelemente der Reihe nach an und versuche festzustellen, welche Merkmale sich dabei ändern.

Beschreibung der Aufgabenelemente: Bei der ersten Figur zeigt der Winkel nach unten rechts; die Kreisausschnitte zeigen nach links und nach oben ....

Zusammenfassung der Beschreibung: Es ändern sich also die Kreisausschnitte – in ihrer Anzahl und in ihrer Richtung. Es ändern sich die Winkel in ihrer Richtung – manchmal sind auch U-förmige Umrandungen vorhanden.

Lösungsstrategie: Die beiden ersten Aufgabenelemente jeder Zeile sind in der Senkrechten gespiegelt. Das dritte Aufgabenelement ergibt sich aus dem Übereinanderlegen der beiden vorausgehenden – dabei fallen die Kreisausschnitte, die über die dicke Umrandung zeigen, weg. Das gleiche Prinzip gilt auch für die drei Aufgabenelemente in den Spalten (Spiegelung der ersten beiden in der Horizontalen).

Hypothese: Das fehlende Kästchen muß als Rechteck auf allen Seiten dick umrandet sein. Demnach wäre die richtige Lösung das Kästchen 6.

Prüfprozeß: Ich schaue mir aber noch einmal genau an, ob diese Lösung auch richtig ist. Ich denke, daß Kästchen 6 ist richtig, denn das gleiche Ergebnis ergibt sich auch, wenn ich mir die dritte Spalte ansehe ....

Im Rahmen dieser Modellierung, die der Therapeut nur ansatzweise vorgibt, gelangen die Eltern sehr schnell zur richtigen Lösung. Der Therapeut bespricht mit den Eltern, daß
- es nicht immer wichtig ist, die richtige Lösung zu wissen;
- es vielmehr oft günstiger ist, jemand *„auf den richtigen Weg zu schicken".*

„Der richtige Weg". Als allgemeine Eckpunkte für diese Hilfen („richtiger Weg") werden die Signalkarten (vgl. Kapitel 9) vorgestellt. Die Bedeutung dieser Signalkarten sowie ihr Stellenwert für den Handlungsablauf werden mit den Eltern herausgearbeitet, u. a.
- ihre Allgemeingültigkeit (weitere Beispiele diskutieren bzw. bearbeiten).
- ihre Nützlichkeit für Hilfen (Hilfen sollten das Kind befähigen, selbst zur richtigen Lösung zu gelangen; „jemanden auf den Weg schicken").

10 Minuten Pause.

- **Austausch der Eltern** über Aufgabenbearbeitungen ihrer Kinder in der Schule und zu Hause und die eigenen Reaktionen.

3. Elternsitzung: Einübung prozeßorientierter Hilfen

Zeitpunkt. Nach der 5. Sitzung mit den Kindern.
Ziele. Die Eltern sollen lernen, die Kinder in ihrem Lösungsverhalten „auf den richtigen Weg zu schicken". d. h. ihre Hilfen sollen prozeßorientiert sein und vor allen Dingen strukturierende Hinweise geben. Dies wird in Selbstversuchen eingeübt.

Material. Tangram, Differix, Bilder sortieren.
Ablauf.
- Bekanntgabe der Sitzungsinhalte
- Marionettenspiel
- Einübung des kognitiven Modellierens
- Unterstützung der Kinder im Alltag
- Austausch der Eltern.

- **Marionettenspiel (20 Minuten)**

Ablauf: Ein Elternteil spielt „Marionette" eines anderen Elternteils. Es sollen nur solche Aktivitäten ausführt werden, die durch die Anweisungen vorgegeben werden. Die Handlungsausführung unterliegt also der externen Steuerung durch eine andere Person. Ein Elternteil („Marionettenspieler") wird instruiert, eine definierte Aufgabe (z. B. Tangram; Differix) so durch kognitives Modellieren zu vermitteln, daß sein Partner diese Aufgabe danach auch tatsächlich lösen kann. Das Spiel wird auf Video aufgezeichnet.
Auswertung: Bericht des Marionettenspielers; Stellungnahmen der Eltern. Videorückmeldung zur kognitiven Modelldemonstration; Diskussion der Tatsache, daß implizite Voraussetzungen gemacht werden, die ein „leistungsschwächerer" Handlungspartner nicht erfüllen kann.

- **Einübung des kognitiven Modellierens (30 Minuten)**

Anschließend übt der Therapeut mit den Eltern die Technik des kognitiven Modellierens ein. Die Eltern werden dabei aufgefordert,
- sich die Struktur einer Anforderung zunächst im Selbstversuch zu vergegenwärtigen
- diese Anforderungsstruktur im kognitiven Modellieren sowie unter Beachtung der Signalkarten einem Handlungspartner zu vermitteln.

Unterstützung der Kinder im Alltag. Mit den Eltern wird erörtert, daß sie die Kinder in kritischen Situationen durch derartige prozeßorientierte Hilfen unterstützen sollen. Solche Beispiele werden mit den Eltern durchgesprochen; ferner werden die Eltern ermuntert, dies zu versuchen.

10 Minuten Pause.

- **Austausch der Eltern**

Die Eltern sprechen über die Situation ihrer Kinder und tauschen sich mit dem Therapeuten allgemein über das Training sowie die häusliche Situation aus.

4. Elternsitzung: Sich selbst über die Schulter schauen

Zeitpunkt. Nach der 7. Sitzung mit den Kindern
Ziele. Diese Sitzung widmet sich den Prüf- und Zwischenprüfprozessen sowie der Umsetzung der bisherigen Inhalte der Elternanleitung im Alltag. Ferner wird die Hausaufgabensituation mit den Eltern besprochen.
Material. Mastermind, Simile.
Ablauf.
- Bekanntgabe der Sitzungsinhalte
- Bedeutung von Prüfprozessen
- metakognitive Vermittlungen
- Prüfprozesse anregen
- Hausaufgabensituationen.

- **Bedeutung von Prüfprozessen (30 Minuten)**

Hierzu bearbeiten die Eltern zu zweit eine Aufgabe (Mastermind). Bei dieser Aufgabe soll ein Elternteil einen Geheimcode erraten, wobei er bei seinem Rateversuch Rückmeldung erhält. Diese Aufgabe eignet sich gut, um die Bedeutung von Prüfprozessen zu verdeutlichen. Das Verhalten der Eltern wird auf Video aufgenommen, der aktiv spielende Elternteil (der den Geheimcode erraten soll) wird aufgefordert, seine Denkprozesse laut zu verbalisieren.

Am Ende dieser Problembearbeitung wird die Bedeutung von Prüfprozessen erörtert. Das konkrete Vorgehen wird danach bei der Analyse des Videobandes verdeutlicht.

• **Die Bedeutung der verbalen Handlungssteuerung (15 Minuten)**
Der Therapeut arbeitet mit den Eltern anhand ihrer eigenen Erfahrungen heraus, wie man sich in bestimmten kritischen Situationen durch Selbstanweisungen steuert (z. B. ein IKEA – Regal zusammenbauen, eine schwierige Situation bestehen, eine schwierige Aufgabe lösen). Er legt dar, welche Bedeutung diese verbalen Selbstanweisungen für die Handlungssteuerung haben (siehe auch Kasten – „Metakognition und Aufmerksamkeit", S. 28). Diese Inhalte notiert er gut verständlich auf einem Plakat.

• **Prüfprozesse und Handlungsregulierung anregen (15 Minuten)**
Hier schließt sich eine Diskussion darüber an, daß die Eltern als äußere Regulationshilfe den Kindern behilflich sein können. Als Kriterium für eine gute Hilfe wird hervorgehoben: Prozeßorientierung (nicht im nachhinein Ergebnisse als richtig oder falsch bewerten, sondern die Kinder auf den richtigen Weg führen). Solche Hilfen werden im Rollenspiel eingeübt. Dabei wird eine schwierige Simileaufgabe vom Therapeuten fehlerhaft und ungenau bearbeitet; die Eltern sollen die genannten Hilfen umsetzen.

10 Minuten Pause.

• **Austausch der Eltern.** Der Rest der Elternsitzung ist der freien Diskussion vorbehalten; ferner wird die Beendigung der Elternzusammenkünfte vorbereitet.

10.6 Problemorientierte Beratung

Ziel. Die Eltern sollen in einem verhaltensorientierte Erklärungen für Erziehungsschwierigkeiten erwerben. Auf der Grundlage dieser Erklärungen sollen sie Maßnahmen ableiten, um mit diesen Schwierigkeiten im Alltag umgehen zu können.
Material. Videoanlage; räumliche Bedingungen, die die Durchführung von Rollenspielen erlauben.
Ablauf. In der problemorientierten Beratung wird folgende Vermittlungsabfolge eingehalten:

1. *Verhaltensnahe Beschreibung der Interaktionserschwernisse.*
   Hierzu erarbeitet der Therapeut mit den Eltern eine Problemanalyse, macht direkte Interaktionsbeobachtungen und/oder führt ein Rollenspiel zur Problemsituation durch. Er vermittelt dabei eine möglichst genaue Vorstellung über die Verhaltensabläufe und Situationsanteile, die einem Interaktionsproblem zugrunde liegen (z. B. Anteile im elterlichen Verhalten, Situationsgestaltung). Unter einer übergeordneten Perspektive sind dies vor allem folgende Aspekte:
   - ungünstige Zielvorstellungen,
   - ungünstige Situationsabbildungen durch die Eltern (z. B. das Kind stört, frühe Problemanzeichen werden nicht erkannt) sowie
   - ungeeignete Erziehungseinwirkungen (z. B. ungeeignete Steuerung des kindlichen Verhaltens, wenig förderliche präventive Erziehungsgestaltung).
2. *Erarbeitung von Modifikationsvorschlägen.* Die problematischen Anteile im Elternverhalten bzw. der Situationsgestaltung werden besprochen und Vorschläge für Veränderungen abgeleitet. Gegebenenfalls werden diese Vorschläge im Rollenspiel erprobt.
3. *Umsetzung der Modifikationsvorschläge im Alltag* bei hinreichender Verankerung bzw. Verhaltenssicherheit der Eltern. Die Erfahrungen bzw. Rückmeldungen der Eltern werden in den darauffolgenden Sitzungen besprochen.

• **Beispiel 1: Anforderungen nicht befolgen**
Problemschilderung des Vaters: Matthias (8 Jahre) kommt wiederholt Anforderungen (z. B. zum Essen kommen, Spiele wegräumen, das Kinderzimmer aufräumen) nicht nach. Der Vater erklärt dieses Verhalten damit, daß Matthias tagträume und selbstversunken mit sich und seinen Tätigkeiten beschäftigt sei. Er schaue ihn nicht an, sondern nicke nur und sage „ja, ja"; dennoch befolge Matthias die Anweisung nicht.
Problemanalyse: Die nähere Abklärung zeigt, daß der Vater Matthias „im Vorübergehen" bestimmte Anweisungen gibt. Er versichert sich nicht, ob Matthias diese Anweisung tatsächlich verstanden hat; es werden auch keine Vorschläge unterbreitet, wie Matthias seine begonnene Tätigkeit zu Ende führen kann.

Modifikationsvorschlag: Der Vater fokussiert die Aufmerksamkeit von Matthias auf sich, indem er Blickkontakt herstellt und seine Aufforderung ruhig äußert. Er erkundigt sich dabei auch nach der begonnenen Tätigkeit (z. B. Spielen) und geht verbal darauf ein (Lob, Verstärkung), um sodann die Aufforderung zu wiederholen und erneut zum Einräumen aufzufordern (z. B. Packst du bitte die roten Legosteine hier rein? – es beginnt gleichzeitig die Handlung „Einräumen“).

Der Vater verstärkt das Einräumen, bleibt zunächst dabei und vergewissert sich später, daß Matthias dieser Anforderung nachkam.

- **Beispiel 2: Gestaltung von Hausaufgabensituationen**

Problemschilderung der Mutter: Christian (9 Jahre) geht schon sehr ungern an die Hausaufgaben heran. Er trödelt beim Mittagessen, geht dann ins Kinderzimmer, und fängt an zu spielen. Später bekommt ihn die Mutter dann nur höchst widerwillig an seine Hausaufgaben. Häufig gibt er an, daß er nicht genau wisse, was er aufhabe. Die Mutter drängt darauf, daß Christian mit den Hausaufgaben beginnt und schaut selbst in den Heften nach, welche Hausaufgaben dran sind.

Auch das Anfertigen der Hausaufgaben selbst gestaltet sich schwierig, weil Christian sehr bald unruhig und quengelig wird; ihm unterlaufen viele Fehler; er wird zunehmend unruhiger und zappeliger (hin- und herrutschen, Bleistift kauen, Männchen malen, Aufstehen, etwas zum Trinken holen, etc.).

Problemanalyse: Ein Teil der Schwierigkeiten ist darin begründet, daß Christian seine Aufmerksamkeit nur schwer mobilisieren kann und schulische Lerndefizite hat. Darüber hinaus erschweren das zunächst erfolgreiche Meidungsverhalten (Spielen) sowie die relativ unklaren Verhaltenserwartungen und Hilfen der Mutter, die Hausaufgaben zügig zu erledigen.

Modifikationsvorschlag: Die Eltern unterstützen ein förderliches Hausaufgabenverhalten von Christian durch drei Maßnahmen:

1. Die Situation so gestalten, daß Probleme abgebaut werden (Hausaufgaben im gleichen Raum sowie zu gleicher Zeit, in 15-20-Minuten-Abschnitten arbeiten etc. – vgl. Innerhofer 1977);
2. Erleichternde Rahmenbedingungen schaffen, indem sie mit ihm einen verbindlichen Plan zur Anfertigung der Hausaufgaben erarbeiten (Reihenfolge der Aufgaben festlegen, Zeitbudget vereinbaren);
3. Handlungsbegleitende, steuernde Hilfen bei Schwierigkeiten (z. B. die Aufgabe bestimmen, den spezifischen Lösungsplan nennen, am Ende der Teilhandlung eine kurze Unterbrechung einfügen). Diese Hilfen orientieren sich an den Therapieinhalten (Signalkarten); sie werden von den Eltern ab der dritten Therapieeinheit eingebracht, um den Therapietransfer zu erleichtern, und anschließend ausgeblendet.

- **Beispiel 3: Präventive Gestaltung von Erziehungssituationen**

Problemschilderung der Mutter: Stefan (8 Jahre) sei immer wieder eigenwillig und uneinsichtig. Ein Beispiel dafür sei das zu-Bett-Gehen. Hier werde ihm gesagt, daß er um 19.30 Uhr im Bett sein solle; er zögere dies aber dadurch hinaus, daß er länger fernsehen wolle, seine Hausaufgaben noch machen oder noch etwas trinken bzw. essen müsse. Die Mutter beharre dann darauf, daß Stefan ins Bett geht; er weiche jedoch aus und stehe manchmal auch wieder auf. Dies führe dazu, daß die Mutter allmählich unwilliger reagiere und mit ihm zu schimpfen beginne (er sei ein unartiges Kind). Stefan werde dann jähzornig, schreie, stampfe mit dem Fuß auf und wälze sich auf dem Boden. Daraufhin werde Stefan vom Vater oft recht gewaltsam ins Bett gebracht.

Problemanalyse: Die nähere Analyse zeigt, daß diesen wiederkehrenden Problemsituationen keine vorausschauende Gestaltung zugrunde liegt. Vielmehr ist sich Stefan zum Zeitpunkt des Zubettgehens weitgehend selbst überlassen. Die entstehenden Freiräume versucht er zu seinen Gunsten auszunutzen; dabei gibt es dann auch eine Art „Machtkampf“ mit den Eltern.

Modifikationsvorschlag: Stefan geht um 20.00 Uhr ins Bett; zuvor spielt er z. B. etwas mit den Eltern. Es wird ein Zubettgehen-Ritual festgelegt (z. B. ein gemeinsames Spiel, Stefan macht sich fertig, die Eltern kommen ans Bett, sprechen mit ihm bzw. lesen eine kurze Geschichte vor und verabschieden sich dann). Dabei wird Stefan positiv sozial verstärkt; Ausweichhandlungen des Kindes nach dem Zubettgehen (noch etwas essen oder trinken wollen) werden dagegen nicht mehr hingenommen. Die Möglichkeit, solche Bedürfnisse/Wünsche vorher zu befriedigen, ist im Rahmen der Vorbereitung auf das Zubettgehen gegeben.

11 Therapiebaustein: Wissensvermittlung

11.1 Inhalte und Vorgehen

Transfer vom Strategietraining. Die Inhalte des Strategietrainings sollen auf schulrelevante Aufgaben übertragen werden. Dabei ist es wichtig, daß die Kinder die *Strukturähnlichkeit* zwischen dem Strategietraining und den schulischen Anforderungen erkennen (Bestimmung ähnlicher Grundprinzipien; z. B. die Bedeutung der Reaktionsverzögerung, die systematische Analyse einer Aufgabensituation, die Planung von Arbeitsschritten) und das Vorgehen im Training auch bei schulischen Anforderungen umsetzen. Die Kinder sollen sich dabei möglichst aktiv verhalten.

Der Therapeut unterstützt diese Übertragung durch prozeßorientierte Hilfen (z. B. am Problemlöseprozeß orientierte heuristische Fragen; erkenntnisstiftende Dialoge).

Inhalte. Die Wissensvermittlung ist allzu oft als Nachhilfeunterricht konzipiert, bei dem ein Kind quasi systematisch „hinter dem Klassendurchschnitt her lernt". Dies ist wenig förderlich und für alle Beteiligten kaum motivierend. Demgegenüber ist es günstiger, einem aufmerksamkeitsgestörten (und häufig lernschwachen) Kind, Lernstrategien zu vermitteln, die es erlauben, sich Wissen selbständig anzueignen. Solche Lernstrategien bestehen z. B. in

- der Anregung eines aktiven Umgangs mit den Lernmaterialien (z. B. Analogieschlüsse ziehen, Veranschaulichungen geben, Lernmaterial strukturieren).
- der Vermittlung von Informationsentnahmestrategien (z. B. wichtige Informationen entnehmen, unbekannte Begriffe nachschlagen, sich Notizen machen).
- der Ausbildung von Gedächtnisstrategien (wie man Wissen erwirbt, abruft und speichert).
- der Ausbildung von Strategien zur Bewältigung von Lernhindernissen (z. B. Selbstabfrageroutine nutzen, Fehler suchen, Prüfprozesse einhalten).
- dem Erwerb von problemlösenden bzw. problemrekonstruierenden Strategien (z. B. Aufgabenverständnis bei Textaufgaben, Veranschaulichung komplexer Aufgabenstellungen).
- der Vermittlung von Strategien zur Lernorganisation (z. B. den Ausgangspunkt der Lernhandlung sowie Lernziele bestimmen, Planungen zum Erreichen des Lernziels entwickeln).

Vorgehen bei der Wissensvermittlung. Die Wissensvermittlung geht von der Diagnostik des inhaltsspezifischen Kenntnisstandes aus und vermittelt in einer integrativen Weise Lernstrategien bzw. Detailkenntnisse, die das Kind noch nicht beherrscht.

Die *Diagnose des inhaltsspezifischen Kenntnisstandes* erfolgt im Gespräch mit dem Fach- bzw. Klassenlehrer des Kindes sowie anhand von Arbeitsproben und ggf. von Schulleistungstests. Hierbei wird der konkrete Kenntnisstand des Kindes anhand von drei Fragen möglichst präzise herausgearbeitet:

- Welcher Kenntnisstand wird gegenwärtig im Unterricht erwartet *(Sollwert)*?
- Welche inhaltlichen und lernstrategischen Anforderungen setzt dieser Kenntnisstand voraus *(Anforderungsanalyse)?* Dies wird im Gespräch mit dem Fach- bzw. Klassenlehrer sowie anhand curricularer und didaktischer Konzepte ermittelt.
- Welche Wissens- und Strategiedefizite hat das Kind in bezug zur Anforderungsstruktur *(Entwicklungsanalyse)?* Hierzu wird der Kenntnisstand des Kindes überprüft (z. B. Durchsicht von Schulheften auf spezifische Fehler und Wissensdefizite, Überprüfung des Kenntnisstandes anhand informeller Arbeitsproben, Überprüfung der Lernstrategien durch Verhaltensbeobachtung und Arbeitsproben).

Vermittlung von Lernstrategien. Die Vermittlung direkter inhaltsspezifischer Kenntnisse erfolgt in aller Regel im Nachhilfe- oder Förderunterricht bzw. in Nachhilfeeinrichtungen und durch Beratungslehrer. Darüberhinaus sollen in einer psychologisch-therapeutischen Begleitung strategisch-metakognitive Momente vermittelt werden, die im nachfolgenden beispielhaft dargestellt werden:

11.2 Beispiele

Reaktionskontrolle bei Diktattexten

Ziel: Das Stop-Signal (vgl. Basistraining) einsetzen und Prüfprozesse vornehmen.

Strategie:
1. genau zuhören
2. Selbstwiederholung von Diktatwörtern (rehearsal);
3. Einhaltung von Prüfprozessen und Reaktionskontrolle

Modellierung der Strategie durch den Therapeuten: „Ich höre genau zu, wenn der Text diktiert wird! Dann sage ich mir den Text vor und schreibe ihn auf. Beim Aufschreiben sage ich mir die Wörter der Reihe nach vor und diktiere sie mir noch einmal selbst. Nach einem Satz sage ich dann zu mir:
Stop – Hier muß ich aufpassen! –.
Ich kontrolliere den geschriebenen Satz noch einmal Wort für Wort; dabei lese ich den Satz aufmerksam durch und frage mich, ob die Wörter richtig geschrieben sind.“

Umsetzung durch die Kinder: Der Therapeut diktiert einen Text und die Kinder sollen die o. g. Sequenz
- genau zuhören;
- am Satzende eine Pause machen und innerlich „Stop – hier muß ich aufpassen“ – sagen;
- den geschriebenen Satz sorgfältig Wort für Wort kontrollieren

einhalten.

Erweiterung: Übertragung der Reaktionskontrolle auf Gedächtnis- und Rechenaufgaben.

Informationsentnahme bei Textaufgaben

Ziel: Eine sequentielle Analyse- und Bearbeitungsstrategie einhalten
Aufgabe: Die Lehrerin Frau Seidel wohnt 4 Kilometer von ihrer Schule entfernt. Sie fährt täglich mit dem Auto zur Schule.
Wieviele Kilometer fährt sie a) in einer Woche, b) in einem Halbjahr bei 20 Wochen Unterricht?
Rechne und fülle die Tabelle aus!

Strategie:
1. *Zielbestimmung:* Was soll ich herausfinden?
   - Wieviele Kilometer fährt Frau Seidel in einer Woche?
   - Wieviele Kilometer fährt Frau Seidel im halben Jahr (bei 20 Wochen Unterricht)?
2. *Ausgangsbestimmung:* Was weiß ich aus dem Text? Frau Seidel fährt 4 Kilometer zur Schule
3. *Problemannäherung:* Ich mache mir einen Plan! Ich stelle mir die richtigen Fragen!
   - Wieviele Kilometer fährt Frau Seidel am Tag? ...
   - Wieviele Kilometer fährt Frau Seidel in 20 Wochen? ...
4. *Lösungsausführung:* Ich übertrage jetzt meine Kenntnisse in eine Rechnung. Dabei denke ich an die Aufgabe, die ich oben schon gemacht habe.
   - Km/Tag = 8 Kilometer
   - Km/Woche = 8 Kilometer mal 6 Tage
   - Km/20 Wochen = 8 Kilometer × 20 Wochen × 6 Tage =
5. *Überprüfung:* („Halt-Stop; ich überprüfe noch einmal, ob alles stimmt!“) Verkürzte erneute Lösung der Textaufgabe sowie der Berechnung in Punkt 4.

Vorgehen: Der Therapeut verdeutlicht bzw. demonstriert diese Strategie; das Kind überträgt dieses Vorgehen auf andere Textaufgaben.

Abbildung 18: Vertrag zum Therapiebaustein „Wissensvermittlung“

zwischen   und

Wir treffen uns immer am
um   Uhr.

Dann wollen wir zusammen arbeiten.

soll sich dadurch besser in der Schule fühlen und lernen, 'wie man lernt'. Das Hauptziel der Zusammenarbeit besteht also darin, daß   Lerntricks erwirbt und sich selbst zu einem besseren Schüler macht.

Es geht aber nicht nur darum, stur zu lernen.

Name des Kindes   (Therapeut/in)

Textverständnis

Ziel: Eine Informationsentnahmestrategie übernehmen, Texte aktiv verarbeiten (z. B. durch an sich selbst gerichtete Fragen), diese Strategie praktizieren.

Strategie:
1. Die Überschrift lesen.
2. Erwartung zur Überschrift überlegen und formulieren.
3. Einzelne Textpassagen lesen, eine Pause machen und sich Fragen zum Inhalt stellen.
4. Nach dem Durchlesen des gesamten Textes wichtige Passagen unterstreichen.
5. Gegebenfalls die wichtigsten Informationen in einer Zeichnung darstellen.

Vorgehen: Das Kind erprobt diese Strategie an einem Text aus und gibt die wesentlichen Inhalte des Textes wieder.

Am Ende dieser Sequenz wird mit dem Kind besprochen, wie wichtig die Fragen sind, die es an sich selbst richtet.

Beispieltext: Die Lokomotive – ein riesenhafter Stier!

Nürnberg, 7. Dezember 1835: An diesem Tag waren schon frühmorgens Männer, Frauen und Kinder auf den Beinen. Manche ritten auch auf Pferden, andere fuhren in Kutschen. Um acht Uhr sollte die Feier zu Ehren der Eisenbahn anfangen. Der Bürgermeister von Nürnberg wollte die Rede halten. Aber noch immer glaubten viele nicht an die Eisenbahn: „Ein Fuhrwerk, das von selbst fährt? Das gibt es nicht! Da müssen ja die Pferde inwendig drin sein!".

Schließlich donnerte ein Kanonenschuß los: Der Zug fuhr ab; eine Musikkapelle spielte. Was geschah, stand in den Zeitungen:

„Aus dem Schlot der Lokomotive pufften Dampfwolken. Sie fuhren in gewaltigen Stößen heraus. Die Lokomotive schnaubte wie ein riesenhafter Stier. Die Wagen waren dicht aneinander gekettet. Sie fingen an, sich langsam zu bewegen. Dann pufften die Dampfwolken schneller aus dem Schlot der Lokomotive heraus. Die Wagen rollten nur so dahin; in wenigen Augenblicken waren sie den Augen der Zuschauer entschwunden. Eine große Menschenmenge jubelte den Vorbeifahrenden zu. Es machte mehr Spaß, dem Zug und seinen Fahrgästen zuzuwinken, als selbst darin zu fahren. Pferde auf der nahen Straße wurden scheu vor dem Ungetüm und stiegen in die Höhe. Kinder fingen an zu weinen, und auch manche Erwachsene bekamen es heimlich mit der Angst. Ja, es packte einen doch, wenn man den Wagenzug schnell heran-, vorüber- und in die Ferne drängen sieht: Mit 200 Personen! Die erste Fahrt war in neun Minuten beendet und eine Strecke von 6 km zurückgelegt!"

(Nach einem zeitgenössischen Zeitungsbericht).

Gedächtnisoptimierung durch aktive Strukturierung

Ziel: Informationen aufnehmen
Aufgabe: Memory-Karten. Sich 5 bis 10 Memory-Karten mit unterschiedlichen Gegenständen merken. (Ravensburg Nr. 000-356-3)

Strategie:
1. Die Memory-Karten (Gegenstände) unter einem Oberbegriff klassifizieren (z. B. Pflanzen, Fahrzeuge).
2. Aktive Selbstwiederholungen praktizieren und ggf. Bedeutungsassoziationen bilden.
3. Diese Strategie bei unterschiedlichem Lernmaterial erproben und besprechen.

Vorgehen: Die Strategie bei einfachen Materialien aus den Fächern Deutsch, Sachkunde, Mathematik ableiten und auf schulische Anforderungen übertragen; z. B.:
- sich einen Sachbuchtext merken (zuvor die Informationen nach Teilgebieten klassifizieren).
- Begriffssysteme erwerben (z. B. Hauptwörter, Verben, Fortbewegungsmittel).
- sich „Bedeutungsketten" merken (z. B. Wie lebt der Maulwurf? Wozu wird Wasser benötigt? Wie entsteht Elektrizität?).

Lernmaterial aktiv strukturieren

Ziel: Eine komplexe Handlung in Zwischenschritte aufschlüsseln und Lernaktivitäten entfalten.
Aufgabe: Den Weg vom Theeshof zum städtischen Krankenhaus wiedergeben und die Anzahl der öffentlichen Gebäude bestimmen.

Strategie:
1. Die systematische Bestimmung der Endstrecken „städtisches Krankenhaus" und „Museum Theeshof".
2. Beide Endstrecken werden mit einem Farbstift (Text-Marker) markiert.
3. Die Wegstrecke zwischen beiden Endpunkten wird eingezeichnet.
4. Die öffentlichen Gebäude, an denen das Kind vorbeigeht, werden markiert.
5. Das Kind memoriert über halblautes Sich-selbst-Vorsprechen (verbales rehearsal) die Orte, an denen der Weg vorbeiführt.

Vorgehen: Erarbeitung dieser Strategie und anschließende Umsetzung; Übertragung auf Sachkunde (z. B. eine Bahnreise planen, ein Prospekt über den Heimatort entwickeln) und Deutsch (z. B. einen Aufsatz schreiben).

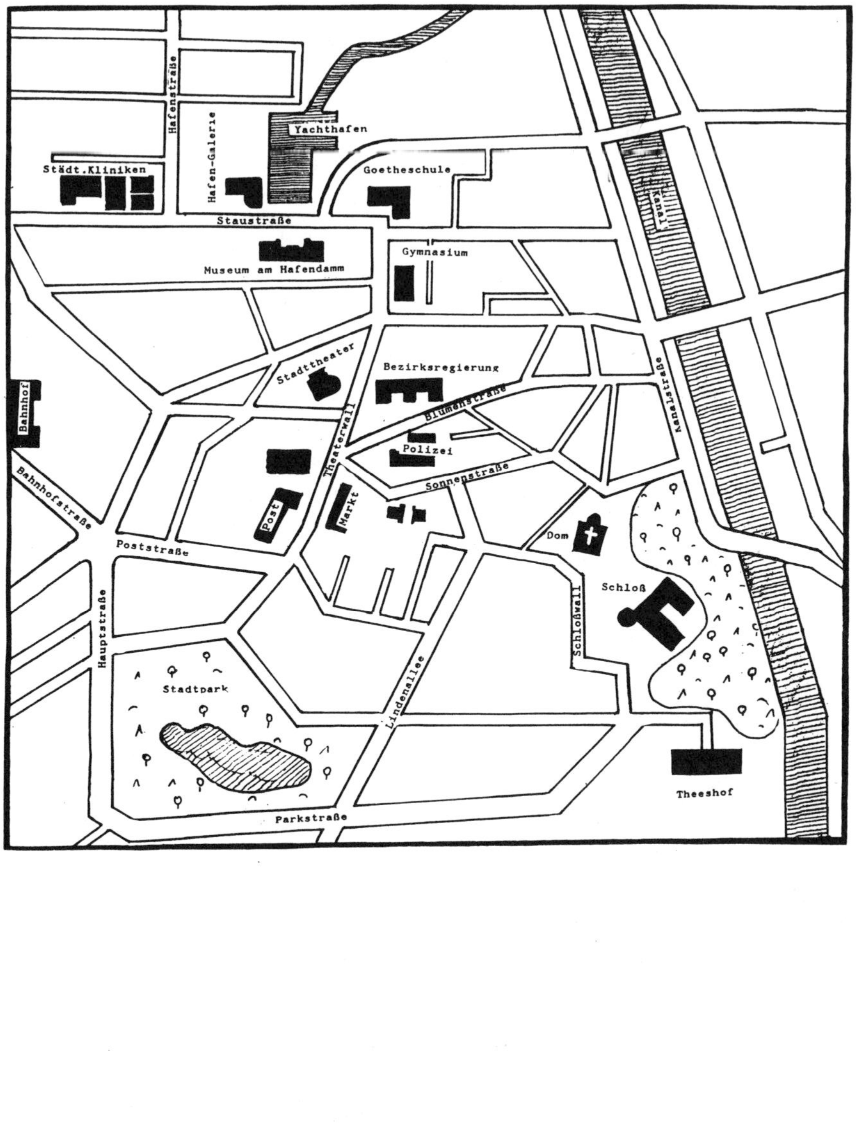

12 Zusammenarbeit mit Lehrern

12.1 Ausgangsbedingungen Interessenlagen

Die Zusammenarbeit mit einer Schule bzw. dem Lehrer ergibt sich aufgrund der akuten Problematik des Kindes. Zumeist ist die Schule/der Lehrer der Meinung, daß das Verhalten eines Kindes nicht mehr hingenommen werden kann (z. B. Disziplinschwierigkeiten, Aggression) und die schulische Entwicklung gefährdet ist. Die Aufmerksamkeitsstörung wird dabei im wesentlichen von der Schule definiert, als Unterrichtsstörung und *Lernzielgefährdung* erlebt sowie schnell als Disziplinlosigkeit, Böswilligkeit, Aufsässigkeit bzw. als Versagen des Elternhauses interpretiert. Oft besteht bereits eine konfliktreiche Beziehung zwischen der Schule und den Eltern des betroffenen Kindes (z. B. wechselseitige Beschuldigungen).

Diese Ausgangsbedingung bestimmt die Interessenlage der Schule, die sich so charakterisieren läßt:

- Der Therapeut trifft in einigen Fällen auf ungünstige Sichtweisen, Wertungen und *Handlungserwartungen* der Schule. Es gilt, damit in konstruktiver und entwicklungsförderlicher Weise umzugehen.
- Die Schule ist vor allem daran interessiert, daß die negativen Folgen einer Aufmerksamkeitsstörung *schnell* und weitreichend vermindert werden (z. B. Unterrichtsstörung, Unaufmerksamkeit).
- Der hier vertretene Ansatz, eine Aufmerksamkeitsstörung als Handlungsbeeinträchtigung zu sehen, trifft in der Regel auf *Sichtweisen,* die dazu *in erheblichem Kontrast* stehen. Folglich muß zunächst eine Basis für die Zusammenarbeit entwickelt werden.
- Der einzelne Lehrer erlebt den Therapeuten als *Partei* (falls er im Auftrag der Eltern an die Schule herantritt) bzw. wird dazu neigen, den Therapeuten von seiner Problemsicht zu überzeugen.

Dies macht deutlich, daß der Therapeut entwicklungsrelevante Ziele propagieren muß. Dabei gilt es im Sinne der Entwicklungsförderung, neue Fragen zu stellen, um andere Antworten zu erhalten. Die Frage ist nicht, „wer kann die Störung des Kindes am zutreffendsten beschreiben?“ und wer kann hierfür die besten Ursachen benennen, sondern: Wie kann die Entwicklungsgefährdung eines Kindes aufgehoben, und wie können neue Entwicklungsmöglichkeiten herbeigeführt werden?

Bei der *Zusammenarbeit* ist von vornherein zu berücksichigen, daß vom Lehrer zusätzliche Aktivitäten (gezielte Zuwendung zu dem aufmerksamkeitsgestörten Kind, spezifische Hilfen, Unterrichts- und Lernbeobachtung) verlangt werden, die der Verwirklichung der allgemeinen Unterrichtsziele und dem „Recht“ der anderen Kinder entgegenstehen können.

Dies bedeutet, daß der Lehrer lediglich in seiner „natürlichen“ Rolle (und nicht etwa als Ko-Therapeut) kooperieren kann.

12.2 Ziele der Zusammenarbeit

Ziele der Zusammenarbeit mit dem Lehrer bzw. der Schule sind vor allem:

- Den Lehrer über das Wesen der Aufmerksamkeitsstörung sowie über die spezifische – störungsbezogene – Problematik eines Kindes informieren. Der Lehrer soll das Verhalten des Kindes in einer veränderungsrelevanten Weise erklären – also quasi eine Aufmerksamkeitsstörung als Handlungsbeeinträchtigung verstehen.
- Während der Therapie einen kontinuierlichen *Kontakt* zum Klassenlehrer aufrechterhalten. Dieser Kontakt wird meist zu Beginn der diagnostischen Erhebungen hergestellt und bleibt auch im weiteren Therapieverlauf wichtig (z. B. für die Planung des Therapiebausteines „Wissensvermittlung“).
- Den Lehrer als Partner in der *Entwicklungsförderung* gewinnen. Die Therapie der Aufmerksamkeitsstörung versucht, Entwicklungverläufe zu optimieren und eine bestehende Entwicklungsgefährdung zu korrigieren. Dies ist ein Ziel, dem auch der Lehrer sowie die Schule insgesamt verpflichtet sind. Therapeut und Lehrer bzw. Schule sind daher quasi „natürliche“ Handlungspartner, die jeweils unterschiedlich an der Entwicklung des Kindes beteiligt sind. Der Therapeut sollte sich der pädagogischen Kompetenz des Lehrers versichern und sie in die Therapie der Aufmerksamkeitsstörung miteinbeziehen.

12.3 Die Beziehung zum Lehrer/zur Schule

Mit der Zusammenarbeit wird eine partnerschaftlich-symmetrische *Beziehung* verwirklicht. Dies bedeutet u. a.:
- Der *Lehrer* gilt als eine Person, die in *kompetenter* Weise die Entwicklung des Kindes im schulischen Kontext fördert.
- Therapeut und Lehrer respektieren sich in ihren jeweils unterschiedlichen *Aufgabenschwerpunkten.*
- Das Ziel ihrer Zusammenarbeit besteht darin, für ein aufmerksamkeitsgestörtes Kind entwicklungsförderliche Maßnahmen in der Schule *gemeinsam* und *arbeitsteilig* zu erarbeiten.
- Als Hauptmoment der Veränderung ist die Therapie der Aufmerksamkeitsstörung ausgewiesen. Der Therapeut versucht dabei, die *Unterstützung* des Lehrers zu gewinnen.

Es verbieten sich folglich Belehrungen, Schuldzuweisungen oder rezeptartige Ratschläge, wie der Lehrer mit dem Kind umgehen sollte.

12.4 Maßnahmen im Rahmen der Zusammenarbeit

Information zur Aufmerksamkeitsstörung. Hier erhalten die Lehrer Informationen über die Aufmerksamkeitsstörung.

Das Ziel ist dabei, daß sie lernen
- das Verhalten eines Kindes nicht monokausal und vorschnell auf einzelne singuläre Faktoren zurückzuführen (z. B. Fernsehkonsum, schlechtes Elternhaus, Böswilligkeit des Kindes).
- Aufmerksamkeitsstörungen als eine multifaktorielle Störung zu verstehen (vgl. Genesemodell Kapitel 3.4).
- Aufmerksamkeit als eine Handlung zu begreifen, in der einzelne Verhaltensakte zielbezogen angeordnet und gesteuert werden. Die Aufmerksamkeitsstörung selbst sollte als Handlungsbeeinträchtigung verstanden werden.

Dieses neue Problemverständnis ermöglicht es dem Lehrer, gezielte, prozeßorientierte Hilfen zu geben und eher abträgliche Ursachenerklärungen aufzugeben. Damit soll auch verhindert werden, daß Selektionsmaßnahmen (Überweisen auf Sonderschule, Repetieren) ohne vorherige Intervention eingeleitet werden.

Unterstützung der Aufmerksamkeitstherapie durch den Lehrer. Der Lehrer kann die Aufmerksamkeitstherapie in einer eher *unspezifischen Weise* unterstützen. Dabei ist wesentlich, daß er/sie nicht als Ko-Therapeut eingesetzt wird, sondern im Rahmen seiner „natürlichen" Aufgabe als Lehrer die spezifischen Probleme eines aufmerksamkeitsgestörten Kindes berücksichtigt, indem er u. a.:
- mit *Interesse* die Entwicklungsförderung des Kindes begleitet (z. B. schulische Entwicklungsfortschritte feststellen, entsprechende Rückmeldung geben),
- erfolgreiches Verhalten *verstärkt* (Lob, Zuwendung),
- *diskriminierende* Interventionen unterläßt (z. B. das Kind alleine setzen, es vor anderen bloßstellen, einseitige Schuldzuweisung auf die Eltern vornehmen),
- im sozialen Umgang mit dem Kind wenige, aber sorgfältig überlegte *Regeln* aufstellt und auf deren Einhaltung besteht,
- dem Kind *realistische Anforderungen* stellt und ihm deren Bewältigung zutraut,
- den *Bewegungsdrang* des Kindes kanalisiert bzw. positiv umleitet.
- *ineffiziente Reaktionen* unterbricht und zu Reaktionsverzögerung bzw. Selbstreflektion anregt (z. B. Halt, denk zuerst darüber nach).

Spezifische Unterstützung der Aufmerksamkeitstherapie. *Prozeßorientierte Hilfen geben.* Hier kann mit dem Lehrer vereinbart bzw. eingeübt werden, das Aufmerksamkeitsverhalten des Kindes spezifisch zu unterstützen (z. B. Selbstabfragen im Unterricht anregen; Modellierungsdialog nutzen, die Übertragung der Therapie unterstützen; Erkenntnisse durch heuristische Dialoge ausbilden).

Hierzu ist es notwendig, daß der Lehrer
- die Aufmerksamkeitsstörung als eine Handlungsbeeinträchtigung versteht,
- über die Bedeutung handlungsstrukturiernder Problemlösephasen informiert ist,
- prozeßorientierte-förderliche Hilfen geben kann.

Diese Kenntnisse bzw. Fertigkeiten können in einer *Mediatorenschulung* analog zur Elternanleitung (Kapitel 10) entwickelt bzw. gefördert werden.

Schließlich kann der Lehrer die Lernfähigkeit des Kindes durch heuristische Dialoge unterstützen (vgl. hierzu Brown & Palincsare 1987; Modellierungsdialog – Kapitel 7). Dabei werden den Kindern Unterrichtsinhalte angeboten, die ihrem derzeitigen Lernvermögen entsprechen. Der Lehrer strukturiert ihr Lernverhalten durch kurze Erklärungen, Modelldemonstrationen sowie Erkenntnisdialoge und vermittelt/unterstützt die relevanten Lernstrategien (z. B. Strategie zum Leseverständnis: Zusammenfassen, Fragen formulieren, Mehrdeutigkeiten klären, Textstellen vorhersagen). Dabei werden zunehmend schwierigere Lernmaterialien eingeführt.

Hinweise zur Gestaltung dieser Erkenntnisoptimierung werden auch im Therapiebaustein „Wissensvermittlung" (Kapitel 11) gegeben.

Informationen zur Aufmerksamkeitsstörung für den Lehrer

Das Problem. Unaufmerksamkeit, erhöhte Ablenkbarkeit, motorische Unruhe, vorschnelles Handeln, kaspern und expansives Meidungsverhalten sind Verhaltensweisen, die in der Schule sehr negativ auffallen. Die Kinder verhalten sich wie Zappelphilipp, sind unkonzentriert, halten nicht lange durch, lassen sich leicht ablenken, wechseln sehr häufig ihre Aktivitäten und haben häufig Konflikte mit anderen Kindern. Mit diesem Verhalten bereiten sie sich selbst, aber auch ihren Eltern und anderen Bezugspersonen erhebliche Schwierigkeiten.

Während die Probleme dieser Kinder leicht zu umschreiben sind, ist es schwieriger, die richtige Hilfe in die Wege zu leiten. Das vorliegende Merkblatt will Sie darüber informieren, wie diese Störung gesehen wird und welche Hilfen günstig sowie derzeit möglich sind.

Aufmerksamkeitsstörung. Kinder mit solchen Schwierigkeiten bezeichnet man als aufmerksamkeitsgestört. Hierbei handelt es sich um eine Beeinträchtigung, von der immer mehr Kinder betroffen sind. Etwa 5 % aller Kinder leiden an solchen Aufmerksamkeitsstörungen. Dies macht etwa 1–2 Kinder pro Klasse aus. Allein diese Zahl zeigt, daß eine allgemeinere Problematik vorliegt. Folglich ist es nicht automatisch die „Schuld" der Eltern oder des Lehrers, daß ein Kind aufmerksamkeitsgestört ist.

Kinder mit Aufmerksamkeitsstörung zeichnen sich dadurch aus, daß sie
- unaufmerksam sind (z. B. sich nicht konzentrieren können),
- sehr impulsiv handeln (z. B. Antworten geben, ohne nachzudenken) und
- oftmals – aber nicht immer – unruhig sind (z. B. viel umherlaufen, herumhampeln).

Sie sind jedoch keineswegs weniger intelligent als andere Kinder. Außerdem ist häufig festzustellen, daß die Aufmerksamkeitsstörung nur in bestimmten Bereichen besteht und nicht durchgängig auftritt.

Entstehung. Zur Entstehung der Aufmerksamkeitsstörung existieren viele Theorien (z. B. Hirnschädigung, Elternhaus, Informationsverarbeitung, Allergien). Gegenwärtig kann man keine dieser Annahmen als allein gültig ansehen. Vielmehr ist davon auszugehen, daß viele Ursachen zusammenkommen müssen, damit eine Aufmerksamkeitsstörung auftritt.

Ausgangspunkt für Hilfen. Wichtiger als die Frage nach der Ursache ist die Frage, wie man mit dieser Störung umgehen kann. Dazu ist es wesentlich, auch über die Frage nachzudenken „was ist überhaupt Aufmerksamkeit?".

Hierzu ein kleines Beispiel: Bei dieser Aufgabe geht es darum, den oben stehenden Papagei unter den darunter befindlichen sechs – sehr ähnlichen – wiederzufinden. Es gibt nur eine Lösung.

Abbildung: Aufgabe aus dem Dortmunder Aufmerksamkeitstest

Diese Aufgabe erfaßt Aufmerksamkeit. Wenn Sie die Aufgabe bearbeiten und sich in Ihrem Lösungsverhalten beobachten, werden Sie folgendes feststellen: Sie führen einzelne Verhaltensschritte nacheinander durch, um zur richtigen Lösung zu gelangen. So werden Sie sich beispielsweise den Standardreiz näher anschauen, dann die sechs Antwortmöglichkeiten prüfen, sich für eine wahrscheinliche Möglichkeit entscheiden und diese mögliche Lösung ganz systematisch mit dem Standardreiz vergleichen, um dann letztendlich eine Lösung zu benennen.

Aufmerksames Verhalten besteht also darin, einzelne Verhaltensschritte auf ein Ziel zu beziehen und in einer zeitlichen Abfolge zu realisieren.

Aufmerksamkeit ist also nicht etwas, was man besitzt, sondern eine Tätigkeit. Man stellt Aufmerksamkeit quasi aus einfachen Verhaltensschritten her. Gerade aber beim „Herstellen von Aufmerksamkeit" haben aufmerksamkeitsgestörte Kinder Schwierigkeiten, indem sie einfach bestimmte, wichtige Verhaltensschritte nicht ausführen. Man kann aber lernen, aufmerksam zu sein!

Die Hilfe für diese Kinder besteht in einer Förderung, die ihnen nahebringt, wie man aufmerksamer und bedachter mit sich sowie den gestellten Aufgaben umgeht. Dazu gehört beispielsweise

- das Erlernen von ganz prinzipiellen Fähigkeiten (genau hinschauen)
- lernen, seine Handlungen zu steuern und auf ein Ziel auszurichten
- bei mißlingenden Handlungen auch einmal innehalten und langsamer sowie bedachter vorzugehen
- das Erlernen von Vorgehensweisen, um über eine längere Zeit beharrlich bei einer Sache zu bleiben (eine Strategie anwenden)
- Wissen erwerben, um seine Aufmerksamkeit auf die wichtigen Dinge einer Sache zu richten.

Einem aufmerksamkeitsgestörten Kind hilft es ferner, wenn es das Gefühl hat, daß es in seinem Bemühen, aufmerksam zu sein, unterstützt wird (z. B. Ansätze loben, Fehler früh erkennen und vermeiden, dem Kind etwas zutrauen, realistische Anforderungen stellen).

Wir arbeiten im Moment mit .... (Name des Kindes). In seiner/ihrer Förderung sind Ihre Erfahrungen mit dem Verhalten des Kindes in der Schule wichtig. Ferner ist es natürlich im Interesse des Kindes und seiner weiteren Entwicklung nützlich, wenn unsere Arbeit von Ihnen in der Schule unterstützt wird. Wir würden uns deshalb gerne mit Ihnen – die Genehmigung der Eltern liegt vor – über das Kind und Ihre Beobachtungen unterhalten.

Ferner würden wir gerne – begleitend zur Behandlung – mit Ihnen im Gespräch bleiben, um mit Ihnen „an einem Strang zu ziehen".

13 Hinweise zur eigenständigen Weiterentwicklung der Therapiebausteine

Falls deutlich jüngere oder ältere Kinder (jünger als 6 und älter als 12 Jahre) behandelt werden sollen, müssen die hier dargestellten Therapiebausteine ergänzt bzw. weiterentwickelt werden. Hierzu ist es vor allem notwendig, altersangemessene Arbeitsmaterialien und Übungsformen einzusetzen.

13.1 Jüngere Kinder (Vorschulalter; 4–6 Jahre)

Ziel. Für aufmerksamkeitsstörte Vorschulkinder sind die Interventionsziele und -prinzipien des Basistrainings gültig. Schwerpunkte der Therapie sind folglich
- die Vermittlung von *Grundfertigkeiten* (genau hinschauen, genau zuhören, systematisch vergleichen u. ä.) mit operanter Unterstützung,
- die Entwicklung von *Reaktionskontrolle* und Reaktionsverzögerung (sich für die Aufgabenbearbeitung hinreichend Zeit nehmen, diese Zeit wirkungsvoll nutzen, ungeeignete Reaktionen unterdrücken),
- die Entwicklung einer elementaren *verbalen Selbstregulation* (z. B. ikonische Repräsentation der Selbstverbalisation – Signalkarten, Vorstellungsbilder).

Materialien. Die Übungsmaterialien sollten eine „offene“ (beobachtbare) Aufgabenbearbeitung veranlassen. Hierfür eignen sich (je nach Trainingsschwerpunkt) beispielsweise:
- Bilder zum Ausmalen
- Labyrinthe
- einfache Zuordnungsaufgaben
- Übungen zum Unterscheiden von Formen/Farben
- Puzzles
- Bilder ausfindig machen, die (nicht) zusammenpassen/zusammengehören (Variation der Begriffsbildung!)
- akustische Reize unterscheiden und zuordnen
- Relationen zwischen abgebildeten Gegenständen überprüfen und in die richtige Reihenfolge bringen (Reihungen herstellen)

Hierzu werden alters- und entwicklungsentsprechende Aufgabenschwierigkeiten zusammengestellt und spielerisch eingesetzt.

Besonderheiten. Im Vergleich zum Basistraining ergeben sich in der Arbeit mit Vorschulkindern jedoch einige Besonderheiten:
- die Notwendigkeit kürzerer Übungsphasen (Dauer 20–30 Minuten),
- die Notwendigkeit zur spielerischen Gestaltung (Einbettung der Übungsinhalte in Spielphasen, Verwendung spielerischen Materials),
- das Üben in kleineren Gruppen (z. B. zwei Kinder),
- die Notwendigkeit zu einer verstärkten Elternanleitung, die insbesondere auch auf die Gestaltung der Erziehung und Strukturierung von Spielen durch die Eltern eingeht,
- die verstärkte Notwendigkeit eine emotionale Beziehung zu den Kindern aufzunehmen bzw. ihr ein besonderes Gewicht beizumessen (o. a. Einleitung der Therapie durch eine verlängerte Kennlern- bzw. Spielphase).

Ein derartiges Programm für impulsiv-aggressive Vorschulkinder (insbesondere Jungen) liegt von Camp und Bash (1981) vor. Es wendet sich an Vorschulkinder und vermittelt ihnen innerhalb von 20 „Lektionen“ Selbstkontroll- sowie Problemlösefertigkeiten.

13.2 Kinder im späteren Schulalter (ca. 12–15 Jahre)

Ziel. Aufmerksamkeitsgestörte Kinder dieser Altersgruppe haben überwiegend strategische, wissensbezogene bzw. lernorganisatorische Probleme. Ferner sind vermehrt Schwierigkeiten im sozialen Kontext (z. B. Aggression, soziale Isolierung, Beziehungs- und Erziehungsschwierigkeiten) zu erwarten.

Die Intervention lehnt sich deshalb in ihrer Zielsetzung an die Therapiebausteine „Strategietraining“ und „Wissensvermittlung“ an und berücksichtigt eine entsprechende Elternanleitung bzw. Zusammenarbeit mit der Schule. Schwerpunkte der Intervention sind folglich
- die Ausbildung von *Problemlöse- und Lernstrategien* (z. B. komplexe Handlungen organisieren, soziale Abläufe regeln, Lernorganisation),
- die Verbesserung schulischer *Lernprozesse* (z. B. Vermittlung von Lernstrategien),

- die Zusammenarbeit mit *Eltern und Lehrern* (z. B. über die Aufmerksamkeitsproblematik informieren; problemorientiert beraten).

Materialien. Es ist wesentlich, daß die Trainingsgestaltung dem Selbstverständnis und der Interessenlage dieser Gruppe entspricht. Folglich sollten im Verlaufe der Intervention vor allem solche Aufgaben/Materialien bearbeitet werden, die den Kindern attraktiv und sinnvoll erscheinen können; z. B.:

- Komplexere Zuordnungsaufgaben (z. B. Simile),
- Problemlöseaufgaben (z. B. CFT, Bildergeschichten),
- Erarbeitung von Lernstrategien zum aktuellen Unterrichtsstoff,
- Bearbeitung von sozialen Konflikten bzw. Erarbeitung von adäquatem Sozialverhalten,
- Aufgaben am Computer, (u. a. Einarbeitung in Computerprogramme, Analyse sachlogischer Schritte bei der Erstellung spezifischer Programme),
- Materialien/Aufgaben, die sich attraktiven Aktivitäten zuordnen lassen (z. B. Angelschein machen),
- Interessenspezifische Lesetexte (Jugendliteratur),
- Planen und anfertigen von Arbeiten aus dem Freizeit-/Hobbybereich (z. B. Ausflug planen, Geburtstagsfest organisieren).

Besonderheiten. Zur Aufarbeitung der sozialen Problematik ist eine Konfliktberatung notwendig, die sich an die Eltern und die Lehrer wendet (s. Elternanleitung). Hier steht zunächst eine Aufklärung über die Aufmerksamkeitsproblematik und ihre Folgewirkungen im Vordergrund (s. Kapitel 1): Darauf aufbauend sollten mit Eltern und Lehrern konfliktreduzierende Möglichkeiten für die wichtigsten Alltagssituationen entwikkelt und verabredet werden. Beispiele hierfür werden im Kapitel 10 (Elternanleitung) sowie Kapitel 12 (Zusammenarbeit mit Lehrern/der Schule) gegeben.

13.3 Jugendliche

Ausgangssituation. Aufmerksamkeitsgestörte Jugendliche weisen mit großer Wahrscheinlichkeit längerandauernde schulische Beeinträchtigungen, berufliche Eingliederungsprobleme sowie gravierendere soziale Schwierigkeiten auf. Die Gefährdung der Schullaufbahn, der Berufsausbildung und soziale Konflikte mit Gleichaltrigen, Eltern und staatlichen Institutionen (Polizei, Justiz) sind Beispiele dafür. Daneben ist das individuelle Verhalten durch typische Merkmale einer – häufig residualen – Aufmerksamkeitsstörung gekennzeichnet: Geringe Zielbezogenheit, Unstetigkeit, starke Impulsivität, Stimmungslabilität, motorische Unruhe. Hierunter leiden etwa ein Drittel der Kinder mit Aufmerksamkeits- und Hyperaktivitätsstörungen auch noch im Erwachsenenalter (vgl. DSM-III-R). Diese Störungen gehen dabei zumeist mit manifesten sozialen Problemen und teilweise antisozialem Verhalten einher.

Ziele. Angesichts dieser zunehmenden Ausweitung und Verlagerung der Problematik sollte *keine* Behandlung der Aufmerksamkeitsproblematik im Sinne der hier dargestellten Bausteine erfolgen. Denn die Problematik dieser Jugendlichen hat sich in aller Regel in hohem Maße verallgemeinert und ist zumeist auch sozial äußerst konfliktträchtig geworden. Eine vorrangige Therapie der Aufmerksamkeitsprobleme alleine ließe folglich keine hinreichende Verbesserung erwarten.

Intervention. Es sollte eine handlungsbezogene Intervention vorgenommen werden, die an den akuten Problemen anknüpft und in diesem Zusammenhang die o.g. Residualmerkmale mitbearbeitet bzw. die berufliche/schulische Situation direkt verbessert. Beispiele hierfür sind pädagogisch-psychologische Beratungskonzepte, die unter anderem eine verbesserte Handlungsfähigkeit (Flexibilität, Norm- und Regelbewußtsein, Selbstverantwortlichleit) und eine verbesserte Entscheidungsfähigkeit (Kenntnisse im Rahmen der Entscheidungsfindung, Selbstbewußtsein aufgrund von Selbstprüfung, Selbständigkeit im Handeln) anbahnen. Hierfür hat Petermann (1992) entsprechende Beratungsmodelle zusammen mit Konkretisierungen im Zielbereich, im Vorgehen sowie in der Organisation vorgelegt.

14 Kritische Therapiesituationen

Bei der Durchführung der Therapie sind vielfältige Schwierigkeiten zu erwarten. Sie ergeben sich vor allen Dingen daraus, daß
- sich das Training an eine schwierigere Gruppe von Kindern mit einer oft langandauernden Problematik wendet.
- die dargestellten Therapiemaßnahmen eine komplexe und zielbezogene Struktur besitzen, so daß deren Durchführung störanfällig ist.

Kritische Therapiesituationen sind daher zu erwarten. Die folgenden Beispiele skizzieren „typische" Therapieschwierigkeiten und Möglichkeiten zu ihrer Vermeidung.

14.1 Provokation, Aggression

Diese Therapieschwierigkeiten fallen als expansiv-regelverletzendes Verhalten auf: Provokation, motorische Unruhe, Hyperaktivität, aggressive Akte gegenüber Materialien (z.B. Materialien zerstören, vom Tisch werfen), Aggression der Kinder untereinander (Streitigkeiten, Konflikte). Sie sind insbesondere bei jüngeren und schwer aufmerksamkeitsgestörten Kindern (motorische Unruhe, Hyperaktivität) im Basistraining sowie bei verfestigten Formen der Aufmerksamkeitsstörung mit Beeinträchtigungen des Sozialverhaltens und schulischem Meidungsverhalten zu erwarten. Maßnahmen, die diese Therapieschwierigkeiten vermindern können, ergeben sich aus den nachstehenden Hinweisen:

Vorbereitung und Gestaltung der Therapiesituation. Hier ist es unbedingt erforderlich, vor Therapiebeginn Räumlichkeiten und Therapiematerialien zu arrangieren. Die Kinder betreten den Raum zusammen mit dem Therapeuten, um eskalierende Verhaltensschwierigkeiten von vorn herein zu vermeiden (Anleitungen in Kapitel 6).

Sorgfältige Zusammenstellung der Therapiegruppe. Hier kommt es darauf an, die Kinder zu störungshomogenen Gruppen zusammenzufasssen (vgl. Kapitel 6). In Gruppen mit unterschiedlicher Leistungsbereitschaft bzw. -fähigkeit (z.B. unterschiedliche Aufmerksamkeitsstörungen, stark altersgemischte Gruppen) sind einzelne Kinder immer wieder unter- oder überfordert, so daß auch weit eher Konflikte auftreten (z.B. vorzeitig fertig werden, die Leistung anderer kritisieren, sich über ein anderes Kind belustigen, andere Kinder stören).

Beim Auftreten von provokativ-aggressivem Verhalten sollte die Zusammensetzung der Gruppe nochmals überdacht werden. Der Therapeut sollte dabei auch prüfen, ob es zwischen den Trainingskindern Konkurrenz gibt (wer bekommt die schönste Geschichte, wer darf zuerst üben, wer ist zuerst fertig, wer darf neben dem Therapeuten sitzen? etc). Im Falle tiefgreifender Konkurrenz sollte der Therapeut zunächst versuchen, einen Interessenausgleich zwischen den Kindern herbeizuführen, und die Position des eher benachteiligten Kindes mitvertreten. Ferner bietet sich auch eine Veränderung der Sitzordnung an (z.B. die Konkurrenten nicht direkt nebeneinander sitzen lassen). Sollte sich eine Konkurrenzsituation dadurch nicht aufheben lassen, ist eine neue Gruppenzusammensetzung bzw. sind Einzelsitzungen notwendig.

Verstärkungsbezogene Einwirkung. Im Therapiebaustein Basistraining wird Unruhe (umherlaufen, unterbrechen) durch den Entzug von Verstärkern begegnet. Dies erweist sich in aller Regel als eine gute Möglichkeit, das Störverhalten zunehmend sozial zu kontrollieren. In den anderen Therapiebausteinen (vor allem Strategietraining) wird dagegen in jeder Therapiesitzung ein Interessenausgleich zwischen Üben und einer eher spielerischen Betätigung vereinbart.

Der Therapeut sollte im Falle von Therapieschwierigkeiten auf einer definierten Übungszeit bestehen und eine anschließende Verstärkung/Spiel in Aussicht stellen.

Fortführung der Therapie in Einzelsitzungen. In gravierenden Fällen von Provokation, Unruhe, Hyperaktivität bietet sich, quasi als ultima ratio, ein Einzeltraining an. Nach etwa drei bis vier Einzelsitzungen ist zu prüfen, ob das Kind im weiteren Verlauf der Therapie wieder an den Gruppensitzungen teilnehmen kann. Gruppensitzungen stellen faktisch eine Generalisierung dar; sie entsprechen eher den natürlichen Lernbedingungen der Schule und vermitteln Möglichkeiten zum sozialen Lernen.

Abbruch der Therapiesitzung. Bei weiter eskalierenden Therapieschwierigkeiten kann die Sitzung auch abgebrochen werden. Wichtig ist hierbei, daß der Therapeut „Herr des Verfahrens" bleibt; er sollte sich nicht zu einem bestimmten Verhalten nötigen lassen.

14.2 Unlust, Langeweile

Insbesondere bei jüngeren und schwer gestörten Kindern ist (im Zuge der mangelnden Aktivierungsmodulation) mit Unlust und Langeweile zu rechnen. Um damit umzugehen, bieten sich vor allem drei Möglichkeiten an:

Die Einhaltung einer vereinbarten Übungsphase. Hier ist es wesentlich, daß der Therapeut die Übungs- bzw. Modellierungsphasen nicht schon bei ersten Anzeichen von Langeweile bzw. Unlust abbricht und ggf. motivierende Materialien und Inhalte aussucht. Vielmehr ist zu bedenken, daß Unlust und Langeweile (sekundäres) Merkmal der Aufmerksamkeitsstörung sind.

Der Therapeut sollte den Kindern also ermöglichen, eine definierte Zeit zu üben (z. B. prozeßorientierte Hilfen geben, Zwischenziele setzen). Die Kinder sollten nicht lernen, sich mit Bekundungen von Langeweile und/oder Unlust den Übungsanforderungen entziehen zu können.

Überprüfung der räumlich-situativen Bedingungen. In Einzelfällen kommt es immer wieder vor, daß insbesondere jüngere aufmerksamkeitsgestörte Kinder unter klimatischen und räumlichen Bedingungen leiden. Hier wäre entsprechende Abhilfe zu schaffen.

Kurzzeitiger Aktivitätswechsel. Hier kann die Bearbeitung der Therapiematerialien vorübergehend zugunsten von entspannenden Aktivitäten (imaginative Übungen, Atemübungen, suggestive Verfahren) zurückgestellt werden. Nach unserer Erfahrung ist es jedoch nicht förderlich, wenn die Therapieinhalte durch Spiele abgelöst werden, weil es dann schwieriger ist, die Kinder zur eigentlichen Aufgabe zurückzuführen.

14.3 Unzureichende Therapiefortschritte

Nach unseren Erfahrungen liegt diesen Schwierigkeiten in aller Regel eine Überforderung des Kindes zugrunde. Mit einer flexiblen Umsetzung des Therapieprogramms kann hier abgeholfen werden, z. B.:

- Eine Trainingseinheit nochmals *wiederholen.*
- Ggf. eine Trainingseinheit *zurückgehen,* um faktisch „einen erneuten Anlauf“ zu nehmen
- Ggf. nochmals in eine *erneute Diagnostikphase* mit veränderten Hypothesen eintreten. Dies ist vor allen Dingen dann geboten, wenn ein Kind insgesamt in der Therapie kaum vorankommt.

14.4 Mangelnde Mitarbeit der Eltern

Die Therapie lädt die Eltern zu Entwicklungsförderung ihrer Kinder ein und versucht gleichzeitig, bestehende Beziehungs- bzw. Erziehungsschwierigkeiten zu vermindern. Bei dieser Zielsetzung sowie der Indikationsstellung zum Elterntraining (vgl. Kapitel 10) kann eine mangelnde Mitarbeit der Eltern vor allen Dingen durch folgende Bedingungen motiviert sein:

- Organisatorische Schwierigkeiten (Zeitgestaltung, finanzielle Aspekte). Hier wäre mit den Eltern eine verbesserte und vorausschauende *Organisation* der Termine bzw. der organisatorischen Abläufe zu vereinbaren.
- Die Elternanleitung/Beratung wird als *persönlich bedrohlich* eingeschätzt. Hier wäre mit den Eltern zu erörtern, ob die Anleitung nicht durch eine persönliche Beratung (ggf. durch einen anderen Kollegen) ergänzt werden sollte.
- Die Eltern stimmen mit dem Therapiekonzept nicht überein *(therapiediskrepante Vorstellungen).* Dies wird natürlich insbesondere dann der Fall sein, wenn die Therapie eines Kindes nicht zufriedenstellend verläuft und sich ggf. sogar die schulische bzw. soziale Situation des Kindes weiter verschärft. Dies sollte mit den Eltern offen angesprochen werden. Dabei sollten dann auch Therapieerwartungen sowie der weitere Therapieverlauf zur Sprache kommen. Hervorzuheben ist, daß den Eltern und Bezugspersonen des Kindes für das Gelingen der Therapie keine „Garantien“ gegeben werden kann. Vielmehr sind alle Beteiligten zu einer Entwicklungsförderung eingeladen, zu der sowohl der Therapeut, als auch die Eltern ihren Beitrag leisten.

14.5 Mangelnde Generalisierung des Trainingserfolges

Eltern und Lehrer berichten hier, daß das bisherige Training zu keinen Verbesserungen im Alltagsverhalten des Kindes geführt habe. Die Generalisierung des Trainingsverhaltens kann dadurch verbessert werden, daß

- das Kind stärker dazu angehalten wird, die Therapieinhalte im Alltag zu erproben (z. B. *Beweisblatt* Anhang 2).
- Eltern und Lehrer stärker in die Therapie miteinbezogen werden, denn die Generalisierung gelingt umso leichter, je mehr das Verhalten des Kindes durch relevante Bezugspersonen im Alltag unterstützt wird.

Natürlich ist auch daran zu denken, daß angesichts der Problematik eines Kindes zunächst keine Generalisierung auf das Alltagsverhalten erfolgt, sondern sich Therapiefortschschritte zunächst nur innerhalb der Therapie zeigen. Dies wäre auch ein Indiz für die Schwere der Aufmerksamkeitsstörung.

15 Ergebnisse und Trainingserfahrungen

Die Therapiebausteine „Strategietraining" und „Basistraining" sowie „Elternanleitung" wurden in insgesamt vier Studien evaluiert:

15.1 Studie mit systematischem Kontrollgruppendesign

Charakterisierung der Kinder. In der ersten Studie wurden 54 Kinder im Alter zwischen 9 und 11 Jahren untersucht. Diese Kinder wurden nach den Kriterien des DSM III ausgewählt. Ferner stimmten Lehrer und Eltern darin überein, daß eine Aufmerksamkeits-Problematik vorlag.

Die behandelten Kinder hatten zuvor noch an keinem Konzentrationstraining teilgenommen; sie wurden auch während der Therapie und des Follow-up-Zeitraums nicht anderweitig behandelt (vgl. genauer Schlottke 1984, Schlottke 1988).

Behandlungsgruppen. Die Kinder wurden entweder dem Basistraining, dem Strategietraining oder einer Kontrollgruppe (jeweils 18 Kinder) zugewiesen, wobei eine sehr sorgfältige Parallelisierung u. a. anhand:
- demographischer Kenngrößen (Lebensalter, Schultyp, einer Schulklasse),
- Intelligenz,
- Schulleistungen,
- Aufmerksamkeitsleistungen,
- Lehrer-bzw. Elternbeurteilung von Unaufmerksamkeit und motorischer Unruhe;

vorgenommen wurde.

Unspezifische Behandlungseffekte (u. a. Glaubwürdigkeit der Behandlungsbedingungen, Therapieerwartung der Eltern, Trainingsdauer, Zuwendung und Qualität der Trainer) wurden therapiebegleitend kontrolliert. In diesen Variablen ergeben sich keine statistischen Gruppenunterschiede, so daß der Einfluß unspezifischer Behandlungseffekte auf den Therapieerfolg ausgeschlossen werden kann.

Die Therapie wurde anhand von insgesamt *24 Variablen,* die vor Beginn der Therapie sowie sechs Monate nach deren Beendigung erhoben wurden, evaluiert (vgl. Schlottke 1984).

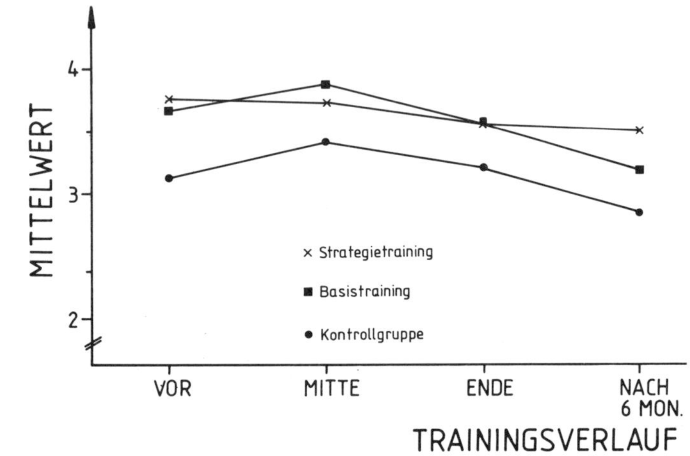

Abbildung 19: Therapieerwartung der Eltern

Ergebnisse zur Therapieakzeptanz. Zu Trainingsbeginn ist die Therapieerwartung der Eltern überdurchschnittlich hoch. Sie nimmt im Therapieverlauf zwar leicht ab, dennoch bleibt eine hohe und positive Erwartung gegenüber der Behandlung, die auch über die gesamte Therapie bestehen bleibt (vgl. Abb. 19).

Ähnliches gilt auch für die *Motivation der Kinder;* sie nimmt zwischen der vierten und zehnten Trainingseinheit zwar leicht ab, verbleibt aber insgesamt auf einem hohen Niveau (vgl. Abb. 20). Gleiches gilt für die positive *Einschätzung des Therapeuten durch die Kinder.* Er wird über die gesamte Therapie hinweg emotional in hohem Maße akzeptiert (Stundenbegleitbögen der Kinder).

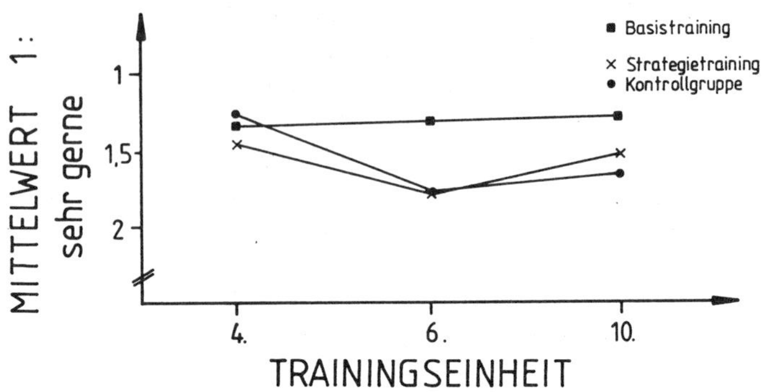

Abbildung 20: Motivation der Kinder (z. B. „Ich will gerne mitarbeiten").

Ergebnisse zur Veränderung der Aufmerksamkeitsproblematik. In sämtlichen Kennwerten wird zunächst die Überlegenheit des Basis- und das Strategietrainings gegenüber der Kontrollgruppe belegt. Beide Therapiebausteine sind mithin effizient.

Generalisierung der Therapieeffekte. Sowohl das Basis-, als auch das Strategietraining verbessern das Alltagsverhalten der aufmerksamkeitsgestörten Kinder erheblich (Elterneinschätzung, Lehrerratings u. ä.). Die markantesten Verbesserungen treten im Bereich „Arbeitsverhalten/Ausdauer" sowie im Parameter „Ablenkbarkeit/Trödeln/Irritierbarkeit" ein. Ferner verändern sich die Kinder in der Variable „Impulsivität/geringe Reaktionskontrolle" deutlich in positiver Richtung.

Ein für die Eltern bedeutsames und für das Kind substantielles Ergebnis ist, daß die behandelten Kinder ihre Selbständigkeit (z. B. bei Hausaufgaben, Tätigkeiten zu Hause, in der Freizeit) signifikant verbessern. Mit dieser wachsenden Selbständigkeit des Kindes nimmt auch die Kontrollneigung der Eltern, ihre allgemeine Strenge bzw. Rigidität deutlich ab. Mithin führt das Strategie- und das Basistraining im Sinne einer Entwicklungsintervention zu wesentlichen und alltagsrelevanten Fortschritten.

Diese Fortschritte werden von den Eltern zu etwa 85 % auf das Training zurückgeführt. Dies gilt unterschiedslos für das Basis-, wie für das Strategietraining. Insofern bestehen auch günstige Voraussetzungen für die Mitarbeit der Eltern (z. B. beim Therapiebaustein „Elternanleitung").

Unterschiede zwischen Basis- und Strategietraining. Beide Therapiebausteine unterscheiden sich auch voneinander. Dabei wird deutlich, daß
- das Strategietraining die Fehlerzahl im *Matching Familiar Figures Test (MFFT)* – dem Verfahren zur Erfassung von komplexeren Aufmerksamkeitsstörungen – reduziert.
- das Basistraining zu besseren Ergebnissen im Continuous Performance Test (CPT) – dem Verfahren zur Erfassung von selektiver (Dauer) Aufmerksamkeit – führt.

Beide Therapiebausteine sprechen mithin auf unterschiedliche Störungsschwerpunkte an; insoweit besteht auch eine differentielle Indikation für das Strategie- und Basistraining.

In der Generalisierung der Therapieeffekte unterscheiden sich beide Therapiebausteine dagegen nicht voneinander.

Schlußfolgerungen. Beide Therapiebausteine führen dazu, daß
- sich das testinterne Verhalten der Kinder verbessert;
- sich wesentliches Alltagsverhalten, das häufig Anlaß für Klagen von Eltern und Lehrern ist, verbessert („Arbeitsverhalten/Ausdauer", Anwendung von Strategien);
- die Therapiemotivation der Kinder und der Eltern über die gesamte Therapie hinweg aufrechterhalten bleibt;
- weitreichende Entwicklungsfortschritte eintreten, die auch von Eltern und Lehrern gesehen werden.

15.2 Erweiterte Einzelfallstudie

Charakterisierung der Kinder. *Vier impulsiv-lernbehinderte Sonderschüler (Alter 10.4–10.7 Jahre; IQ 55 bis 89) erhielten eine Vorform des hier beschriebenen Strategietrainings über insgesamt acht Sitzungen (vgl. Lauth, Holzhauer & Weitendorf 1983).*

Ergebnisse. Der *Trainingserfolg* wurde dabei anhand von insgesamt 10 Variablen zu drei Meßzeitpunkten (vor, während und unmittelbar nach der Intervention) überprüft. Diese Variablen erfaßten den Trainingsfortschritt im Sinne einer unterschiedlich weiten Transferleistung (vgl. Brown & French 1979). Das Training hatte folgende positive Veränderungen zur Folge:
Die Kinder
- verbesserten ihren Intelligenzstatus um bis zu 15 IQ-Punkte,
- erwarben eine reflexivere Arbeitshaltung,
- veränderten ihre Motivation zugunsten einer größeren Erfolgsorientierung und
- setzten die erworbenen Problemlösestrategien auch bei anderen Anforderungen ein.

Keine oder nur geringe Verbesserungen konnten dagegen bezüglich des Erwerbs von Fähigkeiten erreicht werden:
- Die Befähigung der Kinder zur optischen Diskrimination verbesserte sich nicht, und
- sie konnten auch einem Geheimcode zum Ende der Intervention nicht entscheidend besser entschlüsseln.

Jedoch gingen sie beide Aufgaben reflexiver an und ließen sich auch wesentlich mehr Zeit zu ihrer Bearbeitung als zu Beginn des Trainings.

Daraus läßt sich für diese Zielgruppe *schlußfolgern,* daß
- befriedigende Verbesserungen bis zum Bereich mittleren und weiten Transfers erreicht wurden;
- vor allem handlungsorganisatorische und -regulierende Momente positiv beeinflußt, Reflexivität gefördert wurde und schließlich infolge des verbesserten Arbeitsverhaltens auch deutlich verbesserte Handlungsergebnisse eintreten;

- die vermittelten Problemlösestrategien auch in den nicht trainierten Anforderungsbereichen angewandt werden, so daß ein Übungstransfer zu verzeichnen ist.

15.3 Strategietraining im Rahmen einer Schule

Charakterisierung der Kinder. Hieran nahmen insgesamt 33 lernbehinderte Schüler (3. und 4. Klasse) teil, denen die erweiterte Form des Strategietrainings gegeben wurde. Die Kinder waren von ihren Klassenlehrern/-innen für das Training ausgewählt worden. Sie wiesen erhebliche Lernrückstände und Aufmerksamkeitsprobleme auf. In ihrer Mehrzahl wurden sie von den Lehren als impulsiv und hyperaktiv charakterisiert.

Das Alter dieser Kinder betrug 9–12 Jahre (Durchschnittsalter 10.5 Jahre; IQ 72 bis 103, Durchschnitt 88.2).

Behandlungsgruppen. Die Kinder wurden entweder dem Strategietraining oder einer Kontrollgruppe (Bearbeitung der Trainingsmaterialien ohne Strategievermittlung) zugewiesen. Die Therapie selbst erfolgte unter den Bedingungen des regulären *Förderunterrichtes.*

Ergebnisse. Der *Trainingserfolg* wurde mit mehreren Variablen überprüft, die vor und nach dem Training erhoben wurden (u. a. Aufmerksamkeits- und Intelligenztestleistung, Erwerb von Strategien, Verhaltenseinschätzung durch Eltern und Lehrer). Aufgrund der Therapie (vgl. Lauth 1992):
- gelangen die Kinder zu einer erhöhten Problemlösereflexivität;
- verbessert sich das Intelligenzniveau um durchschnittlich 9 IQ-Punkte;
- verbessern die Kinder ihre Vorgehensweise bei Zuordnungsaufgaben (BAUT), ohne jedoch zu richtigen Lösungen zu gelangen;
- verbessern sich die Kinder in ihrem Strategiewissen.

In diesen Variablen treten gleichzeitig Unterschiede zur Kontrollgruppe auf.

In bezug auf die Übertragung des Trainingsverhaltens auf Alltagssituationen zeigt sich folgendes Ergebnis:
- Die Eltern umschreiben den Erfolg des Strategietrainings mit Beobachtungen vergleichsweise aufmerksameren und ruhigeren Verhaltens der Kinder. Hier sind jedoch keine Unterschiede zwischen Kontroll- und Behandlungsgruppe zu belegen.
- Die Lehrer geben das Unterrichtsverhalten als unverändert an. Dies kann ggf. durch das mangelnde Generalisierungsvermögen retardierter Kinder, aber auch durch Erwartungshaltungen und sozialökologische Gegebenheiten im Unterricht (z. B. Stellung eines Kindes in der Klasse) erklärt werden.

Visuomotorische Auffälligkeiten bei einem Teil dieser Kinder (erfaßt im Göttinger Form-Reproduktionstest) beeinflussen den Trainingserfolg nur in geringem Maße; sie stellen damit auch keine ausschließende Indikation für die Anwendung des Strategietrainings dar.

Ferner ist der Interventionsfortschritt nicht oder kaum vom Intelligenzstatus, der allgemeinen Problembelastung der Kinder sowie ihrem Wissensstand abhängig.

15.4 Aufmerksamkeits- und lernschwache Grundschüler

Charakterisierung der Kinder. Hier wurden 22 Kinder mit Aufmerksamkeitsstörungen und schulischen Leistungsbeeinträchtigungen aus der 2. und 3. Klasse untersucht. Das Durchschnittsalter lag bei 8.5 Jahren (Streubreite 7.8–9.0 Jahre).

Behandlungsgruppen. Die *Kinder* erhielten ein Strategietraining; ferner wurden die Eltern von 11 Kindern in eine Elternanleitung miteinbezogen. Die Überprüfung des Trainingserfolgs bezog sich daher auf einen Vergleich des Strategietrainings mit und ohne Einbeziehung der Eltern. Die Therapieeffekte wurden im Vergleich verschiedener Meßzeitpunkte erhoben: vor Trainingsbeginn, unmittelbar nach sowie 3 Monate nach Beendigung der Intervention.

Dabei wurden u. a. Aufmerksamkeits- und Intelligenzleistungen, der Erwerb von Strategien sowie Schulleistungen und Verhaltensbeurteilungen der Eltern und Lehrer erhoben.

Ergebnisse. In einer *zusammenfassenden Bewertung* zeigt sich:
- die Kinder verbessern ihre Leistungen deutlich in den Kennwerten des BAUT (erhöhte Antwortlatenz und geringere Fehlerzahl);
- die Intelligenztestwerte erhöhen sich um durchschnittlich 11 IQ-Punkte (das übersteigt den Meßfehlerstreubereich bei Testwiederholungen);
- die Kinder zeigen merkliche Verbesserungen im Schulleistungstest;
- die Kinder übernehmen die vermittelten Strategien und nutzen Selbstverbalisierungen;
- freie Aussagen und qualitative Verhaltenseinschätzungen der Lehrer belegen positive Auswirkungen des Trainings auf das schulische Verhalten der Kinder (z. B. vermehrte Selbständigkeit, größere emotionale Stabilität, besseres Lernverhalten).

Insgesamt profitieren die lernschwachen Kinder von dem Strategietraining sehr weitreichend; insbesondere verbessern sie sich in ihrer schulischen Leistungsfähigkeit und im schulischen (Sozial-)Verhalten.

Die zusätzliche *Einbeziehung der Eltern* in das Strategietraining (Vergleichsbedingung) erbringt folgende Ergebnisse:

- Die Elternanleitung findet durchweg ein positives Echo. Die Eltern bekunden, daß die Abende für sie gewinnbringend waren und sie anderen Eltern die Teilnahme an solchen Zusammenkünften empfehlen wollen.
- Zu den vereinbarten Treffen sind die Eltern mit großer Zuverlässigkeit erschienen. Sie stufen den Zeitaufwand dafür als nicht zu groß ein.
- Die Eltern berichten überwiegend, daß sie die vermittelten Problemlöseinhalte auch im Alltag zur Unterstützung ihrer Kinder einsetzen (z. B. Hilfe bei Hausaufgaben).
- Die Einbeziehung der Eltern verbessert jedoch nicht den Erfolg des Strategietrainings, das mit den Kindern alleine durchgeführt wurde.

Literaturverzeichnis

Ayllon, T. & Azrin, N.H. (1968). The token economy: A motivational system for therapy and rehabilitation. New York: Appleton-Century-Crofts.

American Psychiatric Association (1968). Diagnostic and statistical manual of mental disorders. Washington: American Psychiatric Association (DSM II). Washington D.C.: Authors.

American Psychiatric Association (1987). Diagnostic and statistical manual of mental disorders. Washington: American Psychiatric Association, 3rd edition, revised. (Deutsche Ausgabe: Wittchen, H.-U., Saß, H., Zaudig, M. & Koehler, K. (1989). Diagnostisches und Statistisches Manual Psychischer Störungen, DSM-III-R, Revision. Weinheim: Beltz, 2. Auflage.)

Baerlocher, K. & Hochreutener, H. (1989). Nutrition et troubles du comportment chez l'enfant. Médicine et Hygiene, 47, 505–513.

Barchmann, H. (1988). Empirische Untersuchung bei konzentrationsgestörten jungen Schulkindern – Diagnostik, Therapie und Prophylaxe. Leipzig: Dissertation Karl-Marx-Universität.

Barchmann, H., Ettrich, K.-U., Kinze, W. & Reschke, K. (1986). Konzentrationstraining. Ein Therapieprogramm für Kinder von 6 bis 10. Universität Leipzig: 0-7010 Leipzig, Direktorat für Forschung, Sektion Psychologie.

Barkley, R.A. (1977). A review of stimulation drug research with hyperactive children. Journal of Child Psychology and Psychiatry, 18, 137–165.

Barkley, R.A. (1979). Using stimulant drugs in the classroom. School Psychology Digest, 8, 412–425.

Barkley, R.A. (1982). Hyperactive children. A handbook for diagnosis and treatment. New York: Wiley & Sons.

Barkley, R.A. (1990). Attention deficit hyperactivity disorder – a handbook for diagnosis and treatment. New York: Guilford Press.

Barkley, R.A. & Cunningham, C.E. (1978). Do stimulant drugs improve the academic performance of hyperkinetic children? Clinical Pediatrics, 17, 85–92.

Barkley, R.A. & Cunningham, C.E. (1980). The parent-child interactions of hyperactive children and their modification by stimulant drugs. In: Knights, R. & Bakker, D. (Eds.). Treatment of hyperactive and learning disorder children. Baltimore: Universtity Park Press.

Bosco, J.J. & Robin, S.S. (1980). Hyperkinesis: Prevalence and treatment. In: Whalen, C.K. & Henker,B. (Eds.). Hyperactive children. The social ecology of identification and treatment. New York: Academic Press, 173–187.

Bourdon, B. (1954). Der Bourdon-Test. Figuren-Durchstreich-Test. Göttingen: Hogrefe.

Brickenkamp, R. (1962). Test d2. Aufmerksamkeits-Belastungs-Test. Göttingen: Hogrefe.

Brocke, B. (1984). Das Hyperkinese-Syndrom. Ansätze einer integrierenden Theorie und Forschungsprogrammatik I. Zeitschrift für Klinische Psychologie und Psychotherapie, 32, 43–61.

Brown, A.C. (1978). Knowing when, where, and how to remember: A problem of metacognition. In: Glaser, R. (Ed.). Advances in instructional psychology. Vol. 1, Hillsdale, New York: Erlbaum, pp. 77–165.

Brown, A.L. & French, L.A. (1979). The zone of potential development: Implications for intelligence testing in the year 2000. Intelligence, 3, 255–273.

Brown, A.L. & Palincsar, A.S. (1987). Reciprocal teaching of comprehension strategies: A natural history of one program for enhancing learning. In: Day, I.D. & Borkowsky, J.G. (Eds.). Intelligence and exceptionality: New directions for theory, assessment and instructional practise. Norwood, New Jersey: Ablex, pp. 81–132.

Camp, B.W. & Bash, M.A. (1981). Think aloud. Increasing social and cognitive skills – a problem-solving program for children. Champaign, Illinois: Research Press.

Cantwell, D.P. (1972). Psychiatric illness in the families of hyperactive children. Archives of General Psychiatry, 27, 414–417

Coles, S.O. (1975). Hyperkinetic children: The use of drugs evaluated. American Journal of Orthopsychiatry, 45, 28–37.

Conners, C.K. (1973). Rating scales for use in drug studies with children. Psychopharmacological Bulletin (Special issue Psychotherapy with children).

Conners, C.K. (1980). Food Additives and Hyperkinetic Children. New York: Plenum Press.

Copeland, A.P., Reiner, E.M. & Irkovsky, A.M. (1984). Examining a premise underlying self-instructional techniques. Cognitive Therapy and Research, 8, 619–629.

Douglas, V.I. (1980). Treatment and training aooroaches to hyperactivity: Establishing internal or external control. In: Whalen, C.K. & Henker, B. (Eds.). Hyperactive children. New York: Academic Press.

Douglas, V.I. & Peters, K.G. (1979). Toward a clearer definition of the attentional deficit of hyperactive children. In: Hale, G.A. & Lewis, M. (Eds.). Attention and the development of cognitive skills. New York: Plenum, pp. 173–247.

Düker, H. & Lienert, G.A. (1965). Konzentrations-Leistungstest. Göttingen: Hogrefe.

Egger, J., Carter, M.C., Graham, P.J., Gumley, D. & Soothhill, J.F. (1985). Contolled trial of oligoantigenic treatment in the hyperkinetic syndrom. Lancet, March 9, 540–545.

Eichlseder, W. (1977). Studie zur Häufigkeit des hyperkinetischen Syndroms an Münchner Schülern. Pädiatrische Praxis, 21, 23–26.

Esser,G & Schmidt, M. (1987). Minimale Cerebrale Dysfunktion – Leerformel oder Syndrom? Stuttgart: Enke.

Feingold, B.F. (1973). Food additives and child development. Hospital Practice, 8, 11–21.

Firestone, P. & Douglas, V. (1975). The effects of reward and punishment on reaction times and automatic activity in hyperactive and normal children. Jounal of Abnormal Child Psychology, 3, 201–216.

Fischer, P.M. & Mandl, H. (1983). Förderung von Lernkompetenz und Lernregulation. Zentrale Komponenten der Steuerung und Regulation von Lernprozessen. In: Kötter, L. & Mandl, H. (Hrsg.). Kognitive Prozesse und Unterricht. Jahrbuch für Empirische Erziehungswissenschaft. Düsseldorf: Schwann, 263–317.

Flavell, I.H. (1979). Kognitive Entwicklung. Stuttgart: Klett.

Fritz, A. & Funke, J. (1988). Komplexes Problemlösen bei Jugendlichen mit Hirnfunktionsstörungen. Zeitschrift für Psychologie, 196, 171–187.

Gittelman, R., Manuzza, S., Shenker, R. & Bonagura, N. (1985). Hyperactive boys almost grow up: I. Psychiatric status. Archives of General Psychiatry, 42, 937–947.

Gittelman-Klein, R., Abikoff, H., Pollack, E. Klein, D.F., Katz, S. & Mattes, I. (1980). A controlled trial of behavior modification and methylphenidate in hyperactive children. In: Whalen, C.K. & Henker, B. (Eds.). Hyperactive children. New York.

Glow, R.A. (1981). Cross-validity and normative data on the Conner's parent and teacher rating scales. In: Gadow, K.D. & Loney, J. (Eds.). Psychosocial aspects of drug treatment for hyperactivity. Boulder, Colorado: Westview Press.

Gualteri, T. & Hicks, R.E. (1985). An immunreactive theory of selective male afflication. The Behavior and Brain Sciences, 8, 427–441.

Hafer, H. (1986). Die heimliche Droge Naturphosphat. Heidelberg: Kriminalistik- Verlag.

Hartladge, L.C. & Telzrow, C.F. (1982). Neuropsychological disorders in children: Effects of medication on learning and behavior in hyperactivity. Journal of Research and Development in Education, 15, 55–65.

Hechtman, L., Weiss, G. & Perlman, T. (1984). Hyperactive individuals as young adults: Past and current substance abuse and antisocial behavior. American Journal of Orthopsychiatry, 54, 415–425.

Henker, B. & Whalen, C.K. (1980). The changing faces of hyperactivity: retrorespect and prospect. In: Whalen, C.K. & Henker, B. (Eds.). Hyperactive children: The social ecology of identification and treatment. New York: Academic Press.

Henker, B. & Whalen, C.K. (1989). Hyperactivity and attention deficits. American Psychologist Association, 44, 216–223.

Herz, A., Hippius, H. & Spann, W. (1990) (Hrsg.). Psychopharmaka heute. Berlin: Springer.

Hochreutener, H., Baerlocher, K., Bernhardsgrütter, R., Roth, N. & Hasenfratz, M. (1991). Ergebnisse einer Pilotstudie: Einfluß einer Diät auf die Lernfähigkeit und das motorische Verhalten bei verhaltensauffälligen Kindern. In: Baerlocher, K. & Jelinek, J. (Hrsg.). Diät und Verhalten. Stuttgart: Thieme.

Horn, W. (1972). Begabungstest-System. Göttingen: Hogrefe.

Hoy, H., Weiss, G., Minde, K. & Cohen, N. (1978). The hyperactive child at adolescense: Cognitive, emotional and social functioning. Journal of Abnormal Child Psychology, 6, 311–324.

Innerhofer, P. (1977). Das Münchener Trainingsmodell. Berlin: Springer.

Innerhofer, P. & Warnke, A. (1978). Eltern als Cotherapeuten. Analyse der Bereitschaft von Müttern bei der Durchführung therapeutischer Programme ihrer Kinder. Berlin: Springer.

Kagan, J., Moss, H.A. & Siegel, J.E. (1963). Psychological significance of styles of conceptualization. Monographs of the Society for Research in Child Development, 28, 73–112, (Serial-No. 86).

Kanfer, F.M. & Saslow, G. (1969). Behavioral analysis: An alternative to diagnostic classification. Archives of General Psychiatry 12, 529–538.

Kendall, P.C. & Zupan, B.A. (1981). Individual versus group application of cognitive-behavioral self-control procedures with children. Behavior Therapy, 12, 344–359.

King, D.S. (1984). Psychological and behavioral effects of food and chemical exposure in sensitive individuals. Nutrition and Health 3, 137–151.

Kinsbourne, M. (1985). Base-state dependency of stimulant effects on the cognitive performance of hyperactive children. In: Bloomingdale, L.A. (Ed.).

Attention deficit disorder: identification, course and rationale. New York: Spectrum Publications,pp. 143–154.

Kinze, W., Barchmann, H., Ettrich, K.-U. & Handreg, W. (1984). Stimulanzienbehandlung konzentrationsgestörter Kinder. Psychologische Praxis, 322–328.

Kleber, E.W., Kleber, G. & Hans, J. (1974). Differentieller Leistungstest-KG. Göttingen: Hogrefe.

Klicpera, C. (1978). Die Stimulationsbehandlung von Kindern. Zeitschrift für Internationale Jugendpsychiatrie, 3, 20–25.

Kluwe, R. (1980). Metakognition. In: Michaelis, W. (Hrsg.). Bericht über den 32. Kongreß der Deutschen Gesellschaft für Psychologie in Zürich, Bd. 1, Göttingen: Hogrefe, 246–258.

Kluwe, R.H. & Misiak,C. (1984). Wissenserwerb beim Umgang mit einem umfangreichen System: Lernen als Ausbildung subjektiver Ordnungsstrukturen. Hamburg: Hochschule der Bundeswehr, Unveröffentlichtes Manuskript.

Lambert, N.M. (1988). Adolescent outcomes for hyperactive children. Perspectives on general and specific patterns of childhood risk for adolescent educational, social and mental health problems. American Psychologist, 43, 786–799.

Lauth, G.W. (1987). Problemlösen von Retardierten – Präventionsmaßnahmen. Neber, H. (Hrsg.). Angewandte Problemlösepsychologie. Münster: Aschendorff, 262–286.

Lauth, G.W. (1988). Trainingsmanual zur Vermittlung kognitiver Fertigkeiten bei retardierten Kindern. Tübingen/Oldenburg: Deutsche Gesellschaft für Verhaltenstherapie, Zentrum für pädagogische Bildung.

Lauth, G.W. (1992). Evaluation einer Intervention zur Vermittlung metakognitiver Kompetenzen bei kognitiver Retardierung. Zeitschrift für Klinische Psychologie, im Druck.

Lauth, G. W., Roth, N., Schlottke, P. F., Schmidt, A. (1993). Continuous performance test (CPT-K) – Kinderform. Weinheim: Beltz Test Gesellschaft.

Lauth, G.W., Holzhauer, C. & Weitendorf, K. (1983). Tainingsmanual zur Vermittlung Kognitiver Fertigkeiten bei retardierten Kindern. Oldenburg, Tübingen: Zentrum für Pädagogische Berufspraxis und Deutsche Gesellschaft für Verhaltenstherapie.

Lauth, G. W. (1993). Dortmunder Aufmerksamkeitstest. Göttingen: Hogrefe.

Laux, G., Dietmaier, O. König, W. (1990). Psychopharmaka. Stuttgart: Fischer (3. Auflage).

Lempp, R. (1978). Frühkindliche Hirnschädigung und Neurose. Bern: Huber.

Loney, J., Kramer, J. & Millich, R. (1981). The hyperkinetic child grows up: predictors of symptoms, delinquency, and achievement at follow- up. In : Gadow, K.D. & Loney, J. (Eds.). Psychological aspects of drug treatment in hyperactivity. Boulder, Colorado: Westview Press, pp. 381–416.

Lutzenberger, W., Rockstroh, B., Schlottke, P.F., Birbaumer, N., Elbert, T. & Stamm, J. (1986). Event-related potentials during a continuous performance test in children with attentive problems. In: McCallum, H.C., Zappoli, R. & Denoth, F. (Eds.). Cerebral Psychology. Studies in event-related potentials. Amsterdam: Elsevier.

Mannuzza, S., Klein, R.G., Bonagura, N., Konig, P.H. & Shenker, R. (1988). Hyperactive boys almost grow up. II. Status of subjects without a mental disorder. Archives of General Psychiatry, 45, 13–18.

Martinius, J. (1983). Stimulantien. In: Nissen, G., Eggers, C. & Martinius, J. (Hrsg.). Kinder- und jugendpsychiatrische Pharmakotherapie in Klinik und Praxis, Berlin: Springer, 84–105.

McGee, R. & Share, D.L. (1988). Attention deficit disorder-hyperactivity and academic failure: Which comes first and what should be treated? Journal of American Academy of Child and Adolescent Psychiatry, 27, 318–325.

Meichenbaum, D. & Goodman, J. (1971). Training impulsive children to talk to themselves: a means of developing self-control. Journal of Abnormal Psychology, 77, 115–126.

Millichap, J.G. (1982). The hyperactive child. Triangel, 21, 59–63.

Ministerium für Arbeit, Gesundheit und Soziales des Landes NRW (1988). Kinder und Medikamente – Untersuchung über Medikamentengebrauch von Schulkindern. Düsseldorf: Presse- und Informationsamt der Landesregierung Nordrhein-Westfalen.

Neisser, U. (1974). Kognitive Psychologie, Stuttgart: Klett.

O'Leary, K.D. (1980). Pills or skills for hyperactive children? Journal of Applied Behavior Analysis, 13, 191–204.

Parry, P. (1973). The effect of reward on the performance of hyperactive children. Montreal: Unpublished doctoral dissertation, McGill University.

Pauli, R. (1975). Der Pauli-Test. Berlin: Springer.

Pelham, W. E. (1980). Peer relationships in hyperactive children: description and treatment effects. In: Millich, R. Peer relationships among hyperactive children. Symposion, Presented at the Meeting of the APA, Montreal.

Petermann, F. & Petermann, U. (1991). Training mit aggressiven Kindern. Weinheim: Psychologie Verlags Union.

Petermann, U. (1992). Sozialverhalten bei Grundschülern und Jugendlichen. Frankfurt: Lang.

Petri, H. (1979). Soziale Schicht und psychische Erkrankung im Kindes- und Jugendalter. Göttingen: Vandenhoeck & Ruprecht.

Pöpken, B. (1988). Probleme der Diagnose von Aufmerksamkeits- und Konzentrationsstörungen bei Kindern. Universität Oldenburg: Unveröffentlichte Diplomarbeit.

Prinz, R.I., Connor, P.A. & Wilson, C.C. (1981). Hyperactive and aggressive behaviors in childhood. Intertwined dimensions. Journal of Abnormal Child Psychology, 9, 191–202.

Reinecker, H. (1987). Grundlagen der Verhaltenstherapie. München: Psychologie Verlags Union.

Ross A. O. & Petermann, F. (1987). Verhaltenstherapie bei Kindern und Jugendlichen. Stuttgart: Hippokrates Verlag.

Rote Liste (1992). Verzeichnis der Fertigarzneimittel der Mitglieder des Bundesverbandes der Pharmazeutischen Industrie. Frankfurt: Bundesverband der Pharmazeutischen Industrie, 6000 Frankfurt, Karlstraße 21.

Roth, N. (1990). A Link between atopic and behavioral disorders. Indirect evidence from stimulant drug effects. Allergy, 45, 316–317.

Roth, N., Gebelt, H. & Gebelt, J. (1983). Psychophysiological findings in children with minimal brain dysfunction, In: Rösler, H.-D., Das, J.P. & Wald, I. (Eds.). Mental and language retardation – diagnosis, development, rehabilitation. Berlin: VEB Deutscher Verlag der Wissenschaft.

Roth, N., Beyreiß, J., Hoffmann, B. & Schlottke, P.F. (1990). A biobehavioral approach to the coincidence of atopic and behavioral disorders in children. Uppsala: Abstract.

Roth, N. & Schlottke, P.F. (1991). Psychophysiologische Aspekte der Aufmerksamkeit und ihrer Störung. In: Barchmann, H., Kinze, W. & Roth, N. (Hrsg.). Aufmerksamkeit und Konzentration im Kindesalter. Berlin: Verlag Gesundheit, S. 27–38.

Roth, N., Schlottke, P.F. & Klepel, H. (1992). Hyperaktive und aufmerksamkeitsgestörte Kinder: Erklärungsansätze, psychophysiologische Korrelate und Behandlungskonzepte. Zeitschrift für Medizinische Psychologie, 1, 77–84.

Roth, N. & Beyreiß, J. (1991). Hyperaktivität und Atopie/Allergie bei Kindern: Koinzidenz der Störungen und möglicher pathophysiologischer Hintergrund. In: Baerlocher, K. & Jelinek, J. (Hrsg.) Diät und Verhalten. Stuttgart: Thieme.

Roth, N., Beyreiß, J., Schlenzka, K. & Beyer, H. (1991). Coincidence of ADD(H) and atopic disorders in children: Empirical findings and hypothetical background. Journal of Abnormal Child Psychology, 19, 1–13.

Sandoval, J., Lambert, N.M. & Sassone, D. (1980). The identification and labelling of hyperactivity in children: An interactive model. In : Whalen, C.K. & Henker, B. (Eds.). Hyperactive children: The social ecology of identification and treatment. New York: Academic Press.

Satterfield J.H. (1978). The hyperactive child syndrome: A precursor of adult psychopathology In: Hare, R.D. & Schalling, D. (Eds.). Psychopathic behavior: approaches to research. Chichester: Wiley & Sons.

Satterfield, J.H., Hoppe, C.M. & Schell, A.M. (1982). A prospective study of delinquency in 110 adolescent boys with attention deficit disorder and 88 normal adolescent boys. American Journal of Psychiatry, 139, 795–798.

Schlottke, P.F. (1984). Psychologische Behandlung von Aufmerksamkeitsstörungen bei Kindern. Tübingen: Unveröffentlichte Habilitationsschrift.

Schlottke, P.F. (1988). Zwischen „Zappelphilipp" und „Hans-guck-in-die-Luft": Kinder mit Aufmerksamkeitsstörungen. Acta Paedopsychiatrica, 51, 209–219.

Schlottke, P.F. & Roth, N. (1989). Aufmerksamkeitsstörungen bei Schulkindern: Neuere Ergebnisse zur Klassifizierung/Diagnostik und pädagogisch-psychologische Interventionsperspektiven. Zeitschrift für Psychologie (mit Zeitschrift für angewandte Psychologie), 197, 151–170.

Schlottke, P.F. (1991). Verhaltens- und Problemanalyse bei Aufmerksamkeitsstörungen im Kindesalter. In: Barchmann, H., Kinze, W. & Roth, N. (Hrsg.). Aufmerksamkeit und Konzentration im Kindesalter. Berlin: Verlag Gesundheit, S. 131–135.

Schlottke, P.F. & Roth, N. (1991). Zur Koinzidenz von Aufmerksamkeitsstörungen/Hyperaktivität (ADHD; DSM-III-R) und atopischen Erkrankungen. Bad Homburg: Internationaler Kongreß für Kinder- und Jugendpsychiatrie Abstract-Band, S. 41.

Schmidt, M.H. (1973). Das hyperkinetische Syndrom im Kindesalter. Zeitschrift für Kinder- und Jugendpsychiatrie, 3, 250–269.

Sprague, R.L., Cohen, M.H. & Eichlseder, W. (1977). Are there hyperactive children in Europe and South Pacific? In : Halliday, R. (Chair): The hyperactive child: fact, fiction, and fantasy. San Fransisco: Symposion presented at the meeting of the American Psychological Assosiation.

Stamm, J., Birbaumer, N., Lutzenberger, W. Elbert, T., Rockstroh, B. & Schlottke, P.F. (1982). Event-related potentials during a continuous performance test vary with attentive capacities. In: Rothenberger, A. (Ed.). Event-related potentials in children. Elsevier: Biomedical Press.

Steinhausen, H.. (1976). Das hyperkinetische Syndrom. Klinische Pädiatrie, 188, 396–407.

Stewart, M.A., DeBlois, C.S. & Cummings, C. (1980). Psychiatric disorders in the parents of hyperactive boys and those with conduct disorders. Journal of Child Psychology and Psychiatry, 21, 283–292.

Stewart, M.A., Cummings, C., Singer, S. & DeBlois, C.S. (1981). The overlap between hyperactive and unsocialized aggressive children. Journal of Child Psychology and Psychiatry, 22, 35–46.

Still, G.F. (1902). The caulstonican lectures on some abnormal physical conditions in children. Lancet, 1, 1008–1012, 1077–1082, 1163–1168.

Strauss, A.A. & Lethinen, L.E. (1947). Psychopathology and education of the brain injured child. New York: Grune & Stratton.

Trites, R.L. (Ed.) (1979). Hyperactivity in children: Etiology, measurement, and treatment implications. Baltimore: University Park Press.

Trites, R.L., Blouin, A.G., Ferguson, H.B. & Lynch, G. (1981). The Conner's teacher rating scale: an epidemiologic, inter-rater reliability and follow-up investigation. In: Gadow, K.D. & Loney, J. (Eds.). Psychosocial aspects of drug treatment for hyperactivity. Boulder, Colorado: Westview Press.

Wagner, I. (1976). Aufmerksamkeitstraining mit impulsiven Kindern. Stuttgart: Klett.

Wagner, I. (1981). Bonner Aufmerksamkeits-Test (BAUT). Bonn: Universität Bonn, Seminar für Psychologie.

Wagner, I. (1982). Konzentrationstraining bei impulsiven und „trödelnden" Kindern. In: Steinhausen, H.-C. (Hrsg.). Das konzentrationsgestörte Kind. Stuttgart: Kohlhammer, 166–179.

Wagner, I. & Cimiotti, E. (1975). Impulsive und reflexive Kinder prüfen Hypothesen: Strategien beim Problemlösen, aufgezeigt an Blickbewegungen. Zeitschrift für Entwicklungspsychologie und Pädagogische Psychologie, 1, 1–15.

Weiss, G., Minde, K., Douglas, V., Werry, J.S. & Sykes, D.H. (1971). Comparison of the effects of chlorpromazine, dextroamphetamine and methylphenidate on the behavior and intellectual functioning of the hyperactive children. Canadian Medical Association Journal, 104, 20–25.

Weiss, G. & Hechtman, L.T. (1986). Hyperactive children grown up. New York: Guilford Press.

Wellman, H.M. (1983). Metamemory revisted. In: Chi, M.T.H. (Ed.). Trends in memory development research. Basel: Karger, pp. 31–51.

Weltgesundheitsorganisation (1991). Internationale Klassifikation psychischer Störungen. ICD-10 Kapitel V(F), Klinisch-diagnostische Leitlinien. Hrsg. H. Dilling, W. Mombour & M.H. Schmidt. Bern-Göttingen: Huber.

Whalen, C.K. & Henker, B. (1985). The social worlds of hyperactive children. Clinical Psychology Review, 5, 1–32.

Whalen, C.K., Henker, B., Castro, J. & Cranger, D. (1987). Peer perceptions of hyperactivity and medication effects. Child Development, 58, 816–828.

Wiedl, K.H. & Bethge, H.J. (1981). Zur Auswirkung regulationsfördernder Situationsveränderungen auf Intelligenzleistungen und Blickverhalten kognitiv impulsiver Kinder. Zeitschrift für Entwicklungspsychologie und Pädagogische Psychologie, 13, 127–141.

Wiedl, K.H. & Bethge, H.-J. (1983). Die Anpassung der aufgabenbezogenen Betrachtungszeit an variierenden Aufgabenschwierigkeiten. Deskriptive und veränderungsbezogene Analyse bei kognitiv impulsiven und reflexiven Kindern. Zeitschrift für Differentielle und Diagnostische Psychologie, 4, 67–77.

Winsberg, B.G., Kupietz, S.S., Sverd, J., Hungund, B.L. & Young, N.L. (1989). Methylphenidate, oral dose plasma concentrations and behavioral response in children. Psychopharmacology, 76, 329–332.

Wright, J. C. & Vliestra, A. G. (1986). The development of selective attention: From perceptual exploration to logical search. In: Reese, H. W. (Ed.). Advances in child development and behavior, Vol. 10, New York: Academic Press, p. 196–236.

Zahn, T.P. (1986). Hyperactivity in children. In: Coles, M.G.H., Donchin, E. & Porges, S.W. (Eds.). Psychophysiology – systems, process, and applications. New York: Guilford Press, pp. 563–610.

Quellenverzeichnis

Hannover, H. (1973). In: Texte für die Primarstufe 3. Hannover: Schroedel. S. 28.

Höfle, H. (1973). In: Texte für die Primarstufe 3. Hannover: Schroedel. S. 32.

Plickat, H.H. (1980). Training Diktat, Sekundarstufe 1. Stuttgart: Klett.

Schmidt, C.J. (1973). In: Texte für die Primarstufe 4. Hannover: Schroedel. S. 112.

Tolstoi, L. (1971). In: Geschichten, Berichte, Gedichte, Lesebuch für das 3. Schuljahr. Frankfurt am Main: Hirschgraben. S. 120 (gekürzt).

Anhang 1: Geschichten zu „Papa Moll“

Serie 2 – Ostereier

„Ostern steht vor der Tür, und Markus und Evi kommen zu Papa Moll. Sie fragen ihn, ob sie dieses Jahr denn keine Ostereier bemalen wollen. Papa Moll ist erstaunt und sagt: Aber natürlich wollen wir Ostereier bemalen.

Daniela rennt jetzt gleich zum Kühlschrank. Hier stehen sehr viele Eier, die bereits gekocht sind.

Alle setzen sich dann an den Tisch und bemalen die Ostereier mit bunten Stiften. Alle sind mit großem Eifer bei der Sache.

Daniela hat sich einen Scherz gemacht, sie hat ein Osterei so bemalt, daß es Papa Moll ähnlich sieht. Auch alle anderen Ostereier haben Gesichter. Eines der Gesichter freut sich sehr. Das von Papa Moll ist dagegen ziemlich ernst.

Am nächsten Tag kommt Tante Sabine zu Besuch. Es ist eine sehr nette Tante und alle freuen sich sehr auf ihren Besuch. Wie an Ostern üblich, wollen sie Ostereier aneinanderschlagen.

Papa Moll darf zuschlagen und die Tante hält das Ei entgegen. Aber was passiert jetzt? Alles wird gelb und siehe da, das Osterei von Tante Sabine war überhaupt nicht gekocht. Das Ei läuft ihr über ihr ganzes schönes Sonntagskleid. Papa Moll guckt ganz entsetzt.“

Serie 3 – Die Schleuder

„Markus ist gerade dabei, mit seiner Schleuder auf einen Vogel zu schießen. Das soll er natürlich nicht tun, zumal dies hier ein Singvogel ist.

Papa Moll kommt hinzu und ist sehr ärgerlich. Er zieht ihn am Ohr und sagt ihm, daß er nie mehr mit seiner Schleuder auf einen Vogel schießen soll. Aber weil Papa Moll auch sehr gutmütig ist und gut verstehen kann, daß Markus mit seiner Schleuder schießen will, beginnen beide, eine Zielscheibe zu malen. Natürlich ist es viel besser, auf eine Zielscheibe zu schießen, als auf einen Vogel. Papa Moll und Markus malen mit großer Freude die Zielscheibe an. Sie ist sehr schön und hat mehrere Ringe, so daß Markus immer gut sehen kann, ob er in die Mitte getroffen hat oder nicht.

Papa Moll und Markus gehen natürlich sofort in den Garten und probieren die Zielscheibe aus.

Aber siehe da – kaum wollen beide anfangen, da wird der Himmel ganz dunkel und es beginnt, in schweren Tropfen zu regnen. Markus kann gerade noch die Zielscheibe in Sicherheit bringen, sonst wäre sie völlig naßgeregnet und unbrauchbar geworden. Er rennt mit der Zielscheibe und der Schleuder in der Hand ins Haus. Die Haare hängen ihm schon triefend naß herunter.

Jetzt auf der Veranda stellt Markus die Zielscheibe auf. Hier ist es schön trocken, weil das Dach über die Veranda reicht. Markus und Papa Moll achten aber nicht darauf, daß die Zielscheibe genau unter einem Fenster steht. Ob das wohl gut geht?

Und siehe da – beim ersten Schuß trifft Markus. Leider aber nicht die Zielscheibe, sondern das Fenster. Papa Moll und Markus sind ganz entsetzt und schon wieder ist Papa Moll ein gutgemeinter Vorschlag danebengeraten.“

Serie 8 – Der Dackel Tschips im Café

„Papa Moll hat Evi versprochen, mit ihr ins Caf zu gehen. Der Dackel Tschips darf auch mit. Papa Moll sagt ihm noch, daß er sich ja benehmen soll und bindet ihn am Stuhl fest.

Bald kommt auch der Kaffee für Papa Moll und ein großes Glas Limonade für Evi. Beide haben einen großen Kuchen, und der Dackel sitzt unter dem Tisch und schaut zu.

Es passiert aber nicht allzu viel und Evi beginnt zu schaukeln. Papa Moll sagt ganz ernst: „Du hör mal, wir sind im Café, und da darf man nicht schaukeln. Denk auch einmal daran, was da passieren kann.“

Evi schaukelt aber immer weiter, und fast wäre sie mit ihrem Stuhl umgekippt. Papa Moll springt ganz schnell auf und hält die Tischdecke mitsamt dem Kuchen und dem Kaffee sowie der Limonade gerade noch fest.

Er sagt jetzt sehr ernst: „Du Evi, das geht aber nicht. Ich habe dir gesagt, daß du nicht schaukeln sollst.“

In der Zwischenzeit hat der Dackel Tschips aber einen anderen Hund im Café gesehen und läuft mit dem Stuhl an der Leine zu dem Hund hin.

Papa Moll will sich jetzt wieder setzen und glaubt, daß der Stuhl – so wie vorher – noch hinter ihm steht.

Er setzt sich hin. Und was passiert jetzt – er fällt und fällt und zieht die Tischdecke mit dem Kaffee, der Limonade und dem schönen Kuchen herunter."

Serie 9 – Papa Moll und das Picknick

„Papa Moll geht mit Evi und dem Dackel zum Picknick. Evi trägt einen Picknickkorb und hat den Dackel Tschips an der Hand. Papa Moll hat den großen Rucksack aufgeschnallt.

Als sie im Wald angekommen sind, breitet Papa Moll schöne Essenssachen aus, einen Apfel, Brötchen und eine ganz dicke Wurst. Evi geht inzwischen los und will Heidelbeeren suchen.

Der Dackel Tschips aber hat einen Fuchs erspäht und rennt hinter ihm her. Evi guckt schon ganz entsetzt und denkt: Mein Gott, ob das mit dem Dackel gut geht? Natürlich geht es nicht gut. Der Fuchs rennt ganz schnell in seinen Bau und Tschips – ja Tschips läuft hinterher.

Nun ist er im Fuchsbau verschwunden. Papa Moll und Evi warten und warten; sie rufen immer wieder „Tschips!". Aber er kommt nicht.

Papa Moll und Evi sind nun ganz traurig und Evi weint. Beide denken, daß Tschips sich im Fuchsbau verirrt hat oder eingeklemmt unter dem Waldboden festsitzt.

Und siehe da – was passiert jetzt? Sie gehen zu ihrem Picknickplatz zurück und wer ist denn hier? Tschips hat sich über das Picknickessen hergemacht und fast die ganze Wurst schon aufgegessen.

Was glaubt ihr also, was Papa Moll und Evi mit Tschips tun? Schimpfen sie mit ihm? Keineswegs, sie freuen sich sehr, daß sie ihn wiedersehen und sagen: „Du armer Tschips, wir haben so Angst gehabt, daß du nicht wiederkommst."

Serie 10 – Papa Moll beim Zahnarzt

„Papa Moll sitzt da und liest gerade in Ruhe und Zufriedenheit den interessantesten Teil seiner Zeitung. Da kommt Mama Moll und sagt: „Evi hat ganz starke Zahnschmerzen, du mußt mit ihr zum Zahnarzt gehen." Papa Moll ist das nicht sehr lieb; er hätte viel lieber seine Zeitung zuende gelesen.

Mit dick geschwollener Backe geht Evi zum Zahnarzt. Das tut sie nicht gerne, deshalb muß Papa Moll ja auch mit.

Als sie beim Zahnarzt angekommen sind, denkt Evi immer wieder, hoffentlich komme ich nicht so bald dran. Aber dann kommt der Zahnarzt doch und sagt: „Jetzt ist Evi dran."

Evi ist ziemlich ängstlich. Sie sitzt auf Papa Molls Schoß und will eigentlich gar nicht so sehr in den Behandlungsraum hinein. Papa Moll sagt ihr aber, sie soll keine Angst haben und er ist ja dabei.

Papa Moll ist ganz lieb zu Evi und setzt sich mit ihr auf dem Schoß in den Behandlungsstuhl. Sie guckt ganz skeptisch, was da auf sie zukommen wird.

Der Zahnarzt stellt fest, daß ein Zahn heraus muß, und er beginnt, den Zahn zu ziehen. Er zieht und zieht und was passiert jetzt?

Er zieht den Zahn heraus und reißt Evi damit nach vorn. Als der Zahn draußen ist, prallt Evi auf Papa Moll zurück und der stößt sich ganz empfindlich die Nase und den Kopf.

Nun ist Evi froh und kann wieder lachen. Der Schmerz ist weg. Aber was ist mit Papa Moll? Er hat eine dick geschwollene Nase und eine Beule am Hinterkopf.

Als beide zu Mama Moll zurückkommen, ist Evi fröhlich und guter Dinge. Aber Papa Moll hat jetzt den Verband. Mama Moll ist ganz entsetzt und sagt: „Wenn man euch wegschickt!"

Serie 7 – Papa Moll und der Wasserhahn

Mama Moll sagt: „Du Papa, du mußt einmal den Wasserhahn reparieren. Er tropft schon seit langer Zeit. Und außerdem stört mich das Geräusch."

Papa Moll hat gerade Zeit und geht mit großem Eifer an die Sache heran. Er hat seinen großen Werkzeugkasten geholt, krempelt die Ärmel hoch und stürzt sich richtig an die Arbeit. Man spürt, daß es ihm Spaß macht, wieder einmal richtig etwas zu reparieren. Papa Moll begibt sich also an die Arbeit und beginnt den tropfenden Wasserhahn abzuschrauben. Aber ach, typisch Papa Moll, er hat vergessen, das Wasser abzustellen und wie er so dreht und dreht kommt er immer mehr an den Punkt, an dem das Wasser aus der Leitung schießt, ohne daß er es wieder abdrehen kann. Evi steht dabei und denkt schon, „ob das gut geht?". Ja, und jetzt, jetzt ist es passiert; das Wasser schießt aus der Leitung und Papa Moll versucht noch die Leitung zuzuhalten. Natürlich nützt das alles nichts. Vielmehr wird er pitschenaß und bald sitzt er – mit seinen Kleidern – in der vollen Badewanne.

Evi läuft los, um Hilfe zu holen. Sie rennt zur Mama und die ruft gleich den Klempner an. Solange bis dieser kommt muß Papa Moll in der Badewanne sitzen bleiben, wo er immer noch versucht, die Wasserleitung zuzuhalten. Als der Klempner endlich da ist, steht das ganze Badezimmer unter Wasser. Und das Wasser kommt schon zur Tür raus. Dennoch ruft Mama Moll ganz freundlich, „Papa Moll der Klempner ist jetzt da!". Dieser kann sich das Lachen kaum verkneifen.

Anhang 2: Förderung von Generalisierung (Beweisblatt in Anlehnung an Petermann & Petermann 1991)